A ESCOLA E O ESPORTE

EDITORA AFILIADA

Conselho Editorial de Educação:
José Cerchi Fusari
Marcos Antonio Lorieri
Marli André
Pedro Goergen
Terezinha Azerêdo Rios
Valdemar Sguissardi
Vitor Henrique Paro

Dados Internacionais de Catalogação na Publicação (CIP)
(Câmara Brasileira do Livro , SP, Brasil)

Linhales, Meily Assbú
 A escola e o esporte : uma história de práticas culturais / Meily Assbú Linhales. -- São Paulo : Cortez, 2009.

 Bibliografia
 ISBN 978-85-249-1517-8

 1. Educação - Brasil 2. Educação física - Brasil 3. Educação física - Brasil - História 4. Educação fundamental 5. Esportes na escola I. Título.

09-06313   CDD-370.71

Índices para catálogo sistemático:
1. Brasil : Escolarização do esporte : História :
   Educação física 370.71

Meily Assbú Linhales

A ESCOLA E O ESPORTE

uma história de práticas culturais

A ESCOLA E O ESPORTE: UMA HISTÓRIA DE PRÁTICAS CULTURAIS
Meily Assbú Linhales

Capa: DAC
Preparação de originais: Jaci Dantas
Revisão: Maria de Lourdes de Almeida
Composição: Linea Editora Ltda.
Coordenação editorial: Danilo A. Q. Morales

Nenhuma parte desta obra pode ser reproduzida ou duplicada sem autorização expressa do autor e do editor.

© 2009 by Autor

Direitos para esta edição
CORTEZ EDITORA
Rua Monte Alegre, 1074 — Perdizes
05009-000 — São Paulo-SP
Tel.: (11) 3864-0111   Fax: (11) 3864-4290
E-mail: cortez@cortezeditora.com.br
www.cortezeditora.com.br

Impresso no Brasil — setembro de 2009

Lista de Figuras

FIGURA 1   Logomarca da ABE, s.d. Fonte: Acervo da ABE 84

FIGURA 2   Propaganda da Associação Cristã de Moços na revista *Educação Physica*. Fonte: *Revista Educação Physica* (1932). 116

FIGURA 3   Demonstração de ginástica na Praça Santos Andrade, em Curitiba, durante a *I Conferência Nacional de Educação* (1927). Fonte: Acervo da ABE 127

FIGURA 4   Marcha escolar na Rua 15 de Novembro, em Curitiba, durante a *I Conferência Nacional de Educação* (1927). Fonte: Acervo da ABE 127

FIGURA 5   Cerimônia da abertura do *VII Congresso Nacional de Educação* (1935). Fonte: Acervo da ABE 235

FIGURA 6   Visita à Liga de Esportes da Marinha durante o *VII Congresso Nacional de Educação* (1935). Fonte: Acervo da ABE 239

FIGURA 7   Demonstração Orfeônica no campo do Vasco da Gama durante o *VII Congresso Nacional de Educação* (1935). Fonte: Acervo da ABE 239

Sumário

Apresentação
Luciano Mendes de Faria Filho 11

Introdução — A construção da trama 17

1. O *sport* no "clima cultural" da década de 1920: a "energização do caráter".. 25
    1.1 Clima cultural, clima político... A produção de "consensos táticos" ou a tentativa de interpretação da "civilização esportiva" 30
        1.1.1 Fernando de Azevedo, em 1915 e em 1920 32
        1.1.2 Graciliano Ramos, em 1921 43
        1.1.3 Carlos Süssekind de Mendonça, em1921 46
        1.1.4 Deputado Jorge de Moraes, em 1927 61
        1.1.5 Mario de Andrade, em 1928 66
    1.2 *Sports*, desportos, *cultura athlética*.. 71

2. A ABE e sua "rede de sociabilidade": o esporte "na estrutura do comentário" 74
    2.1 Lugares, sujeitos e ideias em circulação 88
    2.2 No *Club* dos Bandeirantes do Brasil, "espírito e audácia esportiva"... 89

2.3 Desde a União Atlética da Escola Militar, o esporte na "Ordem do Dia" 95
2.4 Na ACM, *mens sana in corpore sano*. Junto com a ABE, *playgrounds* e formação de "técnicos" 106
2.5 Redes 115

3. Nos lugares educativos produzidos pela ABE, o esporte como uma baliza moderna 118
3.1 A ABE nas ruas, nos estádios, nos panfletos e nos jornais... 125
3.2 Esboços de uma "eficiência dos gestos" nas teses apresentadas na *I Conferência Nacional de Educação*, Curitiba, 1927.. 133
3.3 Ampliando tessituras e polêmicas na escolarização do esporte 144
3.4 Educadores, esportistas, médicos e militares na Seção de Educação Física e Higiene da ABE 150
3.5 Mudanças no primado orientador de uma educação esportiva 157

4. Os militares e a ABE: contenções aos "excessos" de poder 161
4.1 O anteprojeto militar... Um desenho para o poder 166
4.2 Na ABE, o processo de produção de um primeiro parecer sobre o anteprojeto militar.. 174
4.3 O segundo parecer. Aquele que foi considerado uma "severa crítica" ao poder militar.. 189
4.4 Para pensar o esporte diante das "verdadeiras realidades do poder" 199

5. Nacionalismo e melancolia... As vicissitudes da "energização do caráter" 204
5.1 Na SEPH, os dilemas de um Projeto de Educação Física Nacional 208

5.2 Sinergia e disciplina na Fortaleza de São João 217
5.3 O VII Congresso Nacional de Educação 228
5.4 Melancolia no pós-congresso 248

Outras tramas 251

Referências bibliográficas 255

Fontes pesquisadas 269

Anexo 272

Apresentação...

ou Das várias formas de se falar de um trabalho

Do trabalho de Meily Linhales, que ora tenho o prazer de apresentar ao público leitor, pode-se falar de várias maneiras. Uma delas seria chamar a atenção para o fato de que ele expressa e reforça o compromisso da autora com uma área — a Educação Física —, a partir de um dos seus lugares de realização — a escola fundamental. O olhar atento e a sensibilidade aguçada deixam ver o questionamento constante dos rumos, das práticas e das razões que tornam a educação física ora mais, ora menos importante na instituição escolar. Mas a experiência de professora/pesquisadora tem levado a autora para outros debates no interior da disciplina, aos quais ela não furta a sua contribuição. É por isso, penso, que desde a sua dissertação de mestrado sobre as políticas de esporte no Brasil, em inúmeros outros trabalhos publicados ou em suas participações nas instituições que organizam a área, Meily tem buscado compreender, e fazer-nos compreender, que há uma indissociável relação entre as práticas e concepções disciplinares da educação física e as representações sobre a própria sociedade brasileira em circulação naquele momento. Desse ponto de vista, cumpre ressaltar, ainda, o quanto as perguntas elaboradas a partir de uma intensa inserção na vida acadêmica e social de hoje podem nos ajudar a compreender o passado que autorizou este nosso presente.

Mas o trabalho de Meily pode ser lido, também, de um modo menos disciplinar. No coração da tese agora transformada em livro, pulsa um consciente e vigoroso esforço em produzir a inteligibilidade do seu objeto de pesquisa, mobilizando vários campos de saber e tradições de pesquisa. Assim, este livro pode ser lido como uma história da educação física no Brasil, história esta em que as representações e práticas sobre o esporte, o corpo e a escola se articulam intimamente com os projetos para o Brasil que se debatiam nas primeiras décadas do século XX. Do mesmo modo, poder-se-ia dizer com muita tranquilidade que é um livro de história da educação, na qual a escola, os processos de escolarização e a institucionalização disciplinar se realizam por meio de estratégias que têm como horizonte a própria organização da sociedade brasileira naquele momento. Mas, como esquecer que no núcleo do trabalho está a política, aqui visualizada por uma história dos projetos culturais e educacionais que disputavam a legitimidade para os rumos da modernidade nacional, tal como esta se apresentava à intelectualidade brasileira? O texto é ponto de encontro de autores brasileiros e estrangeiros, os mais diversos, os quais ajudam a autora a pensar de maneira rica e plural, coerente e densa, o objeto que escolheu para estudar. Desse modo, é exemplar a maneira como Meily mobiliza textos de autores como E. P. Thompson e W. Benjamin, por exemplo, ao mesmo tempo em que dialoga com as historiografias da educação e da educação física das últimas décadas.

O texto remete-nos, também, aos lugares de sua produção, particularmente ao Grupo de Estudos e Pesquisas em História da Educação da Faculdade de Educação da UFMG. Neste grupo ocorre, há mais de uma década, um rico intercâmbio entre pesquisadores da história da educação e da história da educação física, o qual tem resultado no desenvolvimento de projetos integrados de pesquisa e numa profícua produção bibliográfica. Pode-se dizer que o trabalho é uma feliz continuidade dessa interlocução e, ao mesmo tempo, uma exploração ousada de hipóteses de investigação construídas nos dois campos de pesquisa.

Pode-se, ainda, falar sobre a maneira como a Meily interroga as fontes com as quais trabalha. Desde atas de reuniões ao que de mais novo havia na literatura brasileira dos anos 20 e 30 do século XX, textos e imagens os mais diversos são mobilizados para compreender os múltiplos lugares sociais, políticos e culturais em que o esporte e a escola eram tomados como objeto de reflexão da intelectualidade brasileira. No texto, o cruzamento das fontes, procedimento importante da operação historiográfica, revela o próprio entrecruzamento de sujeitos e instituições na produção de projetos culturais nos quais o esporte é revelação e/ou produção de um modo de ser brasileiro. E, não se pode esquecer, o trabalho com as fontes releva que muitas delas só chegaram até nós graças a louváveis e pouco reconhecidos esforços, como o de Dona Arlete, que há décadas guarda, organiza e disponibiliza aos pesquisadores o acervo da Associação Brasileira de Educação — ABE.

De outra visada, este livro poder ser lido, também, como uma ótima construção de algumas das tramas e de alguns dos dramas vividos e postos em circulação pela intelectualidade brasileira daquele momento. O *sportman*, do João do Rio e o *Macunaíma*, de Mario de Andrade, assim como as partidas de *foot-ball* assistidas e tornadas texto por autores como Graciliano Ramos ou Carlos Süssekind de Mendonça, são formas diferenciadas de dar a ver, no momento mesmo da construção, os modos como os intelectuais brasileiros se debatiam frente às possibilidades e limites de se construir a modernidade nos trópicos. A trama, construída no texto, é uma bela forma de demonstrar estratégias de aproximações ou afastamento entre os sujeitos, ou mesmo a rede de sociabilidade que os reúne, todos, nas discussões dos inúmeros projetos culturais para o Brasil. Tais projetos, no corpo do texto, não por acaso, são parte constitutiva da ABE, tomada no texto como palco e cena das tramas da educação e de suas possibilidades e limites naquele momento histórico. É no interior da ABE que Meily vai encontrar projetos acalentados por vários sujeitos e/ou instituições que visavam, por meio da escolarização do esporte, *energizar o caráter* dos brasileiros e contribuir eficazmente para a construção de uma nação forte e de um povo saudável.

Deste livro pode-se dizer também que é um contundente argumento de debate historiográfico, e político, no interior da história da educação física. Na continuidade de alguns trabalhos e na contramão de outros, o texto de Meily demonstra o quanto a instituição escolar foi, e é, importante na configuração do campo da educação física no Brasil; chama a atenção para a necessidade de se considerar o entrelaçamento de papéis e de lugares ocupados pelos sujeitos na produção dos projetos para a educação física no Brasil ao longo do período estudado; estabelece com clareza os momentos e os objetivos das aproximações e dos distanciamentos entre civis e militares, por exemplo, na definição dos rumos da educação física escolar nos debates político-educacionais nas décadas de 20 e de 30 do século XX; demonstra que os debates sobre o esporte e sobre a sua escolarização datam pelo menos do início do século XX e que esta temática constitui uma fecunda entrada para entender o modo como o campo da educação física se constituiu no Brasil.

Não se pode, ainda, negar que a pesquisa de Meily, aqui visualizada pelo livro que se lê, é uma forma muito interessante de acesso à história de uma das mais importantes instituições educacionais da primeira metade do século XX: a Associação Brasileira de Educação. O interessante é que, a partir e em diálogo com os inúmeros trabalhos que tomaram a ABE como objeto de investigação e nas pistas deixadas pelo trabalho de Marta Carvalho, Meily consegue uma entrada bastante exclusiva para o interior da instituição. Isto se dá não apenas porque ela teve acesso a documentos inéditos ou pouco acessados pelos pesquisadores anteriores, mas sobretudo porque conseguiu demonstrar os deslocamentos dos sujeitos nos debates sobre a educação física no interior da ABE, a circulação das ideias e as apropriações dos sentidos sobre a escolarização do esporte nas diversas instâncias e momentos institucionais em que o tema foi discutido e, finalmente, as forças que estiveram atuantes na configuração dos projetos sobre a educação física que tomaram corpo no Estado brasileiro no período abarcado pela investigação.

Como se vê, ou se lê, pode-se falar de um trabalho evocando a trajetória da autora, chamando a atenção para a sua importância para a área, acentuando a forma como dialoga com a bibliografia e como interroga as fontes, ou, ainda, das múltiplas facetas do objeto que constrói, das instituições às quais ele permite adentrar ou aos sujeitos que, como sabemos, põem a história em contínuo movimento. Todas são importantes, necessárias e insuficientes para dizer das riquezas e das qualidades do trabalho de Meily. Tenho a certeza de que o(a) leitor(a), ao terminar de ler o livro, terá uma ideia mais precisa do quanto esta apresentação está incompleta. Mas, sendo esta mesma a condição de toda apresentação, resta-me convidar ao leitor a uma leitura densa e sofisticada de um texto bonito e bem construído.

Luciano Mendes de Faria Filho
Belo Horizonte, fevereiro de 2008

Introdução

A construção da trama...

> Contar é muito, muito dificultoso. Não pelos anos que já passaram. Mas pela *astúcia* que tem certas coisas passadas — de fazer balancê, de se remexer nos lugares (Rosa, 1986).

> Quanto maior um poder, tanto menos pode permitir-se mobilizar uma parte de seus meios para produzir efeitos de *astúcia* [...] O poder se acha amarrado à sua visibilidade. Ao contrário, a *astúcia* é possível ao fraco, e muitas vezes apenas ela, como "último recurso" (Certeau, 1994).

Este livro é decorrência de um longo e instigante trabalho. Nele apresento, com algumas modificações, o estudo por mim realizado como tese de doutoramento junto ao Programa de Pós-Graduação em Educação da Faculdade de Educação na Universidade Federal de Minas Gerais. Agradeço a todos aqueles que estiveram comigo ao longo desse percurso pois as partilhas acadêmicas foram, também, aposta na vida, na cortesia das trocas e na busca generosa de sentidos para o fazer humano.

A trama estabelecida aborda as relações entre o esporte e a educação escolar, tendo como lugar da narrativa as práticas discursivas e institucionais produzidas e realizadas pela Associação Brasileira de Educação (ABE), nas décadas de 1920 e 1930. No estabelecimento desse recorte, o principal propósito foi compreender como e por que as práticas esportivas, na época já disseminadas como experiências modernas e urbanas, participaram de um projeto cultural que apostava na eficiência da escola como possibilidade de organização e disciplinarização da vida social. Nesse processo, interessou-me compreender as maneiras pelas quais signos e códigos esportivos compuseram ordenamentos e enunciações que pretendiam modelar a *forma escolar* moderna como tempo/espaço privilegiado na socialização das futuras gerações.

Trata-se de um tema "astucioso". As artimanhas que marcam esse encontro entre a escola e o esporte não são "coisas passadas". Continuam presentes, como uns dos mais "dificultosos" dilemas na organização política e científica do campo acadêmico da educação física brasileira. Engendram relações de poder e representações sociais plurais, e muitas vezes contraditórias, nas quais passado e presente se correlacionam o tempo todo.

A escola e o esporte foram abordados como práticas que constituem e são também constituídas por um conjunto de dispositivos disciplinares que podem ser considerados tipicamente modernos. Ambos estabelecem na e para a modernidade um conjunto de sentidos e significados capazes de influir de maneira decisiva na produção de costumes e de referências culturais. O costume, diferentemente da tradição, constitui um campo para permanentes disputas entre interesses e reivindicações conflitantes e também a cultura, mesmo quando "assume a forma de um sistema", ou a "invocação confortável de um consenso", não deixa de incluir em seu conjunto as contradições, as fraturas e as oposições existentes.[1] Assim, tanto a escola como o esporte, pensados como sistemas modernos, não foram tomados como referências estáticas, pois comportam em seu interior a capacidade "de fazer balancê, de se remexer nos lugares". São remodelados à medida que a própria cultura e seus multifacetados sistemas de trocas provocaram novos padrões de acomodação, variadas formas de lidar com a educação das futuras gerações e novas abordagens para a disciplinarização das pessoas... dos corpos das pessoas.

Numa perspectiva historiográfica, esta pesquisa foi se desenhando, então, como uma história cultural da escolarização do esporte. A expe-

---

1. Ao operar aqui com as noções de "costume" e "cultura" tomo como referência as contribuições de E. P. Thompson (1998, p. 16-17).

riência de tornar o esporte um conteúdo e uma prática escolar produz-se como um emaranhado, como um texto ambíguo que, "ao reunir tantas atividades e atributos em um só feixe, pode na verdade confundir ou ocultar distinções que precisam ser feitas. Será necessário desfazer o feixe e examinar com cuidado os seus componentes".[2]

Então, com o desafio de "desfazer o feixe", ocupei-me das formas e estruturas, compreendendo-as como uma espécie de morfologia, uma tessitura daquilo que o costume faz chamar de esporte e de escola. Ao mesmo tempo, busquei explorar as possibilidades interpretativas que compõem a trama, ou seja, as práticas de apropriação — "maneiras de fazer" — que possibilitaram a escolarização do esporte, pela negociação permanente de significados culturais. Ao compor, assim, a contextura foi necessário realçar que as "práticas de apropriação" constituem formas diferenciadas de interpretação que dialogam, todo o tempo, com as "práticas produtoras de ordenamento".[3] Nessa operação, atentei especialmente para as múltiplas construções de sentidos ("escolares" e "esportivos") que, longe de serem lineares, universais ou desencarnadas, comportam e expressam tensões, contradições e descontinuidades na trajetória histórica.[4]

O estabelecimento do problema de pesquisa implicou, também, reconhecê-lo como uma construção que não é isolada ou solitária, mas, sim, referenciada em uma rede que comporta o compartilhamento com outros pesquisadores. As perguntas que mobilizaram a ação investigativa foram, em boa medida, produzidas coletivamente e estão conectadas aos problemas que, em diferentes tempos históricos, vêm sendo enfrentados pelo campo acadêmico da Educação Física, a partir de seus debates e lutas internas e também nas relações de complementaridade ou de contestação que estabelece com outros campos de conhecimento. Como lembra Michel de Certeau, "todo lugar 'próprio' é alterado por aquilo que, de outros, já se acha nele" e o "próprio" da Educação Física é um lugar bastante

---

2. Thompson, 1998, p. 22.

3. À ideia thompsoniana de "desfazer o feixe" agreguei contribuições de Chartier (1990) e Certeau (1994) para a interpretação das escolhas inventivas que os sujeitos realizam para lidar com os conteúdos e dispositivos culturais que lhes são impostos.

4. Chartier, 1990.

impregnado do esporte, a ponto de, em muitas circunstâncias, com ele se confundir.[5] Também o diálogo com estudos anteriores a este — suas ancoragens teóricas e suas práticas, de pesquisa e de escrita — muito contribuiu na produção das perguntas necessárias à composição do projeto de investigação. Ressalto especialmente os debates desenvolvidos no âmbito do Grupo de Estudos e Pesquisas em História da Educação (GEPHE) — FaE/UFMG — e a leitura do que se anuncia na recente produção historiográfica da Educação e da Educação Física brasileira.[6]

Assim, uma história singular foi tecida em uma trama que incluiu, de forma interdependente, os recursos metodológicos e conceituais permanentemente revisitados, um universo de fontes a explorar e uma variedade de perguntas buscando respostas no tempo, e não fora dele. Uma operação complexa, demandando, então, que um *saber-fazer* historiográfico também estivesse em construção. A esses elementos agregaram-se também as marcas impregnadas em minha experiência como professora e pesquisadora da área da Educação Física. A trajetória política do esporte no Brasil e o ensino escolar da Educação Física têm sido distintos objetos de estudo em minha atuação profissional, e nesta tese, de algum modo, tentei reuni-los a partir de uma problemática comum.

Do ponto de vista das ancoragens teóricas e conceituais, ousei, então, envolver diferentes autores, brasileiros e estrangeiros, apostando na possibilidade de arguir o tema da escolarização do esporte a partir das contribuições que seus estudos ofereciam à compreensão do esporte, da escola, da modernidade, do corpo, da disciplina, do poder e da política. Com eles, procurei apreender essas práticas como produções culturais complexas, historicamente configuradas em um tempo/espaço próprios

---

5. Certeau, 1994, p. 110.

6. Parece-me possível reconhecer que nos últimos vinte anos alguns estudos relativos à história da Educação Física se lançaram ao desafio de produzir uma historiografia orientada pelo alargamento das fontes, pela produção de novos recortes espaço-temporais, pela escolha de novos objetos e novas abordagens. Distanciam-se, assim, de uma história "acontecimental" e linear também presente na área. Remeto o leitor à problematização da produção historiográfica da educação física realizada por Taborda de Oliveira (2006b). Vale comentar que um movimento similar a este foi também identificado, e já bastante discutido, nos estudos relativos à História da Educação. (Cf., dentre outros, Carvalho; Nunes, 1993)

e, como tal, formadoras (ou deformadoras!) dos sujeitos que delas participam.[7] Cada um dos autores foi convidado ao texto quando a fecundidade de seus argumentos se apresentou como decisiva nesta escrita, nesta história e quando seus estudos, que são também suas experiências partilhadas, ocuparam um lugar decisivo na produção dos sentidos constituintes desta minha experiência de pesquisa e formação.

Toda essa rede de interlocuções, pesquisas, conceitos e noções produziu possibilidades e também novas questões. Convite à escrita, aqui entendida como o estabelecimento de novos conteúdos de verdade, que comportaram, também, suas lacunas, seus silêncios. De tal modo, foi importante perceber que a pesquisa histórica guarda semelhança com as "cidades invisíveis" de Calvino, impérios conquistados que, ao serem demarcados mostram, também, o seu "sem fim e sem forma"; edificações e ao mesmo tempo ruínas, sempre temporárias, sempre abertas a outros viajantes, outros olhares, outras cartografias.[8]

A narrativa que organiza esta história foi estabelecida em cinco capítulos. Em cada um deles, um movimento de idas e vindas em que alguns temas, fatos e personagens aparecem e reaparecem como elementos de ligação, mediadores, na construção do que neste estudo nomeio de "projeto cultural" e que, em alguma medida, assemelha-se à ideia de construção histórica. Por vezes, parecia-me não haver nada de novo nesse "projeto" a não ser a confirmação da antiguidade de alguns problemas, temas e maneiras de pensar... Permanências. Então descobri que a experiência de contar histórias se justifica no desejo de não esquecê-las, ou, dito de outra forma, na

> [...] preocupação de salvar o passado no presente graças à percepção de uma semelhança que os transforma os dois: transforma o passado porque este assume uma forma nova, que poderia ter desaparecido no esquecimento; transforma o presente porque este se revela como sendo a realização possível

---

7. Tomo aqui como referência o diálogo estabelecido por Faria Filho (2005a) com a produção historiográfica de E. P. Thompson. Nesse mesmo artigo, elementos de reflexão relativos à tensão entre formação/deformação cuja inspiração é a produção de Miguel González Arroyo.

8. Calvino, 1990, p. 9.

dessa promessa anterior, que poderia ter-se perdido para sempre, que ainda pode se perder se não a descobrimos, inscritas nas linhas do atual.[9]

No Capítulo 1, apresento o que denominei de clima cultural *sportivo*. Dialogando com textos produzidos entre 1915 e 1928 o propósito foi conhecer os esforços de interpretação de uma dada "civilização esportiva" que provocava tanto a emergência de debate e desconfianças quanto de exaltações e prescrições educativas. Licínio Cardoso, João do Rio, Fernando de Azevedo, Graciliano Ramos, Carlos Süssekind de Mendonça, Jorge de Moraes e Mário de Andrade foram alguns dos escritores convidados a apresentar seus argumentos esportivos. A ideia de "energização do caráter", anunciada como uma espécie de tarefa civilizadora, foi tomada como indício, uma vez que parecia representar sentidos educacionais anunciados tanto para a escola como para o esporte.

Busquei reconstituir, no Capítulo 2, a rede de sociabilidade que, estabelecida na e pela ABE, fazia acontecer, na década de 1920, o debate esportivo. O *Club* dos Bandeirantes do Brasil, a Corporação Militar e a Associação Cristã de Moços foram as principais referências. Argumento que na aproximação com esses grupos e com as ideias em circulação nesses lugares os educadores da ABE construíram os seus repertórios esportivos. Nessas trocas, muitas vezes o esporte apareceu como um pequeno comentário, um detalhe de um projeto cultural maior, no qual o que parecia em questão era um exercício de modificação de sensibilidades.

No Capítulo 3, o eixo narrativo se organizou em torno da visibilidade da ABE e de sua legitimação como tempo/espaço de produção de uma presença político-cultural que tinha a regeneração social pela educação como mote central. Revisitando as conferências nacionais, as semanas da educação, as revistas e boletins, os discursos, as teses e outras práticas da ABE, procurei captar o que os sujeitos anunciavam, discutiam e também recusavam. Interrogando esse fazer cotidiano da ABE, plural e por vezes contraditório, foi possível conhecer como e por que o esporte foi apropriado como prática e conteúdo educativo bastante relacionado ao discurso da eficiência social, do *self-government* e da escola ativa.

---

9. Gagnebin, 1994, p. 16.

Discuto a participação da educação física nesse projeto inovador, no Capítulo 4, ressaltando no âmbito interno à ABE uma luta de representação travada entre a "mentalidade desportiva" e a "mentalidade clínica, médico-pedagógica" — expressões forjadas pelos próprios sujeitos do debate. A essa relação polemológica agrega-se outra: os militares entram na cena desenhando interesses e possibilidades em estreita afinidade com um projeto centralizador de Estado. A astúcia presente no debate travado em 1929 em torno de um "Anteprojeto do Ministério da Guerra" organiza a trama do capítulo. O esporte é tema e alvo na legislação em debate. Hierarquia e centralismo agregam novos elementos ao modelo educacional referenciado na eficiência. Na ambiência da chamada "Revolução de 1930", uma configuração política se apresenta bastante propícia aos interesses e práticas defendidas por militares, e estes, de maneira astuciosa, ajustavam seus propósitos às circunstâncias para fazer lastro.

No Capítulo 5 analiso a tentativa da Seção de Educação Física e Higiene de produzir um "Projeto de Educação Física Nacional" no qual uma diversidade de interesses e reacomodações são realizadas pelos segmentos envolvidos nesta ação. Também o processo de preparação e realização do *VII Congresso Nacional de Educação*, que com características bastante distintas das seis conferências nacionais realizadas entre 1927 e 1934 teve a Educação Física como tema central. Essa inovação monotemática talvez não fosse um texto, mas um pretexto, um sintoma, diante da dificuldade de agregar educadores em um momento de grande tensionamento político e institucional. Na configuração que produziu esse evento, busco compreender por que Marta Carvalho, ao se referir a ele em sua tese de doutorado afirmou que o mesmo, "prenunciando o Estado Novo, tinha, melancolicamente, como único tema de debate a Educação Física".[10] Escolhi adotar esta "melancolia" como uma pista nessa história que, como tantas outras, comportou também, sob determinados aspectos, o que Walter Benjamin aponta como indissociabilidade entre progresso e regressão.[11]

Assim foi construída a escrita desta história. Ela acalenta a expectativa de participar desta complexa experiência de contar o passado

---

10. Carvalho, 1998, p. 30.
11. Cf. Benjamin, 1994c e 1994c.

conferindo-lhe sentidos humanos, coletivos e sempre abertos a novas interpretações. Sendo essa narrativa uma versão, como tal, não pretendeu revisar, com pretensões de superação ou negação, outras versões existentes, outras maneiras de olhar a história da escolarização do esporte. Mas isso não significou desconhecê-las e, assim, vários diálogos foram propostos na composição dos argumentos.

Por tudo, convido o leitor, sempre conhecedor de outras histórias, a realizar suas próprias e originais conexões ou desconexões, idas e vindas, "pela astúcia que tem certas coisas passadas, de fazer balancê, de se remexer nos lugares".

Capítulo 1

O *sport* no "clima cultural" da década de 1920: a "energização do caráter"

> Depois dos brinquedos vem o esporte. Os ingleses não têm feito outra coisa senão pôr as crianças e rapazes em sítios e instalações convenientes ao seu peito e aos seus membros. Eles lhes aplicam os mesmos princípios de criação e treinamento dos animais. E chegaram ao seu objetivo, seu código de ginástica — e só pelo esporte. [...] A infância e a mocidade precisam de ar, ar livre, e depois alimentação racional, vindo depois uma vida muscular alegre, interessante, consciente de seus fins (Thooris, 1921 apud Sevcenko, 1992).

> São as seguintes as possibilidades acorrentadas da sociedade industrial adiantada: desenvolvimento das forças produtivas em escala ampliada, extensão da conquista da natureza, crescente satisfação das necessidades de números cada vez maior de pessoas, criação de faculdades e necessidades novas (Marcuse, 1973).

O professor Licínio Atanásio Cardoso, catedrático professor da Escola Politécnica do Rio de Janeiro e pai do também professor Vicente Licínio Cardoso, escreveu em 1926 uma obra intitulada *O ensino que nos convém*.[1] Segundo ele, a principal motivação para a escrita desse trabalho, em um momento em que já pretendia se retirar do magistério oficial, foi a seguinte:

---
1. Cf. Cardoso, 1926.

Terminava a redação do primeiro volume do meu *Curso de Mecânica Racional*, quando li no *Jornal do Comércio* de 13 de janeiro do corrente ano de 1925 a exposição de motivos do Sr. Ministro da Justiça apresentada ao Sr. Presidente da República, sobre a reforma do ensino. Fiquei patrioticamente ofendido.[2]

Indignado com os índices de analfabetismo e "iletrismo" do País e com a ausência de um projeto capaz de tornar a educação uma responsabilidade pública, o professor Licínio Atanásio Cardoso — impregnado de sua ciência positivista e republicana e de sua admiração por Conte — produziu um longo trabalho, convencido de que este era uma expressão de seu "dever cívico", uma forma de "servir à pátria, senão em dias presentes, ao menos em dias do futuro".[3] Discutiu a educação, propôs modelos para os vários níveis do sistema de ensino, estabeleceu responsabilidades para o Estado. Apostava na educação como solução capaz de fazer "vibrar a alma dos brasileiros", ao mesmo tempo em que reconhecia que a "dificuldade está em poder determinar essa vibração que encontra no patriotismo diluído o seu maior amortecedor".[4]

Em toda a obra, várias são as metáforas maquínicas, talvez por influência de sua "mecânica racional". Formas de compreender e interpretar a sociedade como engrenagem; os sujeitos, como peças articuladas pelo binômio liberdade/responsabilidade; e a educação, como técnica eficaz.[5] Embora não trate destacadamente de educação física ou de esporte, seu projeto para uma educação cívica — capaz de preparação para o trabalho, a indústria, a ciência e a democracia — indicia preceitos "modernizantes" de uma educação do corpo. Preceitos de uma disciplina corporal orientada para e pela produção e pela eficiência, possibilitando, assim, maior rendimento. Corpo tratado como matéria modelável e adaptável.[6] Corroborando esses argumentos, uma expressão utilizada por Licínio Atanásio Cardoso chama atenção — o que ele anuncia como "energização do caráter":

---

2. Cardoso, 1926, p. 7.
3. Cardoso, 1926, p. 12-13.
4. Cardoso, 1926, p. 252.
5. Cardoso, 1926, especialmente o capítulo 1.
6. Sobre esta relação comumente estabelecida entre "modernização" e modelagem corporal de inspiração maquínica, veja-se, dentre outros: Vaz, 1999a e 1999b, e, também, Carvalho, 1997.

Problemas há, da maior importância, cuja solução é indispensável, toda gente o sabe, para a realização de nosso progresso efetivo.

Entre outros, o da distribuição da justiça, o da organização de um poder legislativo capaz de legislar eficientemente, o da boa arrecadação das rendas, o da ordem — representada na conjunção entre o prestígio da autoridade que se imponha, pelo seu valor, sem violência, e o respeito ao poder constituído, que se manifeste espontaneamente sem humilhação — e, sobretudo, o da *energização do caráter* brasileiro, fonte essencial donde emanarão os impulsos necessários à solução de tudo quanto concerne ao nosso engrandecimento social.[7]

Essa ideia de energizar o caráter para o progresso efetivo, a eficiência e a ordem é o que destaco como referência para a leitura do esporte no clima cultural da década de 1920. Energizar pode ser interpretado como dar firmeza, veemência, eficácia, potência ou força; tornar um sistema capaz de realizar trabalho. O sistema em questão é o caráter de cada brasileiro, sua alma, seu temperamento, sua índole, que tem no corpo sua elementariedade física, como convida a pensar Alexandre Vaz em seu diálogo com Walter Benjamin.[8] Corpo/Caráter, passível de ser aperfeiçoado pelas contribuições de uma "mecânica racional". Também Nicolau Sevcenko, em estudos sobre a construção cultural de cidades e de identidades, destaca que as novas tecnologias e a ideia de "recondicionamento dos corpos" adquirem especial relevo no clima cultural dos anos 20, quando os repertórios herdados começam a ser reordenados "sob a presença dominante da máquina no cenário da cidade tentacular".[9] O esporte, ou melhor, o *sport* estava, de certa forma, inventariado nessa herança.

Desde a segunda metade do século XIX, as práticas esportivas se apresentavam como possibilidades culturais concretas na constituição da vida social de algumas cidades brasileiras.[10] Frequentemente anun-

---

7. Cardoso, 1926, p. 17, grifo do autor.
8. Cf. Vaz, 2001.
9. Sevcenko, 1992, p. 18.
10. Alguns estudos recentes corroboram essa afirmação. No diálogo com tais produções, fui tecendo uma trama e um olhar sobre a relação esporte-cultura no Brasil, no primeiro quartel do século XX. Destaco especialmente Sevcenko, 1992 e 1998; Pereira, 2000; Melo, 2001; Moreno, 2001; Herschmann; Lerner, 1993; Herschmann; Pereira, 1994; dentre outros.

ciados no plano dos divertimentos, dos entretenimentos e, em alguns casos, relacionados também às temáticas da higiene e da educação, os *sports* ajudaram a compor um projeto de modernidade. Projeto este que foi desenhando, gradativamente, uma "ética do ativismo" e da "energia superlativa" expressa na ideia de que um "engajamento corporal" e uma "percepção ativa" eram condições necessárias diante dos novos — e cada vez mais sofisticados — meios técnicos.[11] Com essas novidades técnicas, a expansão das atividades produtivas, a concentração populacional das áreas urbanas, a produção de uma sociedade de massas e a "aceleração" do tempo. No final do século XIX, Machado de Assis denominou de "civilização esportiva" essa novidade — ou essa "nova idade".[12]

Analisando o Rio de Janeiro como uma "capital irradiante", Nicolau Sevcenko argumenta que estes "novos recursos técnicos, por suas características mesmo, desorientam, intimidam, perturbam, confundem, distorcem, alucinam" e, assim sendo, alteram a cena urbana e as relações entre as pessoas, pois "as escalas, potenciais e velocidades envolvidos nos novos equipamentos e instalações excedem em absoluto as proporções e as limitadas possibilidades de percepção, força e deslocamento do corpo humano".[13] O "caráter" já estava sendo, de alguma forma, "energizado".

Em seus estudos sobre os primórdios do esporte no Rio de Janeiro, Victor Melo representa a capital do país como uma "cidadesportiva", assim modelada desde meados do século XIX, pelas apostas no turfe e no remo, pelos interesses das elites, pela proliferação de *clubs*, pela mediação da imprensa e, também, pelo gradativo processo de adesão das camadas populares, as novas massas.[14] Segundo esse autor, as bases e os sentidos básicos do que Sevcenko chamou de "febre esportiva" vinham crescendo desde o século XIX, encontrando, nas décadas de 1920 e 1930, condições mais concretas para se desenvolver.[15] Essa febre ou civilização esportiva

---

11. As expressões entre aspas são utilizadas por Sevcenko (1992), especialmente no Capítulo 1.

12. Sevcenko, 1998, p. 568. O autor toma como fonte uma crônica escrita por Machado de Assis para o periódico *A Semana*, 29/3/1896.

13. Sevcenko, 1998, p. 516.

14. Cf. Melo, 2001.

15. Melo, 2001, p. 214.

expressou-se com mais vigor após a primeira grande guerra, trazendo com ela uma euforia pelo moderno, pelos novos modos de ver e de ser visto, de agir e de se vestir, de lidar com as temporalidades. Maneiras de estar e de participar em uma sociedade urbana e de massas, de construir um Brasil "moderno". Mas esse *boom* esportivo trouxe também receios e desconfianças tornando-se, por isso, mais um tema de debates e polêmicas na constituição de um clima cultural estabelecido por múltiplos atores, grupos e redes de sociabilidade. Vale ressaltar que

> Nesse contexto o esporte, e tudo que traga as suas conotações, se torna, de fato, um dos códigos mais expressivos para signos de distinção social. Ele surgiu e se impôs como um ritual elitista, revestido dos valores aristocráticos do ócio, do adestramento militar e do *sportsmanship* (cavalheirismo, imparcialidade e lealdade). Ao se apropriar dele, a burguesia o traduziria em termos de agressividade, competitividade e imperativo da vitória. O seu prestígio crescente garantiu que as conversões prosseguissem ao longo da escala social.[16]

Junto com o esporte, outros códigos correlatos, como saúde, higiene, educação, eugenia, estética, disciplina, limpeza, beleza, eficiência etc., passam a ser abordados e problematizados. No desenvolvimento deste capítulo, o caminho construído inclui um diálogo com alguns textos estabelecidos por diferentes escritores do período, buscando identificar em suas construções narrativas — nos seus protestos e/ou argumentações científicas e nas questões suscitadas pelo "surto dos esportes" no cotidiano da cidade e no modo de vida das pessoas — os sentidos e significados culturais agregados a tais práticas. De forma especial, são ressaltados os modos de celebração e questionamento que estabeleceram para o debate sobre a educação na infância e na mocidade e para a problematização dos valores e referenciais de modernidade agregados ao esporte.

Como um exercício de demarcação de identidades compartilhadas e politicamente posicionadas, o debate sobre o esporte acontecia na sociedade carioca, onde adesões e críticas, prós e contras eram expressos por jornalistas, médicos, educadores, militares e esportistas por meio

---

16. Sevcenko, 1998, p. 575-576.

de jornais, revistas, livros, estudos, conferências e teses. Suas ideias circularam em congressos, associações, clubes, agremiações, sociedades... Múltiplos lugares de produção de ideias, de práticas, de interesses e de discursos. A adesão ao esporte precisava ser interpretada no que ousava anunciar como uma nova referência de civilidade, mas, principalmente, naquilo que provocava tamanha adesão, atração e euforia nos mais diversos segmentos e grupos sociais. Discutir o esporte era uma forma de interpretar a vida moderna, como se essa prática expressasse, metaforicamente, os novos tempos, como um de seus dispositivos disciplinares. De acordo com Herschmann e Pereira, nas décadas de 1920 e 1930, afirmar-se "moderno" significava "tentar assumir um lugar prestigiado no debate científico e artístico — não importando tanto o fato de se atingir ou não o reconhecimento pleno — expressando também uma sintonia de certa forma obrigatória com determinado conjunto de questões".[17] Mesmo que essas questões não estivessem suficientemente claras para os envolvidos, parecia importante palpitar — dar palpite, fazer pulsar!

Por que as pessoas estão aderindo tão freneticamente a essa prática de estrangeirismo anglo-americano? Quais os prós e os contras? Sua apropriação é inevitável? Quais as mediações possíveis? A adesão ao esporte e ao debate sobre o esporte configura-se como prática cultural, constituindo, assim, possibilidades de produção de sentidos e significados, de experiências e de posicionamentos políticos relativos aos destinos da sociedade brasileira.

1.1 Clima cultural, clima político... a produção de "consensos táticos" ou a tentativa de interpretação da "civilização esportiva"

Em 1910, o cronista João do Rio publicou, pela primeira vez, no jornal *Gazeta de Notícias*, a novela "A profissão de Jacques Pedreira",[18] na qual o autor representou um cidadão típico da elite de seu tempo. Oportunista,

---

17. Herschmann; Pereira, 1994, p. 15.
18. Rio, 1992. Essa reedição tomou como referência a primeira edição integral da novela, de 1913. As informações relativas encontram-se disponíveis em www.biblio.com.br/conteudo/PauloBarreto.

malandro e atento às novas modas e aos prazeres, ele se engajava nas maneiras de ser e de estar na sociedade em que vivia. "A fatalidade naquele momento sobrecarregava-o de dois *sports*: o automóvel e a mulher" e "... os automóveis haviam transmitido a sua inquieta alma ao proprietário".[19] Assim, em seu exercício de pertencimento, Jacques Pedreira toma o esporte como regra do tempo e das relações sociais. De forma muito astuciosa, argumenta que

> [...] tudo na vida é *sport*. O maior *sportman* de todos os tempos foi possivelmente Deus, Nosso Senhor. Esse cavalheiro, predestinado de fato, venceu todas as *performances* e todos os *handcaps*, e, segundo observações inteligentes, foi o inventor do *puzzle* na organização do caos. Não é de admirar que a humanidade, à proporção que conhece mais intimamente Deus, mais esportiva se revele. A corrente contemporânea é particularmente esportiva. Os jornais falam de *matches*, de velocidades. Os termos ingleses surgem a cada corrida, ou a cada pontapé; as pessoas andam nas ruas como quem vai para um desafio ou pelo menos para uma aposta.[20]

Suas palavras em inglês, suas atitudes e tentativas de incorporação dos novos padrões de conduta expressam um movimento da negociação de sentidos e significados culturais, em que os "desafios" e "apostas" demandavam "observações inteligentes" e capazes de construir novas configurações, novos consensos táticos. Ferramentas para ver, viver e tentar dialogar com a turbulência, a velocidade e a produtividade orientada pela tecnologia e pela competitividade.

Para além dos burgueses da cidade, ou tomando-os por referência, outros segmentos sociais também queriam falar esse novo idioma. Mas ele era tão inglês, tão *gentlemam*... Seria esse, também, um efeito da modernidade e de sua diversificação? Para responder perguntas como essas, alguns sujeitos se mobilizaram em exercícios intelectuais, individuais e coletivos. Diante de tantas transformações, não era casual a existência de polêmicas que ora aproximavam, ora distanciavam esses autores-personagens, situando-os em grupos que se reorganizavam continuamente. Suas

---

19. Rio, 1992, p. 77.
20. Rio, 1992, p. 77.

práticas pareciam expressar a intensidade e a dificuldade das questões, quando se lançavam na produção de parâmetros de inteligibilidade. Intérpretes da febre esportiva realizaram exercícios de apropriação que comportaram não só exercícios de enunciação e recriação de sentidos, mas também o estabelecimento de polêmicas, críticas e explicitações de divergências.

Muitos autores e obras poderiam ser aqui acionados. Escolhi, na sequência iniciada com João do Rio, obras de Fernando de Azevedo, Graciliano Ramos, Lima Barreto, Carlos Süssekind de Mendonça, Jorge de Moraes e Mário de Andrade. Guardadas as diferenças existentes entre eles, dois foram os parâmetros básicos nessa escolha: primeiro, o fio condutor da "energização do caráter" — uma vez que essa ideia reverbera nesses diferentes discursos — e segundo, uma relativa aproximação desses autores com o campo educacional e, em alguma medida, com a ABE. A ordem estabelecida é cronológica, mas nela a trama do tempo possibilitou revelar a justaposição que a "disciplina" ou "civilização" esportiva foi assumindo ao longo da década de 1920.

1.1.1 Fernando de Azevedo, em 1915 e em 1920

Para concorrer à vaga de professor na cadeira de Ginástica e Educação Física no Ginásio Mineiro, em Belo Horizonte, Fernando de Azevedo havia escrito, em 1915, *A Poesia do Corpo* ou *A Gymnastica Escolar, sua história e seu valor*. O livro foi dividido em três partes: I. O estado da questão. Fatos e interrogações; II. Escolas e métodos: a qual a primazia?; III. A importância do problema no Brasil: aplicações que o solucionam. Na apresentação, o autor anunciou que o título escolhido não poderia ser outro porque

> [...] é a expressão sintética da concepção moderna de ginástica, que, no seu elevado intuito pedagógico, é de fato, e não pode deixar de ser, a poesia do corpo. Ciência e arte a um tempo — baseia-se toda na biologia, nos princípios anatomofisiológicos para alcançar a saúde corpórea, que é a condição

fundamental do espírito, e tem a realizar um fim duplamente estético 'o belo na forma e no movimento'.²¹

Nesse propósito de uma poética do corpo que foca prioritariamente a ginástica, os esportes foram incluídos e analisados pelo autor, mas tratados com muitas ressalvas e desconfianças. Na primeira parte da obra, no subtítulo "Nada de atletismo. O espírito desportivo", Fernando de Azevedo refere-se ao "atletismo" como "cultura da força pela força", como uma "especialização", que "ameaça e rompe o equilíbrio do corpo humano".²² Sua grande preocupação é com a fadiga e a exaustão propiciada por essas práticas, que ele considerava incompatíveis para a "ginástica do escolar", pois esta deveria ser gradativa, metódica e racional. Apoiando-se em Georges Demeny, argumenta que uma ginástica de aplicação não deveria ser "confundida com a preocupação de dificuldades excepcionais ou atletismo". Para Azevedo, "a aplicação consiste unicamente em gastar sua energia utilmente, com o mínimo de fadiga para o organismo, isso é, com o máximo de transformação em efeito útil".²³

Nessa crítica aos exercícios que cultivam a força pela força, procura diferenciar então os "desportos". Considera-os um meio recreativo agradabilíssimo. Cita algumas dessas práticas, tais como o pedestrianismo, o ciclismo, a regata, o boxe, o futebol, dentre outras, compreendendo-as como complementares à ginástica racional, harmônica e moderna. Embasado em Philippe Tissié, afirma que a ginástica está para o desporto assim como "as gamas para a música, a gramática para a literatura". Desta forma, reconhece e legitima os "desportos", diferenciando-os do que chama de atletismo (gasto nocivo de energia), ressaltando: "o desporto é a música da ginástica; esta, a sua escola, o seu indispensável solfejo, o exercício preparatório".²⁴ Indica também que "a preparação militar é o modelo desta aplicação e os diversos desportos são sua escola". Nessa

---

21. Azevedo, 1915, p. 14. Agradeço ao amigo Tarcísio Mauro Vago o empréstimo dessa fonte de suma importância para a história da educação física em Minas Gerais.

22. Azevedo, 1915, p. 60-65.

23. Azevedo, 1915, p. 61.

24. Azevedo, 1915, p. 63.

construção conciliatória, apoiando-se nos "pedagogicistas", que adjetivava como "adversários inconciliáveis do atletismo", argumenta então que os desportos possuem um grande efeito de emotividade sobre a mocidade, e que deles podem-se depreender resultados positivos como "confiança", "qualidades morais" e "diversão agradável". Valores que ele relaciona com o "espírito desportivo". Assim, podem ser compreendidos como um "fato notável de extensão da educação física" na vida das pessoas. Afinal, são melhores do que os "vícios" e a "boemia", desde que sua prática não se realize antes de se adquirir "um sistema muscular mais desenvolvido e um organismo mais treinado". Expressa, assim, a ideia de que a ginástica cientificamente orientada é condição básica e deve preceder a prática dos esportes.[25]

A segunda parte do livro, que trata das diversas escolas e métodos, apresenta a "Escola anglo-americana" e esclarece que nela "o desporto é o fundamento".[26] Comenta que o número de horas dedicadas a "estudos e aulas" em um liceu francês é igual àquele dedicado aos "jogos" em um colégio inglês. Nestes, os jogos de *cricket* e *foot-ball* são cartões de visita; naqueles, o preparo de "bacharéis".

> Sem pretendermos condenar os desportos, sobre cuja utilidade indiscutível já tivemos ocasião de nos pronunciar, e que não cansamos de frisar com os termos mais enérgicos, o método, porém, de educação física entre os ingleses não se compadece de modo algum com os princípios racionais a que deve obedecer um sistema educativo.[27]

Nesse viés argumentativo, afirma também que "entre nós", a combinação de exercícios físicos intensos (abruptos, violentos) e o esforço intelectual enérgico, provocariam esgotamento nervoso e raquitismo. Se tal combinação caberia ao sistema educacional inglês, não seria conveniente para o projeto de escolarização da educação física que ele apresenta, no qual uma "educação física pelo desporto" não poderia substituir "a ginás-

---

25. Azevedo, 1915, p. 64-65.
26. Azevedo, 1915, p. 101.
27. Azevedo, 1915, p. 102.

tica cientificamente administrada". Note-se que o caráter de cientificidade e racionalidade, recorrente nos argumentos de Fernando de Azevedo, ancora-se na produção estabelecida por médicos e pedagogicistas, como ele mesmo os denomina. Apoiando-se em Jules Payot, afirma, então, que carece de "senso científico" a "educação atlética" recebida pela mocidade inglesa, de onde decorre o risco do desenvolvimento da grosseria e da brutalidade "que pode ser verificada na sociedade britânica".[28]

Para ele, a presença dos esportes — apenas "alguns desses jogos" — nos programas escolares só seria possível como "parte complementar", na qual a "ginástica elementar" — até os 18 anos — seria a base, o "desenvolvimento mínimo". E só se justificaria pela possibilidade de contribuir para o desenvolvimento da iniciativa, da acuidade de sentidos, do raciocínio e do caráter, além de se apresentar como atividade "extra-escolar" para a "conservação de seu equilíbrio fisiológico".[29]

A argumentação sobre essa inclusão do esporte na escola é feita tendo como referência os alunos do sexo masculino. Embora defenda a educação física também para as mulheres, quando a elas se refere não cita os esportes, mas, sim, a ginástica calistênica, considerada por ele o melhor caminho para o aperfeiçoamento psicológico e a elaboração estética "da menina de hoje", "mãe de amanhã".[30]

Ao anunciar, na parte III, "O nosso programa: como o justificar", apresenta uma proposição que denomina "Programa de Ginástica Sueca Educativa e Higiênica", orientado para quatro séries do curso ginasial. Esclarece que é um programa para o sexo masculino e não deve ser aplicado *in totum* ao sexo feminino. Nesse programa, os "jogos desportivos" aparecem como conteúdo estabelecido apenas na quarta série.[31]

Os esportes não constituíram prioridade na proposta de educação física voltada para a regeneração social que Fernando de Azevedo acreditou e propôs em 1915. Segundo ele, "para se conseguir, porém,

---

28. Azevedo, 1915, p. 103-104.
29. Azevedo, 1915, p. 105.
30. Azevedo, 1915, p. 40.
31. Azevedo, 1915, p. 165-176.

o rejuvenescimento de uma nação, de que depende a existência de um povo autônomo, deve ser fator precípuo a educação física pela ginástica escolar".[32] Na *Poesia do Corpo*, as práticas esportivas aparecem como algo complementar e de uso restrito no "desenvolvimento harmônico do corpo humano". Se for possível, sem fadiga, sem especialização, sem idolatria do músculo, sem deterioração do organismo humano, sem favorecer tal órgão em prejuízo do outro. Suas referências são francesas e suecas. Reporta-se, especialmente, a Demeny e Tissié.

Também vale ressaltar que as ideias de harmonia e evolução linear, recorrentes em seu conjunto argumentativo, comportam uma inspiração aristotélica que parece marcar substantivamente sua maneira de pensar. Citando Aristóteles na *Poesia do Corpo*, Fernando de Azevedo defende a ideia de que um processo natural de evolução se apresenta como justificativa para a passagem das coisas menores para as coisas maiores não como um ato voluntário, um consenso produzido, mas como efeito de causas naturais, pela própria "natureza das coisas".[33]

Mesmo com a apurada construção da *Poesia do Corpo*, Fernando de Azevedo não foi selecionado no concurso de 1915. Foi proclamado inabilitado pela banca examinadora "por haver obtido na prova prática unanimidades de notas inferiores a três".[34] O professor selecionado, Antônio Pereira da Silva, teria apresentado uma tese intitulada *O espírito militar e os povos*.[35]

---

32. Azevedo, 1915, p. 206.

33. Os argumentos de Azevedo relativos ao desenvolvimento harmônico e gradual do corpo humano podem, em certa medida, também revelar dimensões de sua concepção de mundo e de sociedade. Para tal afirmação, recorro aqui aos argumentos de Norberto Bobbio acerca das diferenças existentes entre o modelo aristotélico e o modelo jusnaturalista na construção do pensamento político moderno. Diferentemente do caráter interessado e contratualista presente no modelo jusnaturalista, no modelo aristotélico o desenvolvimento das sociedades é compreendido como um "efeito de causas naturais, tais como o aumento do território, o crescimento da população, a necessidade de defesa, a exigência de assegurar os meios necessários para a subsistência etc., razão pela qual o Estado não é menos natural que a família" (Bobbio, 1991, p. 7).

34. Teixeira, 2004, p. 131.

35. Esse é um indício apresentado por Aleluia Heringer Lisboa Teixeira (2004, p. 127), que pesquisou de modo apurado fontes relativas ao referido concurso durante seu estudo sobre o Gymnasio Mineiro no período 1890-1916. Mas a tese do candidato aprovado nunca foi encontrada.

Em 1919, já residindo na capital paulista, publicou um opúsculo intitulado *Antinoüs: estudo de cultura atlética* que incluía *O segredo da Marathona*, trabalhos apresentados na Sociedade Eugênica de São Paulo.[36] Nesses estudos, sua visão sobre o esporte começa a sofrer algumas modificações. Afirma que a cultura atlética é uma conquista moderna e, ao mesmo tempo, uma renascença do ideal antigo. A expressão "cultura atlética" é apresentada como sinônimo de "educação física"[37] e também de "cultura esportiva".[38] O esporte é citado como "palavra inglesa para designar o que é essencialmente helênico" e o "atleta" como um "artista que modela o seu corpo", um *sportman*.[39] Destaca também que nos Estados Unidos poderiam ser encontrados os mais belos modelos antropológicos, evidências do valor psíquico e moral dos exercícios atléticos.

Nessa amálgama que constrói, estabelece relações entre a clássica cultura grega — enfatizando a harmonia entre forma e vigor, paz e força, cultura intelectual e cultura física — e o Império britânico — cujas conquistas evidenciam o espírito de iniciativa e a compreensão de que "a emulação é o nervo da sociedade humana". Com um propósito de mostrar que é mais fácil moralizar "um organismo sadio" do que uma "máquina humana enfraquecida e emperrada", Fernando de Azevedo atribui à robusta elegância de *Antinoüs* um lugar de referência para a educação moderna. Vale notar que ele se refere à estátua de *Antinoüs* e não ao próprio personagem grego: "um dos jovens mais famosos e robustos, cuja estrutura nos foi conservada pela estatuária, o espécime raro de força física, mas de tanta harmonia em todas as suas partes, que Poussin já lhe citava a estátua como 'o mais completo modelo das proporções da figura humana'".[40] À exaltação desse modelo (estátua) de homem, Azevedo agrega um conjunto de proposições relativas ao valor de uma educação atlética. No *Segredo da Marathona*, argumenta:

---

36. Cf. Azevedo, 1960.
37. Azevedo, 1960, p. 231.
38. Azevedo, 1960, p. 246.
39. Azevedo, 1960, p. 236.
40. Azevedo, 1960, p. 225.

Na atlética (permiti-me chamar assim aos esportes por seu nome grego) se tem a explicação desse episódio anedótico, em que se põem a manifesto as energias físicas e morais, conquistadas à mocidade das palestras por uma educação vigorosa, que, ritmando-lhe o andar e apurando-lhe a beleza das formas, lhe forrou o peito da armadura da coragem, apôs-lhe aos pés da agilidade e lhe armou o braço do escudo impenetrável da confiança na sua própria força.[41]

Enfatizando essa "educação vigorosa" capaz de fazer manifestar a "energia física e moral" relaciona tais premissas com o discurso e o debate relativo à eugenia. Ao apresentar o *Segredo da Marathona* na Sociedade Eugênica de São Paulo, afirmou que a ciência eugênica de Francis Galton, moderna e experimental, foi também inspirada no "zelo da Grécia Antiga" e na "herança imortal" dessa civilização.[42] Assim, o autor faz suas tessituras, articulando as várias dimensões da vida em um projeto de educação que ressalta sempre como harmônico e evolutivo.

No ano seguinte, 1920, Fernando de Azevedo publica *Da Educação Física: o que ela é, o que vem sendo e o que deveria ser*, obra que estabelece como uma edição ampliada da *Poesia do Corpo*. Contém as mesmas três partes, com os mesmos títulos, mas todas elas são substantivamente ampliadas.[43] Já no prefácio dessa nova obra, o autor anuncia que "um sopro de vida nova" advém do Uruguai e da Argentina: o "turbilhão esportivo". Está falando dos esportes em geral, mas, em especial, do futebol. Apenas cinco anos depois, sua visão do esporte já está bastante modificada e algumas de suas reservas são relativizadas. Parece ajustar-se aos códigos da moderna "civilização esportiva", mesmo recorrendo ao ideário helênico, como nos textos produzidos em 1919. Novos consensos diante do fenômeno moderno, embora ele não os represente assim, pois mesmo quando parece mudar de opinião escolhe manter os preceitos anteriores, articulando-os "harmonicamente" aos novos. Esses consensos permitem inferir que Fernando de Azevedo foi capaz de jogar com

---

41. Azevedo, 1960, p. 229.
42. Azevedo, 1960, p. 230.
43. Cf. Azevedo, 1920.

os acontecimentos, transformando-os em ocasião, como nos convida a pensar Michel de Certeau.[44] Vale notar que, nessa operação discursiva que constrói, ao mesmo tempo em que se posiciona taticamente diante do inevitável "turbilhão esportivo", assume também uma posição estratégica no debate relativo à Educação Física, construindo e preservando, assim, um lugar de poder político e científico.[45]

Na primeira parte do novo livro, aquela seção denominada, em 1915, de "Nada de atletismo. O espírito esportivo", recebe agora o subtítulo de "Os esportes e sua justa situação num programa escolar. Atletismo e atlética". O conteúdo é também ampliado. Junto com Demeny e Tissié, aparece agora Pierre de Coubertin.[46] O que era denominado *desporto* passa a chamar-se *esporte atlético*. Mantém suas ideias de que a ginástica educativa é a base fundamental de um processo de formação. Esta teria um "caráter de automatismo" por "movimentos executados em conformidade com uma ordem recebida". Uma "ginástica de obediência" à qual poderiam ser agregados os esportes, nos quais prepondera "o regime de iniciativa repetida".[47] Agora os esportes beneficiam

> [...] o organismo de notáveis efeitos fisiológicos e [põem] os músculos em jogo, tem grande utilidade física e moral, exaltando o gosto da luta com as dificuldades, a atividade perseverante, adestrando nos lances de coragem e sangue frio e conquistando aos que os praticam todo esse conjunto rítmico de qualidades do caráter anglo-americano, que se apoia no hábito de contar cada um consigo (o *self-support*) e na posse completa de si mesmo ou no *self-control*, como se diria na técnica inglesa.[48]

---

44. Certeau, 1994, p. 47.

45. De acordo com Michel de Certeau (1994, p. 100-104), "a tática é determinada pela ausência de poder", é "ação calculada que é determinada pela ausência de um próprio [...] por isso deve jogar com o terreno que lhe é imposto tal como o organiza a lei de uma força estranha". E as estratégias "apontam para a resistência que o estabelecimento de um lugar oferece ao gasto de tempo, das ocasiões que apresenta e também dos jogos que introduz nas fundações de um poder".

46. São dois os livros de Coubertin citados por Fernando de Azevedo na bibliografia do livro de 1920: *Educatin en Anglaterre* (1888) e *Essais de psychologie sportive* (1913).

47. Azevedo, 1920, p. 83-84.

48. Azevedo, 1920, p. 84.

Assim, Fernando de Azevedo introduz no debate sobre o esporte as ideias relativas ao autogoverno que, em alguma medida, constituem representações do liberalismo moderno calcado no desenvolvimento de um individualismo de matizes utilitários, produtivistas. Além desses "benefícios", ressalta também a contribuição para a regeneração de uma raça, para a precisão do golpe de vista e o desenvolvimento do sentido muscular, para a satisfação das necessidades de alegria e liberdade.[49] Como quem anuncia uma nova abordagem, afirma que a educação esportiva "não é a base, mas o coroamento da educação física e sua recompensa pode e deve chegar a resultados surpreendentes por meio de treinamento — a arte de levar o indivíduo a um grau de força e resistência suficientes para suportar uma prova determinada".[50]

Construindo essa ideia de coroamento, justifica não ser a educação esportiva uma atividade para crianças, e sim para os adolescentes, após terem "adquirido maior desenvolvimento do sistema muscular e maior resistência orgânica". Essas são, agora, referências consideradas fundamentais por Fernando de Azevedo na organização dos programas escolares. Mas essa ideia de coroamento vem, ao mesmo tempo, reforçar também aquela da evolução natural, progressiva e linear que, tendo como referência inicial a ginástica educativa, teria o esporte como culminância.

A atitude conciliatória de Azevedo é claramente revelada quando adota a premissa de que "a verdade reside no meio". Essa é a máxima que mais reverbera em sua produção discursiva.

> A má compreensão do papel que cabe aos esportes, aos quais se pretende erroneamente reduzir toda a educação física, e de outro lado, as oscilações pendulares das tendências humanas, que ora tocam o extremo da inatividade física, como na idade média, ora esbarram na excessiva atividade atlética, como na Inglaterra moderna, tem feito esquecer, em educação física o princípio salutar de que *a verdade reside no meio* e de que não deve constituir

---

49. Azevedo, 1920, p. 87.
50. Azevedo, 1920, p. 86.

nosso ideal a aquisição da força grosseira e sem freio, pela qual os gregos não tinham admiração alguma.[51]

Essas considerações são apresentadas na introdução da seção relativa à "Escola anglo-americana: predominância esportiva", evidenciando que sobre este modelo de educação física as críticas apresentadas em 1915 são também relativizadas. Sem assumir que mudou de opinião, até porque mantém parte significativa do texto anterior, o que Azevedo faz, e com astúcia, parece ser uma tentativa de convencer o leitor de que é ele que não está compreendendo bem o assunto. É a partir dessa operação estratégica que produz os ajustes em sua interpretação sobre o esporte. Nessa seção, de forma mais específica, assim comenta os sentidos educativos do método anglo-americano de educação física:

> O mal não está, pois, nos esportes em si, mas, apenas, ou no abuso ou na prática prematura dos esportes, que, regulados e praticados depois da adaptação do indivíduo pela ginástica educativa, longe de prejudicarem ou entravarem o trabalho intelectual, longe de diminuírem na mocidade a aplicação aos estudos e a tornarem indiferentes à cultura do espírito, podem desenvolver-lhe as qualidades de perseverança, vontade e energia, corrigindo-lhe a abulia característica do psiquismo mórbido de nossa gente e contribuindo para a formação de seu caráter, ao mesmo tempo que lhe avigora o organismo, despertam a alegria sadia e incutem hábitos de disciplina.[52]

Explicita, então, a convicção de que o esporte, se regulado e disciplinado, pode contribuir para a educação da mocidade. Suas preocupações com fadiga e exaustão, tão destacadas como problemáticas em 1915, são agora secundadas pela aposta que faz na promoção de um caráter perseverante e enérgico. Essa aposta evidencia que, para Fernando de Azevedo, a dimensão educativa do esporte é construída muito mais por premissas de ordem moral do que de ordem física. Sua ideia de regeneração da raça parece ancorar-se na crença de que é possível, por meio do esporte, fazer superar o que adjetiva de "psiquismo mórbido de nossa gente".

---

51. Azevedo, 1920, p. 142, grifos do autor.
52. Azevedo, 1920, p. 143.

O programa de ensino proposto na terceira parte no novo livro ainda conserva o nome de "Programa de Ginástica Sueca Educativa e Higiênica", como em 1915, mas antecipa a inclusão da natação e dos jogos esportivos para a 3ª série. Vale notar que essas são as únicas modificações sofridas nessa seção do livro. Ou seja, o esporte pode chegar mais cedo aos escolares, desde que mantida a proposição de formação higiênica e educativa por meio da ginástica preparatória. Prescrições de um controle disciplinar de matizes escolares.

Vale ainda destacar nesta terceira parte de *Da Educação Física,* uma seção especialmente dedicada ao futebol, sob o título de "A foot-ballmania. O verdadeiro valor do esporte inglez no plano geral de educação física".[53] Nessa seção, afirma que é um dever aplaudir a popularização do futebol e suscitar o entusiasmo que esse esporte propicia à educação física, especialmente pelo que denomina de "sua relevância psicossocial". Apoiando-se em Tissié, afirma que o futebol é "a escola da obediência na livre iniciativa",[54] que ensina a mocidade a trabalhar em equipe e que "em dias de *matches* particulares ou oficiais, transforma-se como por encanto a fisionomia das vilas e das grandes cidades".[55] Alerta para o fato de que o futebol deve ser praticado de acordo com uma disciplina "médico-pedagógica" que inclui: a não-adequação às crianças, a necessidade de se atentar para as condições de higiene, as práticas de treinamento orientado e boa alimentação como pré-condições, dentre outras.

> O jogo bretão, sobre o seu admirável fim moralizador, drenando para o campo 'au grand air' a nossa mocidade, que de outra forma se estagnaria nos cafés e nas casas de diversão, exerce precípuo papel psicológico e pode desempenhar importantíssima função de ortopedia moral, transformando a abulia em que se desvigora e anonimiza a nossa mocidade, em caracteres de valor, força de vontade.[56]

O caráter cientificista de seus argumentos médico-pedagógicos constitui fundamentação, ancoragem, para a explicitação de seus propósitos de

---

53. Azevedo, 1920, p. 230.
54. Azevedo, 1920, p. 236.
55. Azevedo, 1920, p. 235.
56. Azevedo, 1920, p. 236.

ordem moralizante. Assim, imprimindo ao esporte um molde disciplinar e educativo, Fernando de Azevedo acaba por autorizá-lo como prática social e pedagógica.

> É o 'rumo do esporte', 'rumo do campo', e quando, por ventura raiasse esse entusiasmo no excesso, teríamos a consolar-nos de termos contribuído para pequenos males que daí adviriam, o termos evitado outro maior: esta letargia que já anestesiava a nossa mocidade, predispondo-a a todas as degenerescências.[57]

Parece acreditar que esse exercício de controle — médico-pedagógico — seria suficiente diante do "turbilhão esportivo" e seus "excessos". Em linhas gerais, esses são alguns itens que compõem a forma[58] azevediana de "energização do caráter". No final da década de 1920, como veremos, seu envolvimento com o tema do esporte e da educação física retornará na ABE de alguma forma.

1.1.2 Graciliano Ramos, em 1921

Se Fernando de Azevedo investe suas proposições no sentido de apresentar um engajamento e uma direção educativa e pedagógica ao esporte, o mesmo não acontece com Graciliano Ramos. Talvez essa não fosse mesmo uma de suas preocupações, como era para Azevedo. Talvez seus propósitos fossem os de ironizar o esporte como referência disciplinar moderna. Trazê-lo para este debate não se justifica por grandes produções sobre o tema. Ao contrário, sua presença encontra-se ancorada em uma única crônica publicada em um jornal de Palmeira dos Índios, Alagoas, em 1921. Nela, duvida da adesão dos brasileiros ao futebol, argumentando que essa prática lhe parecia incompatível com nosso povo. Assim, argumenta:

> Pensa-se em introduzir o futebol, nesta terra. É uma lembrança que, será recebida pelo público, que, de ordinário adora as novidades. Vai ser por

---
57. Azevedo, 1920, p. 237.
58. Leia-se "fôrma".

algum tempo, a mania, a maluqueira, a idéia fixa de muita gente. Com exceção talvez de um ou outro tísico, completamente impossibilitado de aplicar o mais insignificante pontapé a uma bola de borracha, vai haver por aí uma excitação, um furor dos demônios, um entusiasmo de fogo de palha capaz de durar bem um mês. [...]

Mas por que o futebol?

Não seria, porventura, melhor exercitar-se a mocidade em jogos nacionais, sem mesclas de estrangeirismos, o murro, o cacete, a faca de ponta, por exemplo? Não é que me repugne a introdução de coisas exóticas entre nós. Mas gosto de indagar se elas são assimiláveis ou não. [...] Ora, parecemos que o futebol não se adapta a estas paragens do cangaço. É roupa de empréstimo que não nos serve.[59]

Embora com argumentos regionais, sua crítica parece apontar prioritariamente contra os estrangeirismos, ao mesmo tempo em que desvela o que percebe como práticas corporais compatíveis com as "disciplinas" culturais do País:

Temos esportes em quantidade. Para que metermos o bedelho em coisas estrangeiras? O futebol não pega, tenham a certeza. Não vale o argumento de que ele tem ganho terreno nas capitais de importância. Não confundamos. As grandes cidades estão no litoral; isso aqui é diferente, é sertão.[60]

Graciliano Ramos, que na década seguinte atuaria como representante do Estado de Alagoas no Conselho Diretor da ABE,[61] argumenta nessa crônica que desde a infância não são as atitudes cavalheirescas as nossas alternativas, mas, sim, a "rasteira". Segundo a argumentação de Graciliano:

Este sim é o esporte nacional por excelência! Todos nós vivemos mais ou menos a atirar rasteira uns nos outros. Logo na aula primária habituamo-nos a apelar para as pernas quando nos falta a confiança no cérebro — e a rasteira nos salva".[62]

---

59. Ramos, 1997, p. 18-19.
60. Ramos, 1997, p. 19.
61. Cf. CNE. *Anais...*, 1935.
62. Ramos, 1997, p. 20.

Nesses termos, opera com uma representação aristocrática do futebol, aos moldes do *fair-play*, ao mesmo tempo em que ressalta os modos disciplinares próprios à rusticidade da cultura brasileira. Na contramão do que foi anunciado por Fernando de Azevedo, o esporte não tem para Graciliano Ramos esse lugar de expressão de uma modernização social e muito menos de um ideário helênico. É "roupa de empréstimo". Tomando as práticas corporais como metáforas da vida social, pouco aposta nos méritos dessa civilização esportiva, mas, no diálogo com ela, aproveita para radiografar as rasteiras e as malandragens em confronto com práticas de estrangeirices que bem poderiam ser as de "Jacques Pedreira", aquele personagem de João do Rio.

> As cidades regurgitam de gente de outras raças ou que pretende ser de outras raças; não somos mais ou menos botocudos, com laivos de sangue cabinda ou galego.
>
> Nas cidades os viciados elegantes absorvem o ópio, a cocaína, a morfina; por aqui há pessoas que ainda fumam liamba. [...]
>
> Estrangeirices não entram facilmente na terra do espinho. O futebol, o boxe, o turfe, nada pega.
>
> Desenvolvam os músculos, rapazes, ganhem força, desempenem a coluna vertebral. Mas não é necessário ir longe, em procura de esquisitices que têm nomes que vocês nem sabem pronunciar.
>
> Reabilitem os esportes regionais que estão aí abandonados: o porrete, o cachação, a queda de braço, a corrida à pé, tão útil ao cidadão que se dedica ao arriscado ofício de furtar galinhas, a pega de bois, o salto, a cavalhada e, melhor de tudo, o cambapé, a rasteira.[63]

Mas o futebol brasileiro pode ser pensado como uma produção cultural plena de mestiçagens, e uma delas foi a in(corpo)ração da "rasteira", tanto como técnica corporal, uma vez que a maneira de praticá-la foi gradativamente se distanciando do estilo cavalheiresco inglês, quanto como experiência de "energização do caráter", pois ao ideário do *fair play* foram agregados outros valores e artimanhas. Graciliano Ramos identificou em seus *Traços a Esmo* alguns dos conflitos e tensões presentes

---

63. Ramos, 1997, p. 20.

na história cultural do futebol brasileiro. Especialmente o dilema entre cavalheirismo e rusticidade.

De certo modo, mesmo errando no seu prognóstico — pois a "roupa de empréstimo" acabou nos servindo e não foi apenas "fogo de palha capaz de durar bem um mês" —, o autor nos permite pensar o esporte como uma experiência moderna que comporta, ao mesmo tempo, processos de aceleração e de distanciamento cultural. A esse argumento de inspiração thompsoniana[64] talvez seja possível agregar contribuições de Serge Gruzinski quando, na interpretação de efeitos não lineares que escapam a determinados processos de colonização, afirma que "as mestiçagens nunca são uma panaceia; elas expressam combates jamais ganhos e sempre recomeçados".[65]

Alguns desses dilemas que uma única crônica de Graciliano Ramos fizeram emergir também estiveram presentes nos processos de escolarização do esporte, como veremos mais adiante. A adoção ou a resistência aos estrangeirismos, o debate sobre o que "pega" e o que "não pega", a percepção da rusticidade presente nos brasileiros em contraposição a um ideário de saúde e corpo, as cidades e seus vícios são assuntos que retornarão nesta construção relativa ao encontro entre a escola e o esporte. Na sequência, será possível mostrar que Lima Barreto e Carlos Süssekind de Mendonça também perceberam isso.

1.1.3 Carlos Süssekind de Mendonça, em 1921

Uma produção dialogada, estabelecida entre Carlos Süssekind de Mendonça e Lima Barreto, indica que esses autores construíram uma estreita e original relação entre problemas que identificavam no futebol, no esporte e na sociedade. Como na crônica de Graciliano Ramos, discutir o esporte era uma forma de também realizar uma crítica de costumes.

Logo após a publicação de "Da Educação Física", e dialogando com essa obra de Fernando de Azevedo, o jornalista e advogado Carlos

---

64. Thompson, 1998. Especialmente a Introdução.
65. Gruzinski, 2001, p. 320.

Süssekind de Mendonça escreveu, na forma de cartas, um livro provocativamente intitulado "O *sport* está deseducando a mocidade brasileira: carta aberta a Lima Barreto".[66] Nesse texto, o autor expressa uma preocupação com os malefícios que as práticas esportivas, com suas apostas e vaidades, poderiam impor às novas gerações. Quando comenta o livro de Süssekind de Mendonça no *Rio Jornal*, em janeiro de 1922, Lima Barreto assim enfatiza: "Estou convencido, como o meu amigo Süssekind, que o 'sport' é o 'primado da ignorância e da imbecilidade'. E acrescento mais: da pretensão. É ler uma crônica esportiva para nos convencermos disso".[67] O diálogo entre os dois autores se justifica pelo fato de que Lima Barreto, juntamente com o Dr. Mário Valverde, havia fundado, em 1919, a "Liga Brasileira Contra o Futebol".

> Confesso que, quando fundei a Liga Brasileira Contra o Futebol, não tinha, como ainda não tenho, qualquer erudição especial no assunto, o que não acontece com o Dr. Mendonça. Nunca fui dado a essas sabedorias infusas e confusas entre as quais ocupa lugar saliente a chamada Pedagogia; e, por isso, nada sabia sobre educação física, e suas teorias, nas quais os sábios e virtuosos cronistas esportivos teimam em encaixar o esporte. A respeito, eu só tentava ler Rousseau, o seu célebre Émile; e mesmo a vagabundíssima Educação de Spencer nunca li.[68]

Nesses termos, Lima Barreto colocava sob provocativo questionamento a presença do esporte nas teorias pedagógicas e científicas que, na

---

66. Mendonça, 1921. Agradeço a Marta Carvalho pelo empréstimo dessa fonte. O exemplar por ela disponibilizado traz assinaturas do próprio Süssekind de Mendonça e também de Venâncio Filho. A oportunidade de trabalhar com esse documento suscitou-me, inclusive, pensar na pertinência de uma reedição. Parece-me que essa obra merece circular na contemporaneidade.

67. O livro *Marginália*, de Lima Barreto (1922), reúne uma variedade de crônicas escritas pelo autor em revistas e jornais da época. Entre elas, uma publicada no *Rio Jornal* em 16/01/1922, que assim se inicia: "Tendo recebido de Porto Alegre, por intermédio desta revista, uma terna missiva do Dr. Afonso de Aquino, meu saudoso amigo, em que ele me fala da "Carta Aberta" que o meu amigo também Dr. Carlos Süssekind de Mendonça me dirigiu, publicando-a sob a forma de livro e com o título *O Esporte está deseducando a mocidade brasileira* lembrei-me de escrever estas linhas, como resposta ao veemente e ilustrado trabalho do Dr. Süssekind." (Disponível em: <vbookstore.uol.com.br/naciowww.nal/limabarreto/marginalia.pdf>).

68. Lima Barreto, 1922. O "sábio e virtuoso cronista" a que Lima Barreto se refere é Coelho Netto. Sobre as "desavenças" literárias entre eles cf. Holanda, 2005.

época, fundamentavam a Educação Física. Duvidava que ele pudesse ser tratado como uma prática educativa para a sociedade. Se o esporte era um modelo disciplinador do caráter, um regenerador da raça ou moralizador dos costumes — como ressaltavam, por exemplo, Coelho Netto e Fernando de Azevedo —, para Lima Barreto ele era só um "espetáculo de brutalidade, de absorção de todas atividades que o futebol vinha trazendo à quase totalidade dos espíritos nesta cidade".[69] Identificava os conflitos emergentes nas práticas esportivas e o lugar que eles ocupavam nas páginas policiais dos jornais, enquanto as seções destinadas aos esportes mantinham intocados os elogios e os méritos aos jogadores e times vitoriosos nos fins de semana:

> Nas segundas-feiras, os jornais, no noticiário policial, traziam notícias de conflitos e rolos nos campos de tão estúpido jogo; mas, nas seções especiais, afiavam a pena, procuravam epítetos e entoavam toscas odes aos vencedores dos desafios.[70]

Tomando Lima Barreto como destinatário de suas cartas e Fernando de Azevedo como uma espécie de interlocutor científico, Carlos Süssekind de Mendonça organiza o seu livro em dezembro de 1921, afirmando logo no "Frontispício" sua posição política:

> Eu realizo hoje um dos meus poucos ideais.
> Tudo faz crer que inutilmente.
> Mas, nem por isso, com menor amor, ou menor boa fé.
> Há atitudes que, representando embora uma ambição legítima de quem as tenha, só se completam com a valia positiva de suas conseqüências.
> Outras, porém, ou porque sejam mais chegadas à convicção, ou porque nasçam e cresçam ao calor de que se haja de mais caro na vida, bastam-se a si mesmas.
> Esta campanha contra o 'sport', no Brasil, entra-me neste caso. Não me oferece, apenas, o agrado de uma singularidade estéril, no me forçar a uma contradição a mais com as idéias do meu meio.

---

69. Lima Barreto, 1922, p. 18.
70. Lima Barreto, 1922, p. 18.

Eu sinto nela, verdadeiramente, um pouco do meu ser, muito da minha mocidade e todo o meu desejo de que o Brasil se regenere, não pela sorte vária de alguns pontapés, mas pelo esforço consciente e pela ação raciocinada da nacionalidade inteira.

Estas páginas o dizem.

Não são um amontoado frio de argumentos sobre que se construa a tese malsinada.

São uma profissão de sentimento antes de tudo, desordenada, impetuosa, deficiente com certeza, por isso mesmo que sincera, apaixonada e verdadeira.[71]

O livro é dedicado ao seu amigo, o engenheiro Francisco Venâncio Filho, "companheiro incomparável, cuja solidariedade é a melhor compensação dessas campanhas românticas e desinteressadas". Sócio fundador da ABE, Venâncio Filho formou-se na tradição da Escola Politécnica e foi professor da Escola Normal.[72] Também sócio atuante na ABE nas décadas de 1920 e 1930, Carlos Süssekind de Mendonça era irmão de Edgar Süssekind de Mendonça — educador com presença de destaque na mesma entidade, especialmente por seus embates com o grupo católico.[73]

As quatro cartas dirigidas a Lima Barreto, escritas entre 1º de outubro e 15 de novembro de 1921, compõem os capítulos do livro e foram assim intituladas: "A necessidade inadiável de uma campanha séria contra o *sport* no Brasil"; "O *sport*, mau fator da nossa educação física"; "O *sport*, mau fator da nossa educação moral" e "O *sport*, mau fator da nossa educação intelectual".

Como expresso nesses títulos, a palavra *sport* aparece sempre com a grafia em inglês, indiciando a crítica de Süssekind de Mendonça à

---

71. Mendonça, 1921, sem paginação.

72. Adepto aos projetos de renovação educacional, Venâncio Filho atuou na ABE participando de sua gestão e da construção de proposições para a escola secundária e para o ensino universitário. Sobre este educador confira verbete elaborado por Newton Sucupira em Fávero; Britto, 2002.

73. Na II Conferência Nacional de Educação, realizada em Belo Horizonte, em 1928, Carlos S. de Mendonça apresentou uma tese relativa à temática da Educação Sexual. Naquela circunstância polemizou com Fernando Magalhães, médico também atuante na ABE e um dos principais representantes do grupo católico (Silva, 2004). Também seu irmão Edgar Süssekind de Mendonça e sua cunhada Armanda Álvaro Alberto representavam na ABE interesses que tensionavam principalmente com Magalhães (cf. a respeito Carvalho, 1998).

importação de modelos, um de seus principais motivos na campanha. Para ele, "somos uma nacionalidade por macaqueação [...] a nossa civilização pegou de galho".[74] Não só pelo esporte, já que esta "não é a única instituição inglesa que nós temos importado e estragado. Da Inglaterra nos veio, também, o parlamentarismo, que, por lá continua a funcionar como um relógio e aqui nunca deixou de andar aos trambolhões".[75] Em sua crítica mordaz, reconhece a força desses modelos estrangeiros e sua impregnação na sociedade brasileira. Assim, sua campanha assume uma posição tática diante das estratégias esportivas que ele reconhece como já instituídas:

> Os seus domínios se confundem com os domínios da nação; a sua força é a do Brasil, os seus tentáculos se estendem do amazonas ao prata, do Rio Grande ao Pará. E não será, mais, fácil, talvez que mesmo nem seja possível arranca-lo ou demove-lo. No entanto, ainda assim, apesar dessa força, malgrado esses domínios, não obstante esses tentáculos — continua a ser um erro. E para quem não se acovarde ante as suas muralhas, a campanha ainda é possível, sempre há de ser possível, 'quae sera tamen'.[76]

Sua campanha é uma espécie de "caça não autorizada", no sentido pensado por Michel de Certeau, e o autor parece saber disso.[77] Daí suas ênfases e suas sutis provocações se dirigem ao esporte, de forma declarada, e à sociedade, de forma indireta, tomando o esporte também como metáfora da vida em um país que ele considerava "à beira de um abismo".[78] Da maneira como se apropria do debate esportivo, Süssekind de Mendonça politiza-o, imprimindo a esta experiência um caráter polemológico.[79]

Ao focar, então, o esporte, e, em especial, o futebol, afirma que ele não é a única, mas a principal causa da "deseducação da mocidade", uma

---

74. Mendonça, 1921, p. 29.
75. Mendonça, 1921, p. 28.
76. Mendonça, 1921, p. 31-32.
77. Certeau, 1994, p. 38.
78. Mendonça, 1921, p. 17.
79. Como ressalta Certeau (1998, p. 44-45), alguns processos de apropriação cultural comportam um caráter polemológico que merece ser analisado nos campos de força onde estão inseridos, pois neles se produz também a possibilidade de politização de práticas cotidianas.

vez que "protege, impulsiona e agrava a própria agonia física da nacionalidade, porque ilude um soerguimento coletivo, que tranquiliza o povo e é apenas o proveito imediato de meia dúzia de indivíduos".[80] Esse é para Carlos Süssekind de Mendonça um ponto nodal, um elemento de tensão. Ele coloca em questão as benesses elitistas anunciadas pelo esporte e as denomina de *sportorréia*:

> O *sport* tem seus proveitos, suas virtudes, quando 'considerado em abstrato' [...] benefícios de um *sport* amplo, idealizado, imaginado [...] passem esse ideal para as possibilidades estreitas de uma realização, reduzam-no à existência, condenem-no a viver — e logo hão de surgir as desvirtuações inevitáveis [...] a prática do *sport* não corresponde nunca ao sonho inútil dos que o idealizaram.[81]

Na crítica às idealizações, ressalta que nas práticas cotidianas o esporte realizado é o do exagero, da desmedida, do excesso e do abuso: "*sport* obcecação, *sport* absorção-de-tudo-mais, *sport* omnisciente, omnipotente, omnisuficiente".[82] Nesse exercício de desmitificação da "civilização esportiva" escolhe, então, dialogar com a tríade spenceriana da educação física, moral e intelectual, constituindo, a partir dela, seu eixo tático de argumentação. Sua construção inverte a ordem de apresentação proposta por Hebert Spencer em *Da Educação: intelectual, moral e física*, obra que Lima Barreto adjetivou como "vagabundíssima".[83]

Carlos Süssekind de Mendonça considerou também que sua campanha não iria muito longe se adotasse como caminho a negação completa do esporte, de forma incondicional. Também não apostava no caminho do "teoricismo", pois o considera muito "abstrato". Para ele, muitas associações intelectuais organizadas no Brasil eram apenas "túmulos de ideias", e não adiantaria muito solicitar aos esportistas que lessem Spencer, "mesmo em português, resumido que fosse, é quase como catequizar o

---
80. Mendonça, 1921, p. 21.
81. Mendonça, 1921, p. 23.
82. Mendonça, 1921, p. 23.
83. Lima Barreto, 1922, p. 18.

selvagem por ofícios, esclarecendo-o sobre a necessidade de sua 'incorporação pacífica à sociedade moderna'".[84]

Assim, como alternativa à negação completa e ao teoricismo, sua escolha foi a de propor o que denominou "campanha descoberta, da combatividade franca" que, sendo capaz de questionar o esporte a partir das práticas cotidianas, poderia assumir assim uma dimensão educativa:

> Se nós quisermos convencer ao brasileiro de que os 'sports' são um erro, não procuremos provocar-lhe a consciência coletiva, cívica e humana. Nem pretendamos subjugá-lo com o argumento universal. De nada serviria referir-lhe que na Inglaterra foi assim ou que na Bélgica foi assado. Temos que argumentar com a 'prata da casa' com o material das realizações de todo dia, que ele conhece, que ele vê e em que ele colabora. E se nada for possível restringir esses dados à sua mais estreita esfera social — à sua casa, à sua gente, à sua própria pessoa — será melhor. Não basta demonstrar-lhe que uma campanha séria contra o 'sport', no Brasil, é útil, é urgente, é inadiável, porque sem ela os nossos compatrícios poderão perder as suas últimas possibilidades de uma educação... física moral e intelectual.[85]

A partir do que chama de material das realizações de todo dia, ele adota, como recurso didático, a explicitação em separado dos malefícios físicos, morais e intelectuais. Todavia, na construção das três cartas correspondentes é possível perceber em seus argumentos a indissociabilidade entre essas três dimensões educativas. Nessa linha argumentativa, é possível considerar que sua crítica ao esporte foi também uma crítica à educação — ou à "des-educação" da mocidade brasileira.

Na carta relativa à Educação Física, a centralidade do argumento é de que o esporte estava se apresentando como um "entrave" que se tornava "cada vez mais difícil de se remover".[86] Ironizou a ideia de que o esporte era o modelo mais completo e acabado de uma educação dos corpos, afirmando que "o melhor é inimigo do bom, por isso é que o

---

84. Mendonça, 1921, p. 37-38.
85. Mendonça, 1921, p. 39-40.
86. Mendonça, 1921, p. 77-78.

esporte é o que há de mais nocivo à nossa educação física".[87] Também problematizou a linearidade da história e, num certo sentido, realizou uma crítica à idealização azevediana sobre o atletismo nos textos *Antinoüs* e *O Segredo da Marathona*, argumentando: "Não se vá daí pensar que por tê-las equiparado [saúde do corpo e da alma], tudo nos force a recuar à Grécia de Antinoüs, trocando doze séculos de civilização pelo capricho inútil de compreender, um dia, o segredo da Marathona".[88]

A construção textual e argumentativa de Süssekind de Mendonça caminha no sentido de provocar o leitor a pensar que existem duas maneiras de identificar as práticas de esporte — como meio e como fim educativo e, a partir daí, aponta os limites de cada uma delas. Criticando o esporte como meio, problematiza assim o utilitarismo subjacente nessa perspectiva educativa:

> Um *sport* eficaz, valioso, utilíssimo: é o que serve humildemente à educação do homem, desenvolvendo-lhe as faculdades físicas em harmonia [...] É um meio, sabe que é um meio. E não quer mesmo ser mais do que um meio, fazendo apenas com que o homem, pelos exercícios físicos, praticados com método, em ordem, sem abuso, vá preparando a 'besta' domesticada e obediente que ainda há de ser, um dia, o 'anjo de Pascal'...[89]

Criticando o esporte como fim, explicita não haver nele nenhuma possibilidade formadora, pois ele se apresentaria de maneira contraproducente à educação física de seus praticantes.

> O outro é o 'sport' obcecação, o *sport* ideal, o *sport* fim, quase estou a dizer o *sport* religião [...] não desenvolve as faculdades físicas, que contraproducentemente diviniza, num cuidado de fetiche, que longe de obter a convicção de sua utilidade, só as cobre de grotesco e de ridículo. Tudo que não cheira a 'bíceps' é inútil.[90]

---

87. Mendonça, 1921, p. 45.
88. Mendonça, 1921, p. 45.
89. Mendonça, 1921, p. 47-48.
90. Mendonça, 1921, p. 47.

Coloca em questionamento, assim, o fato de o esporte ser anunciado como sinônimo de Educação Física. Todavia, para ele, a realidade aponta para a constatação de que essa "vitória já se faz por si mesma", pois essa ideia parecia estar disseminada nos debates educativos, mesmo quando permeados de "colisão, contraste, oposição". Recorre novamente a Fernando de Azevedo e a seus argumentos sobre a Educação Física compreendida como uma passagem da educação do físico para uma educação moral — esta última como estágio mais evoluído do processo educacional. Cita também George Hébert, a quem considera um dos maiores "educadores físicos do mundo", destacando sua orientação de que a Educação Física é algo complexo e abrangente, compreende uma parte essencial, uma parte acessória e uma parte complementar, devendo o esporte ser adotado apenas neste último estágio. Nessa linha argumentativa afirma, então, como um esclarecimento referenciado na realidade cotidiana, que nenhum clube esportivo realiza um programa integral de Educação Física: "... eles cuidam é do *sport*, isto é, do aspecto ruidoso, superficial, mas sedutor sem dúvida, da educação física; mas sem ideia alguma de encerrar, com isso, a obra iniciada de uma educação preparatória anterior".[91]

Logo, não se pode confundir esporte com educação física, afirma Carlos Süssekind, especialmente quando o esporte praticado é esse "sport de fantasia" e ninguém consegue realizar o "sport utilitário". E ainda acrescenta: Como se não bastasse o absurdo de reduzir a Educação Física ao esporte, ainda tem o contra-senso de reduzir este próprio ao futebol.[92]

Também alega que no Brasil não temos reflexões de qualidade sobre esse problema, apenas "digressões muito ligeiras de alguns apaixonados".[93] Cita Afrânio Peixoto e Coelho Neto, afirmando que em suas conferências e discursos "tem mais lugar a fantasia do que a reflexão". Provoca, assim, o debate sobre a dimensão educativa do esporte ao constatar que "esperamos, portanto, de braços cruzados, a ver no que vai dar aquele impulso irrefletido".[94]

---

91. Mendonça, 1921, p. 52.
92. Mendonça, 1921, p. 54-55.
93. Mendonça, 1921, p. 63.
94. Mendonça, 1921, p. 64.

No que elegeu como especificidades para um debate sobre os malefícios físicos do esporte, o autor ressaltou a relação com o clima tropical alegando os abusos decorrentes das práticas esportivas realizadas em épocas de calor intenso, tanto nos clubes oficiais como nas iniciativas por ele denominadas de periféricas. Também discutiu a questão da higiene: "Os cidadãos esporteiam fora das regras de higiene".[95] Mas, para além desses fatores, seus principais destaques são relativos às crianças e aos torcedores. Quanto às primeiras, alega que com essas práticas desmedidas elas se tornarão ainda mais franzinas e fracas, o que seria uma consequência desastrosa para nossa educação. Quanto aos torcedores, reafirma que o esporte produz poucos *sportmen* e "uma leva inutilíssima de torcedores", constituindo, assim, a "grande ilusão do desenvolvimento físico da nacionalidade", onde a maioria da população se crê forte só porque vê os outros se fortalecerem.

> [...] se o Brasil era fraco, continua a ser fraco [...] A única diferença entre ontem e hoje é que, ontem, nós éramos um povo consciente da sua fraqueza, e, como tal, zeloso de todos os perigos a que os fracos estão sujeitos — e que hoje, perdendo, não se sabe por que, essa convicção, perdemos esse zelo, acreditando na existência e nos milagres de uma força, que não temos, e de que apenas nos pensamos senhores porque berramos, como loucos, uns aleguás descompassados, que não nos fazem mais fortes, nem mais sãos, de corpo, e muito menos de juízo [...] A educação física da nacionalidade é a educação física de meia dúzia de rapazes, muitos já anteriormente fortes, potros profissionais e diversos estrangeiros, de berço, sangue e coração.[96]

Na terceira carta, que compõe a parte relativa ao "Sport, mau fator de nossa Educação Moral", Süssekind de Mendonça considera como "impertinente" a ideia de que "esse *sport* aleijadíssimo que temos cá por casa é um dos fatores mais enérgicos, mais fortes, quiçá mais decisivos na educação moral de um povo".[97] Logo de pronto, desconstrói um dos mais recorrentes argumentos em defesa do esporte, aquele que relaciona

---
95. Mendonça, 1921, p. 69.
96. Mendonça, 1921, p. 76-77.
97. Mendonça, 1921, p. 82.

a "civilização esportiva" com o aprendizado ético da convivência e do agir efetivo na sociedade moderna.

O autor destaca o que chama de "três mandamentos da moralização esportiva", ou seja, aqueles argumentos que, em circulação como práticas discursivas disciplinadoras, organizavam a ideia de que o esporte é "em si mesmo, a própria educação moral". São eles: 1) o esporte é um derivativo para os vícios; 2) o esporte concorre para o descongestionamento da sexualidade e 3) o esporte é uma perfeita escola de solidariedade. Vale ressaltar que Süssekind de Mendonça não faz críticas ou objeções à necessidade de uma educação baseada nesses três mandamentos morais, ao contrário, até chega a defendê-los. Sua questão é outra: ele duvida da capacidade de realização deles pelo esporte.

Sobre o primeiro mandamento, cita o fumo, a bebida, o jogo de apostas e a ociosidade, esta última adjetivada como a "mãe de todos os vícios". Para ele, o "sport não destrói a prática do vício: adia-a ou transforma-a" e, mesmo que isso acontecesse, lembra novamente que tal moralização estaria restrita aos "poucos praticantes, não para todo o povo". Põe, assim, em questão a ideia da construção, por meio do esporte, de uma "virtude nacional".[98] Atento às realidades cotidianas, lembra o uso recorrente de bebidas e de morfina "antes, durante e depois dos jogos" e também o crescimento do profissionalismo no futebol que ele chama de "um cínico parasitismo".[99]

Quanto ao descongestionamento da sexualidade, recorre novamente a Fernando de Azevedo e a seus argumentos de que a educação física deveria ser "uma salvaguarda da moral privada, sobretudo no momento da puberdade". Cita também o médico Franco da Rocha e seus pioneiros estudos nos quais, com base em Freud, defende a ideia de que o prazer sexual pode, sim, ser substituído pelo prazer do movimento. Embora pareça legitimar esses argumentos científicos, Carlos Süssekind de Mendonça aponta nas teses o que considera como fragilidades: "com um culto excessivo do corpo, tudo o que é corporal ganha um relevo novo, notadamente

---

98. Mendonça, 1921, p. 92.
99. Mendonça, 1921, p. 104.

os instintos sexuais, que justamente se esperava refrear assim" e mesmo que o descongestionamento fosse eficaz ele seria "privativo das pessoas que praticam eficientemente o esporte".[100] Dos textos científicos às práticas cotidianas, vai dizer, então, que no Brasil isso não passa de uma lenda, pois, entre nós, "são os 'esporteiros' os frequentadores das noitadas e dos cabarets". Quanto às práticas das elites, alega que os "clubs esportivos" têm se apresentado como os grandes incentivadores de determinado tipo de dança que concorre para a deseducação moral da sociedade. No âmbito das práticas populares, comenta a efervescência das festas chamadas de "assustados" — bailes "íntimos e improvisados" — que se realizam cada vez mais amiúde.[101]

Quanto à solidariedade, terceiro e último mandamento da educação moral, o autor apresenta os argumentos recorrentemente anunciados de que os esportes coletivos constituem um exercício de desapego, em que os passes sucessivos entre os jogadores subordinam a vaidade individual à eficiência coletiva, além de possibilitarem o compartilhamento das derrotas e vitórias. Aqui seu diálogo é com Afrânio Peixoto, para quem os esportes constituem as "grandes escolas onde se está refazendo o caráter do Brasil". Süssekind de Mendonça afirma ser essa uma "fantasia esplêndida" e "escandalosamente exagerada", pois "nem sempre a vaidade está disposta ao sacrifício". Identifica que os clubes têm dividido as cidades em "hostes inimigas" e que tais notícias frequentavam a seção policial dos jornais, mesmo que não aparecendo nas notas esportivas. Também lembra que o futebol, especialmente, reforça a "velha rixa" entre cariocas e paulistas. Em sua opinião, não existe solidariedade local, interestadual, tampouco internacional. Hostilidades e suspeições são as experiências morais mais recorrentes.[102]

Nesses termos, o autor conclui que a "lenda" da educação moral pelo esporte traz consequências muito sérias: "Seu mal não está nos que o praticam — nunca será demais dizê-lo — mas nos que cevam a sua inu-

---

100. Mendonça, 1921, 105-107.

101. Mendonça, 1921, p. 107. Sobre a produção historiográfica relativa aos bailes populares e às práticas de danças no Rio de Janeiro nesse período, cf. Moreno, 2001 e Pereira, 2002.

102. Mendonça, 1921, p. 114-119.

tilidade de urupê, graças àquelas energias úteis e bem intencionadas". As preocupações de ordem moral parecem ser as centrais na campanha de Carlos Süssekind de Mendonça, pois ele identifica o esporte como uma experiência cultural que corrompe os valores societários:

> E, uma de duas — ou o *sport* se contenta de ser apenas um grande benefício de alguns, sem extensão nenhuma à coletividade nacional — ou — se insiste no desejo de se fazer extensivo a essa coletividade toda, terá de arcar com todas as conseqüências que possam resultar da ampliação corrompedora.[103]

Na última parte de seu livro, a educação intelectual é o alvo da campanha. Logo de pronto, também chama de lenda a premissa *men sana in corpore sano*. Para ele, esse é um dogma materialista, que afirma de modo muito estreito uma interdependência entre a saúde do espírito e a saúde do organismo. Considera tal premissa um idealismo, pois, para ele, é evidente que no Brasil "o *sport* é também um mau fator de nossa educação intelectual". Aliás, afirma que o surto dos esportes se fundou e se expandiu na interação com determinadas premissas educativas que tendiam a afirmar que nossa educação estava muito intelectualizada: "Não se chegou mesmo a dizer que, para a vida no Brasil, valia mais uma geração de animais que de românticos comprometidos com toda sorte de desgenerescência?" Mesmo sem citar o autor da frase, Süssekind de Mendonça deixa evidente que se contrapõe a esse tipo de mentalidade. Mas também àquela que opera com a ideia de harmonia entre as partes, considerada por ele um "equilíbrio inacessível", pois toda realização humana "é sempre uma realização parcial".[104]

A ideia de *men sana in corpore sano* é por ele considerada como um "rasgo" de "estupidíssimo bom senso que pega as coisas pelo cimo e acha que pode conciliá-las por um conluio de aparências". Nessa crítica expressa a sua descrença no arranjo que busca conferir ao esporte caráter utilitário, no qual disciplina e método nas práticas corporais pudessem se apresentar como bases para o desenvolvimento intelectual e espiritual.

---

103. Mendonça, 1921, p. 121.
104. Mendonça, 1921, p. 135.

Aqui revela outro grupo de interlocutores. Suas críticas se dirigem de maneira aberta às *Associações Cristãs de Moços*, presentes no Brasil desde o final do século XIX.[105]

> É a eterna historinha do triangulosinho americano, desses que há, por toda parte, nos edifícios da 'Associação Cristã de Moços'.
>
> A alma não pode prescindir do corpo, nem o corpo da alma: não há nada incompatível entre uma e outra coisa: antes, pelo contrário, uma e outra se atraem e se requerem, completando-se.
>
> Do modo como isso é dito, assim como axioma, o homem se afigura, em seu grotesco absolutismo, como um boneco feito de partes iguais, uma das quais seja do físico e outra, do moral.
>
> A vida ideal será o funcionamento harmônico das duas partes, coisa simplíssima, a seu ver, que assenta *apenas* na combinação metódica dos 'sports' e dos estudos.[106]

As tônicas e grifos que coloca em seu próprio texto constituem expressão da descrença de Süssekind de Mendonça de que o advento da "idade do esporte" possa se constituir como o tempo da harmonia e do equilíbrio humano: "Eu quero que me mostrem um equilibrado!".[107] Tomando como referência seu tempo de aluno em escolas e colégios e sua convivência com os jovens, o autor afirma que não existe esta possibilidade que transforma o esporte em uma espécie de "condão divino" a resolver os problemas do desenvolvimento intelectual da mocidade.[108]

Para ele, o esporte não vai resolver o problema da educação intelectual das novas gerações porque é um "entretenimento de marmanjos".[109] Além disso, mais uma vez ressalta que as referências estrangeiras não são necessariamente positivas para o Brasil uma vez que acabam por produzir uma "profunda desidentidade social". Considera lamentável

---

105. No Capítulo 3 a participação da ACM nessa trama esportiva será abordada com maiores detalhes.
106. Mendonça, 1921, p. 129, grifo do autor.
107. Mendonça, 1921, p. 136.
108. Mendonça, 1921, p. 133.
109. Mendonça, 1921, p. 144.

que nas escolas, os alunos desconheçam os vultos das letras brasileiras, mas conheçam e opinem sobre os heróis do futebol. "Nem corpos são, nem mentes sã", é o que identifica na realidade e, nesses termos, afirma que o "*sport* é o primado absoluto da ignorância e da imbecilidade", tendo em vista que faz inversão dos valores primordiais à educação dos jovens, além de fazê-los acreditar que são úteis ao País pela estreita e simples ideia de que "seu *goal* vitorioso é a vitória do Brasil. Seus *matches* fracassados são nossa derrota, nossa perdição".[110]

Com a lucidez de quem sabe criticar uma prática social já incorporada socialmente como uma espécie de deslumbramento, assim pondera sobre as relações entre o esporte e a construção intelectual da mocidade: "a nossa gente está tão cega, tão cheia de ilusões acerca dos *sports*, que eu chego a crer, às vezes, em que a calamidade tenha, mesmo, além de todos os seus males, o seu bocado de feitiçaria". Esse se incomoda com o modismo e com a hipótese de sua longevidade: nunca houve caso, realmente, de uma miragem que durasse tanto na volubilidade conhecida das simpatias brasileiras.[111]

Reconhece a inutilidade de sua campanha e de seu protesto, como também o de Lima Barreto, de quem se despede ao final da última carta assim expressando os sentidos de seu engajamento intelectual:

> E não te esqueças, sobretudo, de carregar contigo, a tua obra. Porque amanhã, quando virares pó, na terra do degredo, alimentando de tuas nobres energias, a vida anônima de alguns arbustos ignorados, esta sagrada cólera que bafejaste ao mármore divino das tuas criações — há de falar muito mais alto ao coração e à consciência do Brasil — brasileiro, que toda a gritaria asselvajada dos 'camelots' de agora, de cujos *aleguas* não ficará, para consolo nosso, senão a indignação que provocaram, na formação do teu Protesto, talvez inútil hoje, mas eterno...[112]

As críticas de Carlos Süssekind de Mendonça ao esporte são também críticas às tentativas de produção de consenso operadas por Fernando de

---

110. Mendonça, 1921, p. 155.
111. Mendonça, 1921, p. 158-159.
112. Mendonça, 1921, p. 159-160, grifo do autor.

Azevedo. Em algumas passagens, suas ironias à construção azevediana se apresentam de forma bastante velada e em outras se tornam explícitas. Tal constatação me permite indiciar que o livro *O sport está deseducando a mocidade brasileira* foi eclipsado nos debates sobre a relação entre educação física e esporte, uma vez que colocou em questão a construção discursiva de Fernando de Azevedo, autor muitas vezes consagrado na historiografia da Educação Física brasileira. Trazê-la aqui, com certa extensão de detalhes, é realizar, então, um movimento ao contrário, uma tentativa de conferir lugar de destaque ao ponto de vista do vencido.[113] Na crônica que escreveu a Süssekind comentando a publicação de seu livro, Lima Barreto assim se posicionava: "O meu caro Dr. Süssekind pode ficar certo de que se a minha Liga morreu, eu não morri ainda. Combaterei sempre o tal de futebol". Trazê-los, então, para este debate sobre o clima cultural da década de 1920 constitui uma possibilidade de não deixá-los morrer ainda. Tornando vivos seus argumentos e desconfianças sobre a eficácia do esporte na "energização do caráter".

1.1.4 Deputado Jorge de Moraes, em 1927

Na esteira da crítica anunciada por Süssekind de Mendonça, o deputado e médico amazonense Jorge de Moraes realizou, no Congresso Nacional, no dia 30 de junho de 1927, um pronunciamento relativo à "cultura física". Constando na ordem do dia da 33ª Sessão da Câmara dos Deputados, seu discurso foi apresentado como justificativa de um projeto por meio do qual defendia o envio de médicos à Europa para conhecimento sobre a preparação de professores de Educação Física.[114] Esse envolvimento de Jorge de Moraes com a temática fez com que se aproximasse da ABE nos anos subsequentes, tendo até mesmo assumido na entidade a presidência da Seção de Educação Física, por um

---

113. A referência aqui é aquela anunciada por Benjamin (1994d). No que diz respeito à historiografia da educação física e do esporte, de modo mais específico convém citar Vaz (2000).

114. Brasil, 1928.

curto período.[115] No início de seu pronunciamento em 1927, o deputado lembrou:

> Há longos anos agitei no seio do Congresso Nacional, vários aspectos do problema do qual decorre, inexoravelmente, o futuro, a *eficiência da nossa nacionalidade*, visto que diz de perto com o estroma fundamental do seu povo, qual *a energia física e mental do homem*. Ligo essas duas maneiras de ser pela sua forçosa indivisibilidade em face dos ensinamentos da fisiopatologia e das lições salutares da higiene. Da primeira feita propus a criação de duas escolas de educação física, uma civil e outra militar. [...] No momento em que sugeri este patriótico alvitre, recordo-me ter salientado a necessidade imperiosa de reservar o poder público espaço que servisse para jogos ao ar livre, tendo em vista certa infância e juventude. Faço questão de me referir a esse ponto porque, daqui a pouco, terei de opor restrições ao que há sucedido pelo Brasil inteiro, entregue a um empirismo desordenado e funesto.[116]

Jorge de Moraes se referia a um projeto por ele apresentado em setembro de 1905, lamentando os anos passados sem que nada fosse realizado: "22 anos a meu ver perdidos — espaço de uma geração de brasileiros que continuarão entregues aos perigos e às funestas consequências de um empirismo cego e prejudicial".[117] Comenta até mesmo que daí a 22 anos não estará mais em condições de tratar do assunto! Para ele, discutir o que chama de "um aparelhamento de educação física" constitui questão importante para a "melhor eficiência de seu povo tornando cada homem válido na indústria, ou em qualquer profissão que adotar, quer na paz, quer na guerra".[118] O esporte tem presença central em seu discurso e é identificado como o lugar, por excelência, dos erros e preconceitos prejudiciais. Destaca, de modo enfático, que os abusos e os

---

115. O envolvimento de Jorge de Moraes na ABE será trabalhado com mais vagar no Capítulo 5. Aqui será priorizada a argumentação que o deputado construiu sobre a relação entre educação física e esporte.

116. Brasil, 1928, p. 481-482, grifos meus.

117. Brasil, 1928, p. 484. Sobre o referido projeto de 1905, cf. a Coleção de Leis no Centro Esportivo Virtual. Disponível em: <www.cev.org.br>.

118. Brasil, 1928, p. 485.

desvirtuamentos da educação esportiva começavam a produzir "clamor por toda parte".[119]

Toma como referência trabalhos de Demeny, Mosso, Ling, Hebert, Marey, Tissié, Boigey e outros, citando-os ao longo do discurso. Recorre a esses autores para conferir cientificidade às suas argumentações e para mostrar como o Brasil estava "atrasado" em relação aos países europeus. Mas não opera com as obras como totalidades. Busca nelas apenas o que considera conveniente para refinar seus propósitos. Com George Hebert, por exemplo, pouco ou nada aborda de seu Método Natural, mas utiliza-o na sustentação de suas críticas ao esporte. A partir desses autores, defende, então, a necessidade de se organizar uma "ginástica analítica de formação e base científica" capaz de se contrapor ao que chama de "abuso e desvirtuamento da educação esportiva".

> E vemos, Sr. Presidente, colégios, escolas, associações esportivas completamente desorientadas nesse sentido; escolas que, de quando em quando, produzem efeito extraordinário, para os que se deixam dominar pelas brilhaturas do espetáculo que o cinema reproduzirá para gozo da vista recreada com a simultaneidade de movimentos em grande conjunto, sem indagação do 'porque', sem cuidar dos seus efeitos reais.[120]

Propondo o estabelecimento de uma análise de contraste entre a "educação física esportiva" e a "ginástica analítica", assim argumenta:

> A primeira encerra uma idéia de luta, de combate, perdendo por completo a sua primitiva função, enquanto a outra segue pedagogicamente a evolução que deve acompanhar o indivíduo que se exercita. Num caso, o 'sport' é o fim, preocupação com o intuito constante de melhorar condições de tempo e espaço, lançando o indivíduo a esforços desabalados, até o rendimento máximo, inteiramente sem escrúpulos [...] noutro, a ginástica analítica não constitui um fim, é antes um meio de desenvolvimento harmônico, pois dosa todos os exercícios de acordo com a capacidade individual. Ao passo que a ginástica analítica serve a todos, indo procurar particularmente os fracos, que

---

119. Brasil, 1928, p. 489.
120. Brasil, 1928, p. 489.

são os mais necessitados, a ginástica esportiva só beneficia pequena maioria, com sacrifício perigoso da grande massa que aí fica desamparada.[121]

A partir da comparação, amplia suas críticas ao esporte. Sobre a especialização e a exibição, afirma que "o 'sportman' tenta sempre aperfeiçoar-se exclusivamente neste ou naquele gênero [...] são especialistas que se exibem exclusivamente na prática do exercício esportivo escolhido".[122] A esse problema relaciona a questão da seletividade: "Vê-se enorme 'stadium' onde dois grupos, no máximo de onze indivíduos se exercitam e dez mil olham e 'torcem', como se olhar e torcer por tal cor ou 'club' constituísse exercício físico e a raça pudesse daí se beneficiar!".[123] Aqui seus argumentos se aproximam bastante daqueles apresentados por Lima Barreto e Süssekind de Mendonça.

Jorge de Moraes também discute o problema da compulsão, alegando que "a juventude se lançou aos 'sports' de forma assaz abusiva, que a sua prática neste ou naquele gênero a transformou em indivíduos verdadeiros maníacos".[124] Alega que as pessoas envolvidas nos esportes acabam constituindo uma "mentalidade especial" e uma "mentalidade doentia" que não colaboram para o desenvolvimento da raça em nenhum país, pois "tudo serve de pretexto para a luta, para o combate, para querer vencer. Não podem passar sem um rival e procuram febrilmente as dificuldades".[125]

Ao expressar preocupação com os exageros e com os esgotamentos físicos e cerebrais provocados pelo esporte, suas proposições caminham no sentido da construção de alternativas capazes de conter e de disciplinar os abusos. Ao defender e propor a ginástica analítica, cientificamente desenvolvida, apresenta como principal justificativa a aplicabilidade a todos — homens, mulheres, crianças e jovens. Destaca assim sua conveniência em prol da melhoria da raça e, consequentemente, da nação.

---

121. Brasil, 1928, p. 489.
122. Brasil, 1928, p. 490.
123. Brasil, 1928, p. 490.
124. Brasil, 1928, p. 490.
125. Brasil, 1928, p. 491.

Esse é o modelo de *energização* defendido por ele, e não o do esporte que produz "monstruosos tipos", vitimados por esta "moléstia nova".[126] Na continuidade desse debate sobre a raça, compara os esportistas com os cavalos de corrida e, recorrendo a George Hebert, lembra que durante a primeira guerra os cavalos de corrida ficaram inutilizados logo nas primeiras semanas, pois lhes faltavam resistência e rusticidade: "Preceito parecido temos nós no 'campeão' que só se pode exibir à custa de idêntica vigilância e cura especialíssima, e que longe está de representar o tipo do homem forte, resistente e sadio".[127] Pela linha da rusticidade, começa a construir suas proposições. Contando com um aparte do deputado Viriato Correia, que lembra que os cavalos matutos são os que resistem a tudo, Jorge de Moraes constrói também seus consensos táticos, suas proposições para uma cultura física que edificasse um tipo de homem forte, resistente e sadio.

Na segunda parte de seu discurso, comenta o trabalho de Carlos Süssekind de Mendonça alegando que suas críticas são violentíssimas, mas patrióticas. Que elas tocam em um ponto crucial: a educação física não pode ser antagonista da educação moral.[128] Mas diz também que não pode acompanhar seu pessimismo, pois acredita que possa existir a "verdadeira cultura física".

Buscando responder à questão sobre qual orientação deve ser adotada entre nós, assim argumenta:

> Apresenta-se à nossa consideração, duas mentalidades: a MENTALIDADE DESPORTIVA, que destrói o equilíbrio da vida com as especializações, com os seus *records*, com os seus *traumas* de conseqüências infelizes quando desvirtuadas, é bom acentuar. E, por outro lado, a mentalidade CLÍNICA, MÉDICO-PEDAGÓGICA. Esta procura o equilíbrio da vida pelo próprio equilíbrio das funções celulares do organismo humano. [...] deveremos admitir em primeiro lugar, na primeira fase da evolução da vida, a GINÁSTICA ANALÍTICA, de formação, sob bases científicas; em segundo lugar,

---

126. Brasil, 1928, p. 493.
127. Brasil, 1928, p. 493.
128. Brasil, 1928, p. 506.

GINÁSTICA SINTÉTICA, ou de aplicação, constituída pelos desportos em termos e a tempo.

Mais uma vez: façamos assim ginástica para desenvolver o indivíduo afim de que ele possa fazer "sport"; não façamos "sport" para desenvolver o indivíduo porque isso será começar pelo fim, com as consequências funestas que há pouco enumerei.[129]

Assim o Deputado constrói em seu pronunciamento proposições para a educação física: programas de ensino (que incluam os esportes) e propostas para a formação de professores. Temas e personagem retornarão ao longo desse estudo, pois o debate entre as duas "mentalidades" anteriormente descritas esteve presente em muitas reuniões na ABE, bem como os ajustes, os consensos e os interesses que circularam em torno delas.

1.1.5 Mário de Andrade, em 1928

A obra modernista de Mário de Andrade não abordou especificamente o esporte, mas produziu possibilidades interpretativas para a "modernidade" que estou aqui tratando como a "civilização esportiva". Em especial, recorro a "Macunaíma", personagem construído como "o herói sem nenhum caráter" para a rapsódia escrita em 1926 e publicada pela primeira vez em 1928.[130]

Nessa construção, Mário de Andrade provoca o encontro entre a rusticidade brasileira — com suas tradições e costumes — e a modernidade de estrangeirismos, com velocidades, máquinas e signos "esportivos". Nesses termos parecem pertinentes os argumentos de Serge Gruzinski quando afirma que as experiências humanas podem ser compreendidas como mestiçagens, na medida em que as trocas que se estabelecem entre diferentes sujeitos ou grupos não são necessariamente "culturas se encontrando" mas sim "fragmentos e estilhaços que, em contatos uns com os outros, não ficam intactos por muito tempo".[131]

---

129. Brasil, 1928, p. 508-509, grifos do autor.
130. Cf. Andrade, 2004.
131. Gruzinski, 2001, p. 52.

Citando Mário de Andrade — "sou um Tupi tangendo um alaúde" —, Gruzinski nos desafia a considerar os elementos contraditórios, e por vezes antagônicos, que podem compor duas faces de uma mesma moeda, sem que possamos dissociá-las. Esses argumentos parecem pertinentes, uma vez que contribuem para a interpretação do esporte no clima cultural da década de 1920. Mais do que um processo evolutivo e linear, a trama de sentidos e significados esportivos tecida no Brasil é expressão de "fragmentos e estilhaços", aproximações impregnadas de apropriações capazes de comportar e evidenciar os "combates" e as contradições que lhes engendraram os sentidos culturais. É nessa perspectiva que merece destaque na rapsódia composta por Mário de Andrade, a curiosa ideia de que o futebol seria uma dentre outras pragas brasileiras e que haveria sido inventado por Macunaíma. Assim o autor constrói seu argumento:

> Maanape gostava muito de café e Jiguê muito de dormir. Macunaíma queria erguer um papiri pros três morarem porém jamais que papiri se acabava. Os puchirões goravam sempre porque Jiguê passava o dia dormindo e Maanape bebendo café. O herói teve raiva. Pegou numa colher, virou-a num bichinho e falou:
> — Agora você fica sovertida no pó de café. Quando mano Maanape vier beber, morde a língua dele!
> Então pegando um cabeceiro de algodão, virou-o numa tatorana branca e falou:
> — Agora você fica sovertida na maqueira. Quando o mano Jiguê vier dormir, chupe o sangue dele.
> Maanape já vinha entrando na pensão pra beber café outra vez. O bichinho picou a língua dele.
> — Ai! Maanape fez.
> Macunaíma bem sonso falou:
> — Está doendo, mano? Quando bichinho me pica não dói não.
> Maanape teve raiva. Atirou o bichinho muito pra longe falando:
> — *Sai, praga!*
> Então Jiguê entrou na pensão pra tirar um corte. O marandová branquinho tanto chupou o sangue dele que até virou rosado.
> — Ai, que Jiguê gritou.

E Macunaíma:

— Está doendo mano? Ora veja só! Quando tatorana me chupa até gosto.

Jiguê teve raiva e atirou a tatorana longe falando:

— *Sai, praga!*

E então os três manos foram continuar a construção do papiri. Maanape e Jiguê ficaram dum lado e Macunaíma do outro pegava os tijolos que os manos atiravam. Maanape e Jinguê estavam tiriricas e desejando se vingar do mano. O herói não maliciava nada. Vai, Jiguê pegou um tijolo, porém para não machucar muito virou-o numa bola de couro duríssima. Passou a bola pra Maanape, que estava mais a frente e Maanape com um pontapé mandou ela bater em Macunaíma. Esborrachou todo o nariz do herói.

— Ui! Que o herói fez.

Os manos bem sonsos gritaram:

— Uai! Está doendo mano! Pois quando a bola bate na gente nem não dói!

Macunaíma teve raiva e atirou a bola com o pé bem pra longe e falou:

— *Sai, peste!*

Veio onde estavam os manos:

— Não faço mais papiri, pronto!

E virou tijolos pedras telhas ferragens numa nuvem de içás que tomou São Paulo por três dias.

O bichinho caiu em Campinas. A tatorana caiu por aí. A bola caiu no campo. *E foi assim que Maanape inventou o bicho-do-café, Jiguê a lagarta-rosada e Macunaíma o futebol, três pragas.*[132]

Portanto, o futebol é representado como uma praga moderna inventada pelo herói sem nenhum caráter. Pensar o esporte — no caso o futebol, por ser o mais popular no momento — como uma invenção de Macunaíma constitui uma possibilidade a mais que nos permite interrogar a "naturalidade disciplinar" com que o esporte adentra a sociedade e também a escola, bem como as justificativas sumárias de que ele é uma representação de um processo civilizatório e de dominação cultural. A circularidade de ideias e discursos sobre o tema, operada com ingre-

---

132. Andrade, 2004, p. 49-50, grifos meus.

dientes culturais e científicos, de percepção da realidade, de referências estrangeiras, de prescrições pedagógicas tipicamente reguladoras e disciplinares parece mostrar aqueles "combates jamais ganhos e sempre recomeçados".[133] Como apropriações, expressam o caráter polemológico que as engendram, evidenciando a existência de um debate político nos processos de produção cultural.

Por um lado, a adesão dos brasileiros, dos "heróis sem nenhum caráter", ao esporte e a sua capacidade de reinventar o futebol aparecem como elemento de realidade a provocar permanentes reconfigurações nos discursos que os identificam em sua rusticidade, como dotados de um psiquismo mórbido ou como incapazes de construir (sem contribuição estrangeira) um projeto escolar para a educação física. Por outro, esses mesmos discursos reafirmam a ideia do moderno, agregando-lhe a capacidade para o *self-government*, a aposta na regeneração física e moral pela educação, as necessárias contribuições científicas de médicos e pedagogicistas e a ideia de que, como máquinas, os corpos poderiam render mais por meio dos esportes e da "energização do caráter" que ele proporcionaria.

E, sobre máquinas, Macunaíma também oferece sua reflexão:

> Os tamanduás os boitatás as inajás de curuatás de fumo, em vez eram caminhões bondes autobondes anúncios-luminosos relógios faróis rádios motocicletas telefones gorjetas postes chaminés...eram máquinas e tudo na cidade era só máquina! O herói escutando assuntado maquinando uma cisma assombrada. Tomou-o um respeito cheio de inveja por essa deusa de deveras forçuda, tupã famanado que os filhos da mandioca chamavam de Maquina, mais cantadeira que a Mãe-d'água.
>
> Então resolveu ir brincar com a Máquina pra ser também imperador dos filhos da mandioca, mas as três cunhãs deram muita risada e falaram que isso de deuses era gorda mentira antiga, que não tinha deus não e que com a máquina ninguém brinca porque ela mata. [...]
>
> Macunaíma passou então uma semana sem comer sem brincar só maquinando nas brigas sem vitória dos filhos da mandioca com a Máquina. A máquina

---

133. Gruzinski, 2001, p. 320.

era que matava os homens porém os homens é que mandavam na Máquina... constatou pasmo que os filhos da mandioca eram donos sem mistério e sem força da máquina sem mistério sem queres ser fastio, incapaz de explicar as infelicidades por si. Estava nostálgico assim. Até que uma noite, suspenso no terraço de um arranhacéu com os manos, Macunaíma concluiu:

— Os filhos da mandioca não ganham da máquina nem ela ganha deles nesta luta. Há empate.

Não concluiu mais nada porque inda não estava acostumado com discursos porem palpitava pra ele muito embrulhadamente muito! [...] De toda essa embrulhada o pensamento dele sacou bem clarinha a luz: os homens é que eram máquinas e as máquinas é que eram homens. Macunaíma deu uma grande gargalhada. Percebeu que estava livre outra vez e teve uma satisfa mãe.[134]

No clima cultural da década de 1920, a obra de Mário de Andrade ordena a expressão de uma possibilidade: o "privilégio de pertencer a vários mundos numa só vida: sou um Tupi tangendo um alaúde...".[135] Assim também parece ser a trama que institui no campo educacional brasileiro ("tupi") a possibilidade de escolarizar o esporte ("um alaúde" ou mais "uma Máquina"). Este "tangenciar", aqui entendido como um processo de aproximações sucessivas, parece evidenciar esforços e tentativas operadas para a "energização do caráter" de um povo muitas vezes considerado "sem nenhum caráter". Operação complexa, que pode até mesmo ser pensada como uma luta que não deu em "empate", que pode ter saído pela tangente, escapado do previsto!

Mário de Andrade constrói Macunaíma como um personagem *outsider*, como uma espécie de anti-herói fora da lei que, ao mesmo tempo, é capaz de dialogar com o clima cultural moderno, organizando racionalidades e tecnologias singulares e até "inventando" o futebol. Mário de Andrade constrói um brasileiro que, com sua astúcia, fez "pegar" por aqui a moda esportiva. Macunaíma e Jacques Pedreira parecem duas faces de uma mesma moeda, cunhada nas tensões e ambiguidades da "civilização

---

134. Andrade, 2004, p. 42-43.
135. Gruzinski, 2001, p. 320.

esportiva". Diferentemente de Antinoüs, não são estátuas que já vêm com o caráter esculpido; são homens ordinários, produtores de seu próprio tempo e — de acordo com o ponto de vista — sem nenhum caráter ou com um caráter indolente, a ser energizado.

1.2 *Sports*, desportos, *cultura athlética*...

Diante da apreciação dessas práticas discursivas, desses vários olhares e apropriações produzidas no clima cultural da década de 1920, foi possível constatar um repertório diversificado de construções argumentativas: dos conhecimentos científicos e pedagógicos exaltando as virtudes esportivas até os que destroem a "sporterréia"; do debate entre o modelo anglo-americano de sociedade até a caracterização da rusticidade brasileira; da expectativa formadora do *men sans in corpore sano* até a constatação de que não se educavam nem mentes nem corpos; da compreensão do esporte como uma experiência já popularizada até a constatação de que este não passava de prática de elites; da polêmica entre a mentalidade esportiva e a mentalidade clínico-pedagógica; dos riscos esportivos na infância; do debate sobre as condições sociais e dos fatores de ordem higiênica e eugênicas, dentre outros.

Todos esses temas evidenciam que o esporte já constituía o cotidiano e era por ele constituído, trazendo para o debate aqueles elementos que Herbert Marcuse — escolhido para a epígrafe deste capítulo — considerou como as "possibilidades acorrentadas da sociedade industrial moderna".[136] As questões relativas ao "desenvolvimento das forças produtivas em escala ampliada" guardam estreito vínculo com a ideia da energização do caráter. O esporte pensado como tecnologia educacional e como produção eficiente tem nas metáforas maquínicas um de seus principais vetores de expressão.[137] Associada a essa expressão do moderno, ressalta-se também a "extensão da conquista da natureza", especialmente no que diz respeito

---

136. Marcuse, 1973, p. 233.

137. Essa ideia tem sido anunciada e problematizada por Vaz (1999a, 1999b).

ao corpo, natureza humana a ser controlada por códigos civilizadores. Cultivar os corpos por meio do esporte não significava pensá-lo apenas como um fim em si mesmo. Ao contrário disso, as prescrições para a prática esportiva aparecem impregnadas de um ideário estético — que o associa à noção de beleza helênica — e principalmente de um ideário moral, que vincula seu potencial à saúde e à regeneração dos fracos e débeis, contra os vícios e a boemia.

A popularização do esporte e sua extensão às massas puseram em relevo as preocupações com a mocidade e a infância, dando a ver a "crescente satisfação das necessidades de números cada vez maior de pessoas".[138] Note-se que esses novos praticantes do esporte — as camadas populares e os jovens da população — foram frequentemente representados num sentido essencialmente negativo, vinculado à ideia de massa desordenada, desagregada e desprovida de disciplina.

Por fim alguns comentários sobre a relação entre modernidade industrial e "criação de faculdades e necessidades novas".[139] Ser esportivo passa a ser uma representação do ser moderno, indicando a urgência em dotar a população amorfa de um grupo de indivíduos saudáveis, disciplinados, solidários, corajosos, alegres e plenamente aptos. Faculdades individuais sempre relacionadas à necessidade de fortalecimento da nação, e nesse caso o esporte assume, também, o *status* de um instrumento de destaque na produção de uma educação cívica.

Mas toda essa engenharia, essa "mecânica racional", de um modelo cultural estrangeiro impregnado de idealizações, foi também marcada pelas experiências de apropriação realizadas por sujeitos e grupos que dele participaram. Os textos visitados expressaram também polêmicas no trato com estas "possibilidades acorrentadas". Assim, evidenciam que o esporte, já como um "costume visível" e cotidiano apresentava-se também como "campo para a mudança e a disputa, uma arena na qual interesses opostos apresentavam reivindicações conflitantes".[140] Essa argumentação

---

138. Marcuse, 1973, p. 233.
139. Marcuse, 1973, p. 233.
140. Thompson, 1998, p. 16-17.

de E. P. Thompson sobre os diálogos culturais e costumeiros guarda, em alguma medida, afinidades com as proposições de Michel de Certeau e de Serge Gruzinski também acionados neste capítulo para iluminar um caminho interpretativo da relação entre esporte, história e cultura. Parece possível argumentar que o esporte aqui em questão, aquele pensado como um conteúdo social a ser escolarizado, é esta prática polissêmica e polimorfa sempre redesenhada como *sport*, desporto, *cultura athlética*, educação física etc. Modelos impostos em nome da "modernidade", mas também experiência reinventada. Disciplina e, ao mesmo tempo, subversão à regra.

Parece pertinente anunciar que o esporte adentra as prescrições escolares a partir de um duplo movimento. Por um lado, como prática social já disseminada, precisaria ser orientado e pedagogizado (disciplinado) no sentido de oferecer às novas gerações possibilidades educativas. Por outro lado, considerado como prática moderna, contribuiria para impregnar a experiência escolar de sentidos e significados modernizadores, capazes de contribuir para a superação do que era considerado rústico, atrasado, não moderno. Pela via da escolarização, o esporte parece ser, ao mesmo tempo, prática de contenção e prática de inovação, ora pendendo mais para um desses pontos, aparentemente opostos, mas, talvez, essencialmente complementares. Ao demarcar as práticas institucionais na ABE como um lugar a partir do qual esse movimento cultural pode ser interpretado, busquei identificar, como veremos adiante, em que medida essas diferentes maneiras de pensar e fazer o esporte foram representadas nos discursos e nas práticas educativas anunciadas e realizadas.

Capítulo 2

A ABE e sua "rede de sociabilidade": o esporte "na estrutura do comentário"

> Os desportos, ainda mesmo quando não se ajustam rigorosamente, por suas características, a determinadas condições de um meio geográfico — são um valor inestimável. Haja visto o futebol entre nós. Certamente o jogo bretão não é o ideal para o nosso clima, do Rio para o Norte, mas, não obstante, o que lhe devemos na obra do enrijamento físico do nosso homem, não pode sofrer contestação. Graças a ele e a outros desportos, temos nestes últimos 20 anos progredido enormemente, nessa questão importantíssima para nós. Já não vemos desdouro em um intelectual pegar em um peso, brandir uma raquete, subir num trapézio ou correr atrás de uma bola. Já o músculo não assinala o pelotiqueiro de circo. E se o desporto se adapta ao meio, se resulta das próprias criações do meio — aí, então, o seu cultivo é de necessidade absoluta (*A Bandeira*, Ano 1, n. 3-4, 1927).

> A cultura escolar revelou-se como cultivo de corpos (Vago, 2002).

Na década de 1920 a fundação da Associação Brasileira de Educação (ABE), no Rio de Janeiro, ocupou um importante lugar político e cultural na produção de sentidos para a educação escolar brasileira. Como várias outras agremiações e grupos na mesma época constituídos, essa associação foi também expressão da efervescência de organizações sociais — do movimento de homens e mulheres interessados em anunciar, propor e prescrever destinos e projetos de desenvolvimento e de modernização para o país. Ancorada em estudos anteriores, revisitei a ABE compreendendo-a como lugar de pertencimento, produto e também produção de identidades e de coletividades.[1] Também como um "lugar de sociabilidade", com uma dinâmica relacional própria, na qual vários sujeitos e grupos envidaram esforços de reunião, agregação de interesses e inovação, demarcando identidades e projetos que se reorganizavam continuamente.[2] Um movimento político e cultural intenso que, em várias de suas práticas, traduzia "a intensidade e a dificuldade das questões enfrentadas pelo país, em busca de uma modernidade sentida como necessária e iminente no período do entreguerras".[3]

Assumindo o ponto de vista de Marta Maria Chagas de Carvalho, ressalto que a fundação da ABE, em 1924, expressou-se como parte do projeto de "repolitização da educação", no qual uma elite intelectual preocupada com os destinos do País tomou para si a tarefa de desenhar uma alternativa disciplinadora cuja pretensão educativa extrapolava os muros escolares. Unidade nacional e organização racional do trabalho eram temas de consenso, em meio a tantos outros que insurgiam já impregnados de polêmicas e diferenças. O caráter disciplinador se anunciava nos ingredientes de cunho moralizador colocados em circulação e também nos conteúdos e práticas educacionais modelados por uma pedagogia considerada científica, racional e moderna. Como "tecnologias", essas prescrições educacionais cientificamente compunham também o que Marta Carvalho nomeou como "molde nacional", "fôrma cívica".[4] A partir de uma diversidade de fontes mobilizadas e de discursos revelados, o estudo dessa autora possibilita conhecer a maneira como educadores, médicos, engenheiros, advogados etc. — reunidos na ABE — construíram

---

1. A principal referência é o trabalho realizado por Carvalho (1998 e 2003) em sua tese de doutorado e em outros estudos.

2. Sobre as noções de lugar e rede de sociabilidade que ajudam a construir a trama neste capítulo tomei como referência os estudos de Gomes (1999 e 2000).

3. Gomes, 1999, p. 13.

4. Cf. Carvalho, 1998.

convicções e justificativas legitimadoras para o propósito de uma "reforma de costumes", que fosse capaz de operar uma "regeneração social".[5]

Seguindo essas pistas, encontrei outras. Uma tese apresentada por Deodato de Morais na I Conferência Nacional de Educação, em 1927, que exprime uma dada dimensão da aposta educacional que estava em circulação. Ao tratar da *Escola Nova*, o autor apregoa "moldes" e "formas", à medida que também explicita aqueles "costumes" a serem "regenerados":

> Não basta ensinar a ler; é preciso ensinar e habituar o brasileiro a trabalhar. Em regra geral, a nossa tendência é para a lei do mínimo esforço. Ao comércio e à indústria preferimos o funcionalismo. Enquanto que o estrangeiro que aqui chega procura progredir e mesmo enriquecer pelo trabalho ativo e constante, o brasileiro se contenta com um emprego público e a doce visão de um acesso fácil.
>
> A escola, pois, há de ensinar a trabalhar. O comércio como a indústria, as oficinas como os laboratórios estão a reclamar auxiliares competentes, e nós só podemos fornecer-lhes homens incompletos.
>
> A Escola Nova brasileira, de ciclo integral completo, deve ser essencialmente ativa, experimental, prática, utilitária e produtiva, de processo gradual, intensivo e progressivo, de fim higiênico, moral, cívico e social. Deve desenvolver energias, canalizar vontades, criar discernimentos, formar seres pensantes e coerentes. Deve ser um mundo em miniatura, a imagem da vida.
>
> Só a Escola Nova será capaz de fornecer ao Brasil homens vigorosos e sãos, inteligentes e bons, não com o cérebro recheado de teorias, de fórmulas e preceitos, mas de conhecimentos práticos, habituados a trabalhar, a bastar-se a si próprios, a vencer por si as dificuldades e a ter consciência exata do seu valor e do seu poder.[6]

Como anunciado nesta tese, alguns "costumes" em circulação na sociedade brasileira eram identificados como amorfismo, insalubridade, vício, incapacidade para o trabalho, acomodação, vadiagem, mínimo esforço etc. Reformá-los constituía, então, uma "causa cívica" na qual a

---

5. Cf. Carvalho, 1998.
6. Costa; Shena; Schmidt, 1997, p. 621.

aposta na educação era aposta na "redenção nacional" e na possibilidade de tornar a população saudável, moralmente disciplinada e produtivamente adaptada às exigências que orientavam o trabalho industrial. Um projeto ousado, pensado unilateralmente pelas elites intelectuais para o povo.[7] Principalmente para as massas urbanas, a escola foi idealizada como "arma de que dependia a superação dos entraves que estariam impedindo a marcha para o progresso".[8] Na tese apresentada por Deodato de Morais em 1927, a escola é representada como "um mundo em miniatura, a imagem da vida" e que não deveria "fornecer homens incompletos".

Ao considerar a circulação dessas ideias educacionais — anunciadas como modernas na e para a ABE —, o argumento thompsoniano que identifica a educação formal na modernidade como "motor da aceleração (e do distanciamento) cultural" torna-se relevante.[9] A escola aparece como lugar a partir do qual a cidade, as relações sociais, o trabalho e o homem completo seriam "produzidos" idealmente. A escola é também anunciada em contraposição aos outros lugares que deveriam ser expurgados: lugares de acomodação, de incompletude, de inutilidade. A pretendida reforma de costumes não comportava neutralidades, mas, sim, uma ação política racionalmente construída como "arma" na consolidação de um projeto ideológico referenciado na democracia republicana e operado pelo "motor" tecnológico das inovações pedagógicas.

Democracia e inovação pedagógica eram signos recorrentes e representados a partir de diferentes nuanças e ajustes. Ao interpretar os argumentos utilizados por Vicente Licínio Cardoso para "pensar o Brasil" e realizar a sua campanha pela causa da educação, Marta Carvalho afirma que esse intelectual — oriundo do grupo industrialista da Escola Politécnica do Rio de Janeiro e de presença marcante nas ações da ABE na década de 1920 — entendia a "democracia como organização social do trabalho livre e república como a forma política de tal organização"

---

7. Esses são argumentos centrais na tese de Carvalho (1998). Adoto-os aqui como chaves de leitura.

8. Carvalho, 2003, p. 11.

9. Thompson, 1998, p. 18.

e, assim, alegava que a efetivação da república brasileira só aconteceria quando superado o "estado de desorganização do trabalho nacional".[10] Essas ideias, além de outras em circulação, aqueciam o debate de uma elite que, a partir de sua rede de sociabilidade, ia se convencendo de que a orientação necessária para o progresso da nação era aquela cuidadosamente desenhada por mentes modernas (científicas) e corações (cívicos) comprometidos com os destinos do Brasil e dos brasileiros. Uma racionalidade técnico-científica e uma sensibilidade diante dos problemas nacionais que aqui são compreendidas como produções culturais.

Nessa ambiência cultural e política, a ABE foi fundada com a pretensão de ser uma organização de abrangência nacional, com núcleos estaduais em efetivo funcionamento — nos moldes da lógica federativa que foi organizada para a República. Mas essa estrutura idealizada não foi plenamente experienciada, e as práticas institucionais da ABE foram, efetivamente, aquelas propostas e realizadas pelo seu "Departamento Carioca" que, na prática, funcionava como uma espécie de poder central da entidade.[11] Por certo, não é possível afirmar que essas escolhas circunscritas à Capital da República aconteceram sem polêmicas, pois o tópico centralismo/descentralização era uma das temáticas mais recorrentes nos debates e teses que circularam na ABE. O *Boletim da Associação Brasileira de Educação*, periódico que circulou de 1925 a 1929, sob responsabilidade do Departamento do Rio de Janeiro, costumava trazer notas relativas às ações desenvolvidas em outros "departamentos" da ABE, mas que não tinham a mesma projeção que aquelas realizadas na capital.

No Departamento Carioca, além do Conselho Diretor e da Diretoria, que funcionavam como instância de deliberação máxima, estavam também organizados vários grupos internos de trabalho. Denominados de Seções, esses grupos deveriam realizar "os trabalhos essenciais da ABE", como afirmou Ferdinando Labouriau, ao apresentar o andamento

---

10. Carvalho, 2003, p. 16.

11. O nome formalmente instituído era "Departamento do Rio de Janeiro", mas os usos também recorriam à expressão "Departamento Carioca".

geral das ações realizadas pela Associação no ano de 1927.[12] As 11 Seções inicialmente constituídas, coordenavam trabalhos relativos aos diferentes níveis de escolarização — "Seção de Ensino Primário", "Seção de Ensino Secundário", "Seção de Ensino Técnico e Superior" — e também a outros temas educacionais, tais como: "Divertimentos Infantis", "Educação Física e Higiene", "Cooperação da Família", "Ensino Doméstico", "Radiocultura", "Assistência à Infância Abandonada", "Ensino Profissional" e também "Educação Moral e Cívica".[13]

A ABE projetou-se nacionalmente pela realização das Conferências Nacionais de Educação, momentos que congregaram, em diferentes cidades, educadores de todo o País. Nessas conferências, além de educadores locais, a entidade recebia delegações de variadas regiões brasileiras, em sua maioria, dirigentes educacionais. Na década de 1920, foram realizadas três conferências. A primeira em Curitiba, em 1927, a segunda e a terceira em Belo Horizonte e em São Paulo, nos anos subsequentes.[14] Muitas teses apresentadas e defendidas nessas conferências circulavam também em revistas e jornais. Era comum, ainda, que os autores fizessem um impresso independente de suas teses de modo a distribuí-las em eventos e ações congêneres.[15]

Para compreender essas e outras práticas ordenadoras da ABE como um lugar de sociabilidade, considero necessário ressaltar que, na

---

12. Costa; Shena; Schmidt, 1997, p. 79.

13. Cf. em Costa, Shena e Schmidt (1997, p. 78-89), a tese número 8 da I CNE: *A atividade da Associação Brasileira de Educação durante o ano de 1927*: relatório das seções. Vale ressaltar que ao longo dos anos, algumas dessas seções foram desmembradas ou tiveram seus trabalhos redimensionados enquanto outras deixaram de funcionar. Tais deslocamentos indiciam que as prioridades, os temas polêmicos e os lugares de poder estiveram em permanente reordenamento e negociação no âmbito da Associação.

14. Sobre essas três primeiras conferências realizadas pela ABE, cf. Carvalho, 1998; Silva, 2004 e III CNE. *Anais...*, 1928.

15. Nos periódicos *A Bandeira* (década de 1920) e *Revista de Educação Física* (década de 1930) encontrei publicadas teses apresentadas nas Conferências Nacionais de Educação. Como outro exemplo, é possível citar a tese número 31 apresentada pelo professor Ambrósio Torres na I Conferência Nacional de Educação em 1927 (Costa; Shena; Schmidt, 1997, p. 178-184). Intitulada *Metodologia do Ensino da Educação Física,* essa tese foi também impressa como um pequeno folheto que pude encontrar no acervo do Memorial Lysímaco da Costa em Curitiba. Nessa versão, o trabalho apresenta mais detalhes do que naquela que consta nos anais do referido evento.

trama política brasileira, a emergência de agremiações, civis e militares, na década de 1920, guarda estreita relação com uma ambiência político-cultural caracterizada por uma República Federativa que, como tal, não funcionava (como a ABE!), fazendo emergir todo um debate sobre a necessidade de "republicanização da república".[16] Em alguns estudos relativos à história política brasileira, como os de José Murilo de Carvalho e Wanderley Guilherme dos Santos, pondera-se que, tendo sido estabelecida de acordo com moldes norte-americanos, a República provocou uma espécie de ameaça à unidade nacional, pela tensa combinação de dois fatores singulares: por um lado, a forte ação política das oligarquias regionais sempre a desconfiar/almejar o poder central; por outro, a baixa institucionalidade, ou seja, a fragilidade (quando não a ausência) de canais de expressão e de participação capazes de agregar e fazer representar necessidades plurais e conflitantes, presentes na sociedade.[17] Nesse cenário, diferentes grupos da elite intelectual e política, mobilizados por variados interesses e identidades, constituíram, então, seus lugares de produção e de circulação cultural — seus "lugares de sociabilidade". Experiências de pertencimentos articuladas por uma gama de projetos de inovação — alguns complementares entre si, outros nem tanto. Aliás, muitos temas polêmicos circularam na ABE e alguns dissídios pareciam ser potencializados no Departamento do Rio de Janeiro. Na Capital da República, a proximidade com o poder constituído aquecia o ensejo de ousar definir o que seria bom ou ruim para o progresso e para a modernização da educação e da nação.

Trazer aqui esses elementos gerais de contexto não significa adotá-los como explicativos ou como lei maior que condiciona ou determina as ações dos indivíduos. Não é esse o propósito. Ao contrário, o que pretendo é mostrar, nessa trama, as iniciativas dos sujeitos envolvidos. A maneira como lidavam com o tempo em que viveram; suas possibilidades de organizar práticas compartilhadas, agregar interesses, realizar o exercício de visibilidade pública, da participação. Suas práticas culturais, ou seja, como

---

16. Essa ideia é apresentada e problematizada por Carvalho (1998 e 2003).
17. Cf. Santos, 1993; Carvalho, 1995.

expressavam e produziam sentidos e significados, suas sensibilidades e escolhas. O que anunciaram como alternativas para os problemas relativos à educação (ou à ausência dela). As artimanhas utilizadas para que, de cima para baixo, como intérpretes do povo, representassem a escola como responsabilidade republicana, democrática e moderna. Assim, o propósito do capítulo é tentar identificar estes "lugares de sociabilidade", tendo em vista que, alguns deles participaram da constituição da própria ABE e outros foram por ela constituídos. Na diversidade desses "lugares", destaquei alguns que estabeleceram conexão com a associação pelos projetos educacionais que agregavam, mas, principalmente, pelo debate relativo à presença do esporte neles. Operadas na perspectiva de "redes de sociabilidade", essas trocas culturais e políticas entre grupos específicos evidenciam a circulação de ideias, projetos e interesses que foram ajustados e remodelados de acordo com configurações próprias. De tal modo, busquei compreender a organização da ABE e, nela, o debate relativo à escolarização do esporte, como produções decorrentes dessas trocas, visto que os "códigos e instituições intelectuais estão indissociavelmente unidos quando um sólido debate sobre o tipo e o rumo de uma mudança cultural se instala".[18]

No processo de estabelecimento das fontes, o contato com os arquivos da ABE foi decisivo. Neles encontrei correspondências recebidas e enviadas, livros de atas, álbuns fotográficos, teses, inquéritos e outros documentos repletos de vestígios, debates e prescrições esportivas. Essa descoberta provocou e possibilitou que essa entidade — suas práticas e seus sujeitos — passasse, então, a ocupar um lugar de centralidade e de balizamento para o estudo. Foi impossível escapar à riqueza anunciada nesses arquivos: vários educadores, várias ideias, várias iniciativas de visibilidade pública e política, muitas e boas polêmicas.[19] Essa delimitação

---

18. Gomes, 1999, p. 29.

19. Também considero fundamental registrar a disponibilidade da Sra. Arlete Pinto de Oliveira e Silva frente às minhas perguntas e curiosidades. Como responsável pelo acervo da ABE, D. Arlete foi uma grande parceira na pesquisa. Pelos documentos que descobria, pelas histórias que me contava em nossas longas conversas, pelos passeios que fizemos pelo centro do Rio e por sua paixão pela história e pela memória.

do campo de observação fez surgir "dados não apenas mais numerosos, mais finos, mas que, além disso, se organizam segundo configurações inéditas e fazem aparecer uma outra cartografia".[20] A centralidade assumida por esse acervo exigiu, no entanto, o cruzamento com outras fontes, de modo a evitar o risco de um isolamento e/ou fechamento documental autoexplicativo.[21]

A partir da ABE, esse lugar de efervescente produção educacional, busquei confirmar a hipótese de que, no Brasil, a presença do esporte na escola guarda estreita relação com o projeto cultural que, nas décadas de 1920 e de 1930, representou a educação como possibilidade de tornar a nação saudável, disciplinada e produtiva, como defende Marta Carvalho. Entre outros conteúdos culturais, o esporte participou do projeto socioeducativo que pretendeu transformar a escola em uma referência cultural moderna, democrática, ativa e eficiente.

Na trama que produziu esse projeto educacional, essa "reforma de costumes",[22] não foi possível perder de vista que essa entidade se legitimou na cidade do Rio de Janeiro, na época, Capital da República. Embora com pretensões de abrangência nacional, a ABE comportou sempre fortes matizes do que se construía em seu "Departamento Carioca". Na cidade do Rio de Janeiro estavam "vulgarizadas" as práticas esportivas,

---

20. Revel, 1998, p. 32.

21. No projeto inicial de pesquisa, apenas os *Anais do VII Congresso Brasileiro de Educação* haviam sido estabelecidos como fonte relativa à ABE, mas, à medida que o acervo descortinou outros documentos relativos à atuação da entidade no âmbito da educação física e do esporte, foi possível interrogá-los e produzir, assim, um desafiador *corpus* documental para a pesquisa.

22. Na condição de presidente da ABE, o professor Lourenço Filho assim se expressou na abertura do *VII Congresso Brasileiro de Educação*, em 1935: "Nações há que procuram resolver os problemas de eficiência, mesmo às custas das liberdades individuais. Outros, que preferem manter todos os ditames de uma romântica liberdade individual, pereça embora a eficiência... Entre tais extremos, simplistas ambos, e ambos perigosos, os estadistas mais avisados começam a compreender que 'eficiência com liberdade' ou 'liberdade com eficiência', só num cadinho se fundem — e esse é o da educação. Dificuldades ou defeitos da educação, dificuldades e defeitos de disciplina social e, portanto, de eficiência. [...] liberdade e eficiência não representam, assim, no mundo de hoje, pontos de partida, nem aspirações românticas. Mas, ao contrário, tem que se apoiar em uma grande reforma de costumes que ajuste os homens a novas condições e valores de vida, pela pertinácia da obra de cultura, que a todas atividades impregne, dando sentido à organização de cada povo" (VII CNE, *Anais...* 1935, p. 22).

o "surto dos *sports*".²³ Experiências culturais sobre as quais incidiram esforços de escolarização... Esforços de disciplinarização de práticas já disseminadas na sociedade carioca e em suas escolas, nas quais apareciam como experiências lúdicas trazidas pelos próprios alunos para os momentos de recreio. Ao analisar a história social do futebol no Rio de Janeiro nas primeiras décadas do século XX, Leonardo Afonso de Miranda Pereira assim escreve sobre a relação das escolas e de seus alunos com o "esporte bretão":

> A situação fez com que, em muito pouco tempo, ele se tornasse o principal esporte praticado nas escolas elegantes da cidade. Colégios como o Alfredo Gomes e o Abílio, onde a educação era, havia muito tempo, 'objeto de solícitos cuidados', tinham o jogo entre suas atividades principais. [...] Ainda em 1905, o Colégio Latino-Americano, inaugurado naquele ano no Leme — que se gabava de funcionar 'segundo os moldes dos colégios ingleses americanos [sic]' — formava entre seus alunos diversos times, que disputavam em seu campo jogos contra times adversários; entre esses adversários estariam, por vezes, times como aquele composto pelos alunos do Colégio Paula Freitas, que fundavam naquele mesmo ano a sua Associação Atlética. Jogos como esses evidenciavam para os cronistas esportivos 'quanto tem progredido os guapos rapazes no jogo da pella com grande vantagem para o seu desenvolvimento físico', dando forma na cidade a um 'grande entusiasmo por esse belíssimo gênero de sport'.²⁴

Muitas dessas "escolas elegantes da cidade" eram parceiras da ABE e vários de seus professores frequentaram as reuniões da "Seção de Educação Física e Higiene" ajudando a construir referências pedagógicas e esportivas. O Caderno de Atas dessa *Seção*, com registro de maio de 1926 a junho de 1937, funcionou como uma espécie de repertório básico de datas, nomes, fatos e assuntos a balizar o diálogo com outras fontes.²⁵

---

23. Cf. Sevcenko (1998), Melo (2001).
24. Pereira, 2000, p. 52-53, grifos do autor.
25. A grafia original da "Secção de Educação Physica e Hygiene" produziu uma sigla que a representou em muitos documentos: "SEPH". Também adotei essa sigla ao longo de todo o trabalho, mesmo escolhendo não operar com a grafia de época nas demais citações.

Figura 1 — Logomarca da ABE, s.d.

FUNDADA EM 1924

Fonte: Acervo da ABE.

Mas esse "entusiasmo pelo *sport*" circulou por toda a ABE, não só na SEPH. Ao longo de toda a pesquisa, sempre me pareceu — por correlação com um dos símbolos do olimpismo — que até a logomarca da entidade (Figura 1) tinha uma inspiração energética e *sportiva*![26]

Ajustando o olhar sobre códigos específicos — a participação do esporte no debate educacional e a produção do esporte como conteúdo e/ou disciplina escolar — foi possível revelar que o compartilhamento de algumas experiências e discursos por grupos aparentemente distintos guarda estreita relação com a circulação de algumas ideias e, principalmente, com a circulação de alguns sujeitos entre os vários grupos. Nesses termos, a ênfase dessa narrativa privilegia mais as pessoas (e suas ideias) que as estruturas, mesmo reconhecendo que os lugares de pertencimento provocavam condicionantes na ação de seus envolvidos. Nesse movimento, orientei-me pelo propósito de reconhecer, nos peque-

---

26. Não há no acervo da ABE registros ou descrições relativas à produção da logomarca. É também desconhecida sua autoria. Em conversa com D. Arlete Silva, ela relatou que esse emblema encontrava-se em uso desde os primeiros anos da Associação.

nos detalhes relativos ao esporte e à sua escolarização, elementos que se expressavam como vestígios daquela construção cultural mais ampla que pretendia configurar-se como uma moderna reforma de costumes, com vista à regeneração nacional. Uma história do projeto educacional da ABE acontecendo na estrutura dos "pequenos comentários esportivos".[27] Busquei, então, capturar o que os sujeitos anunciaram, discutiram e também recusaram nos debates e nas iniciativas de alguns grupos, bem como suas prescrições, seus questionamentos, elogios e suas resistências e tensões à escolarização do esporte. A principal pergunta às fontes pretendeu conhecer como e por que o esporte (prática social já vulgarizada) foi tematizado como prática educativa e escolar, e como as propostas e prescrições anunciadas influíram nas práticas discursivas e institucionais estabelecidas para e pela ABE.

Perseguindo indícios presentes nas várias fontes mobilizadas no acervo da ABE[28] e atenta às pistas anunciadas por outras pesquisas[29] foi-me possível perceber que, no período em questão, três agremiações apareciam para o diálogo quando o assunto em pauta era o esporte: o Club dos Bandeirantes do Brasil, a Instituição Militar e a Associação Cristã de Moços.

O *Club dos Bandeirantes do Brasil* — lugar estabelecido como moderno, futurista e industrialista, frequentado por vários sócios da ABE — aparece em estreita conexão com o grupo mais vinculado à Escola Politécnica do Brasil e à sua tradição positivista e cientificista. A partir do próprio Club, aparecem também representantes de alguns segmentos da Instituição Militar. Oficiais posicionados como uma espécie de "intelectualidade" do

---

27. Para construir essa busca dos "pequenos comentários esportivos" tomei como inspiração um argumento proposto por Benjamin para o seu "Projeto das Passagens". O autor sinaliza a possibilidade de "descobrir a cristalização do acontecimento total, na análise dos pequenos momentos particulares. Isso significa romper com o naturalismo histórico vulgar. Captar a construção da história como tal. Na estrutura do comentário" (Benjamin *apud* Buck-Morss, 2002, p. 108). Ao adotar essa expressão e a maneira de fazer a história nela contida, reconheço que ela guarda similaridade com o que propõe Revel (1998) sobre as relações entre a micro-análise e as relações sociais.

28. Livros de atas, coleções de recortes de jornais, fotografias, correspondências recebidas e enviadas, dentre outras.

29. Especialmente a de Carvalho (1998) e a de Ferreira Neto (1999).

Exército constituem, na década de 1920, uma interlocução com o Club dos Bandeirantes e também com a ABE. O debate referente à participação da educação física e também do esporte em um projeto de defesa nacional é o mote das conexões. Posteriormente, alguns militares assumem uma participação mais efetiva na ABE, como associados e como dirigentes. A terceira agremiação que aparece com destaque e regularidade na interlocução esportiva realizada pela ABE nas décadas de 1920 e 1930 foi a Associação Cristã de Moços, conhecida no Brasil como ACM e sua correspondente de "gênero", a Associação Cristã Feminina. Essa organização esportivo-recreativa, originariamente Young Men's Christian Association (YMCA), fundada na Inglaterra em 1844, chegou ao Brasil por mãos norte-americanas. Na cidade do Rio de Janeiro, em 1893, foi constituída sua primeira sede.[30] Nas fontes que tratam direta ou indiretamente das ACMs foi possível destacar que na década de 1920 essa organização trouxe ao debate o seu projeto de educação esportiva, as suas propostas de formação profissional para esse setor — a preparação de "técnicos" — e também a implantação de parques de recreio — *playgrounds* ou *groundplayers*, como gostavam de denominar.

Ao anunciar os "pequenos comentários esportivos" construídos em cada um desses lugares, busquei identificar correspondência com aqueles que foram estabelecidos na e pela própria ABE. Nesses termos, foi possível construir o argumento de que as apropriações da ABE sobre a escolarização do esporte se produziram em uma rede de trocas estabelecida de maneira interdependente com esses grupos ou agremiações. Nessa rede, o tema da escolarização do esporte esteve também vinculado ao esforço de propor e coordenar um projeto cívico-nacionalista para a educação brasileira.

Discutir e anunciar alternativas para a educação de uma sociedade de massas era um desafio para esses vários grupos, já que os excluídos da escola eram identificados como um freio ao progresso e à ordem nacional.[31] Para dar conta desse desafio, foram mobilizados, discutidos e

---

30. Em 1901, surge a sede de Porto Alegre e, no ano seguinte, 1902, a de São Paulo, conforme informações disponíveis em: http://www.acm-sp-ymca.com.br.

31. Cf. Carvalho, 2003.

experimentados diferentes conteúdos e métodos os quais eram aferidos em sua potencialidade e eficiência educativa. De entre tantos, também os conteúdos e métodos esportivos.

A dimensão cívica também não passou despercebida. Ao contrário, apareceu bastante conectada ao *comentário esportivo*. Assim, a construção dessa narrativa levou em consideração a possibilidade de pensar o esporte como um "objeto de intervenção cívica" e a sua escolarização como construção de um "dispositivo de controle e ordenação".[32]

Referenciados em modelos estrangeiros e também nas interpretações que tinham sobre o Brasil, educadores, médicos, engenheiros, oficiais militares e esportistas ofereceram, direta ou indiretamente, contribuições e proposições ao debate. Desenharam, assim, uma "forma escolar" para o esporte, uma vez que incrementavam justificativas e métodos visando a um disciplinamento social mediante a pedagogização de suas práticas.[33] Como indiciaram as fontes, os desenhos propostos se dirigiam à escola, mas a ela não ficavam restritos. Foram perspectivados como ordenamentos para uma intervenção disciplinar em toda a sociedade, bem como no esporte praticado fora da escola.[34]

---

32. Para o estabelecimento de tais premissas tomei como referência os argumentos de Carvalho (2003, p. 48), quando afirma: "Interpretado como palavrório vazio, ausência de ideologia, ritual esvaziado, o discurso cívico não é analisado enquanto prática. Com isto, perde-se a possibilidade de identificar não somente estratégias organizacionais de grupos interessados em ampliar seu campo de atuação, como também os *objetos de intervenção constituídos por tais estratégias*. É muito tênue a diferença entre a prática dessas organizações cívicas e a que caracterizou as associações de profissionais, como médicos, educadores, engenheiros e higienistas, que na década de 20 se organizaram por meio de inúmeros congressos e conferências em torno de questões eleitas como pontos privilegiados de intervenção. Nelas, *inúmeros rituais conformavam tais questões como causas cívicas, validando objetos e técnicas de intervenção e credenciando seus agentes*. Nesta situação é que se dá *a montagem de diversos dispositivos de controle, ordenação, regulação e produção do cotidiano das populações pobres*. O reformador social — cuja presença marcante na década de 1920 só recentemente tem sido registrada e analisada — tem nessas organizações o seu lugar de emergência. Nelas é que *tais reformadores se credenciaram como colaboradores indispensáveis e eficientes na invenção e no aprimoramento de dispositivos de dominação*". (Grifos meus).

33. A noção de forma escolar aqui utilizada guarda relação com os argumentos de Vincent, Lahire e Thin (2001), Faria Filho (2005b) e Vidal (2005).

34. Essa extensão da forma escolar de socialização para além da escola é também anunciada e problematizada por Vincent (1994) e por Vincent, Lahire e Thin (2001) na produção de uma teoria da forma escolar.

2.1 Lugares, sujeitos e ideias em circulação

Existe uma anedota relativa a um diálogo entre dois políticos mineiros que brinca assim:

— Para onde você vai?
— Para Barbacena.
— Acha que me engana? Diz isso para que eu pense que vai para Juiz de Fora. Acontece que eu sei que você vai para Barbacena.³⁵

O alerta que este pequeno chiste político pretende anunciar foi tomado aqui como uma orientação. Embora operando com as noções de lugar e rede de sociabilidade, não me pareceu possível perder de vista que os diferentes sujeitos agregavam interesses e práticas de astúcia, inventando e acomodando, assim, suas "maneiras de fazer".³⁶ Atuavam nos lugares e nas redes jogando com as circunstâncias e, nessa trama, algumas ideias e proposições foram sutilmente remodeladas, reconstruídas, quando não modificadas. A gente pensa que é uma coisa, e é outra! Como afirma Michel de Certeau, "essas táticas desviacionistas não obedecem à lei do lugar".³⁷ Tanto personagens como propostas apareciam e desapareciam nas fontes. Por vezes pareceu-me inútil tentar relacioná-los com um lugar único, pois eles poderiam reaparecer em outro aparentemente estranho ou desconexo ao que foi inicialmente pensado. Foi necessário operar com um rigor flexível e, ao mesmo tempo, reconhecer que tanto as fontes quanto esta versão estabelecida continuará à disposição para novos olhares e configurações.³⁸

---

35. Embora de domínio popular, essa anedota, da forma aqui apresentada, foi extraída de Reis (1984).
36. Certeau, 1994. Especialmente o capítulo III: Fazer com: usos e táticas.
37. Certeau, 1994, p. 92.
38. A ideia de "rigor flexível" proposta por Ginzburg (1989, p. 178-179) ajuda a compreender que esta "forma de saber" é mais coerente quando o que está em questão é a experiência humana cotidiana. "Ninguém aprende o ofício de conhecedor ou de diagnosticador limitando-se a pôr em prática regras preexistentes. Nesse tipo de conhecimento entram em jogo (diz-se normalmente) elementos imponderáveis: faro, golpe de vista, intuição".

2.2 No *Club* dos Bandeirantes do Brasil, "espírito e audácia esportiva"

A educação nacional era um dos temas de debate na Escola Politécnica do Rio de Janeiro e no Club dos Bandeirantes do Brasil — uma agremiação singular que, "além de difundir os *sports* e o *tourismo* como signos de um modo de vida moderno, moldado em costumes norte-americanos, propunha-se a renovar a mentalidade brasileira, elaborando um 'estado de consciência para a nação brasileira'".[39] Tanto a Escola Politécnica como o Club dos Bandeirantes acolhiam intelectuais que produziram uma campanha educacional impregnada de "metáforas energéticas" e de argumentos nacionalistas — alguns deles tendo Henri Ford como livro de cabeceira.[40] Valorizar o homem pela educação significava a possibilidade de valorizar também a produção e a integração nacional, desafios que demandavam eficiência na realização do projeto. Eficiência e também ordem, progresso, maquinaria e instrução. No âmbito dos indivíduos, prescrições necessárias à "energização do caráter". Signos que ora aparecem como meios, ora aparecem como fins. Tanto entre os civis quanto entre os militares, a educação pensada a partir da Escola Politécnica e do Club dos Bandeirantes impregnava-se daqueles mesmos códigos culturais que modelavam, à época, o esporte moderno, como as "metáforas maquínicas" em relação ao corpo e à ideia de progresso como produção cumulativa e linear.[41] Também as "metáforas energéticas": educação como o condutor capaz de "transformar, sem coação, a energia potencial do homem em energia cinética".[42]

Entre julho de 1927 e junho de 1929, o Club dos Bandeirantes publicou uma revista intitulada *A Bandeira*.[43] Nesse periódico, "evolução e

---

39. Carvalho, 2003, p. 17.
40. Carvalho, 2003, p. 17.
41. Cf. Vaz, 1999 e 2000.
42. Carvalho, 2003, p. 19.

43. Por ocasião de meu exame de qualificação, Marta Carvalho sugeriu que eu conhecesse a revista *A Bandeira*, pois tal ação em muito acrescentaria às informações que estavam disponíveis sobre esta em sua própria produção. Agradeço-lhe por tal indicação. De fato, a análise que pude fazer dessa revista, tanto no que se refere à sua materialidade quanto aos conteúdos desenvolvidos em seus artigos, editoriais, propagandas etc., muito contribuiu para a compreensão dos sentidos e

educação" são considerados "ideais intimamente ligados"[44] e os intelectuais são representados como aqueles que deveriam ocupar o lugar de "intérpretes da alma nacional"[45] corroborando, assim, a premissa de que uma reforma de costumes que promovesse o desenvolvimento nacional deveria ser por eles orientada. Nos dezoito números que circularam, essa revista tratou de temas diversificados, como escotismo, cinema, automobilismo, aviação, divórcio, pesca, arte, ciência, teatro, intercâmbio comercial, carnaval, concurso de Miss Brasil, danças, dentre outros. Além de textos escritos por vários HB — "homens bandeirantes" —, como eles mesmos se denominavam, a revista acolhia informações e propagandas que expressavam uma "mentalidade moderna" de fortíssima influência norte-americana.

Em um anúncio relativo a um curso de aviação, Ferdinando Labouriau, "homem bandeirante", que foi também presidente da ABE em 1926 e 1927, assim escreveu: "Se sois patriota — se sois forte — se tendes coragem — em uma palavra se sois HB (homem bandeirante) — inscreve-vos, desde já, no curso oficial de aviação, a se iniciar sob direção da Escola de Aviação Naval".[46] Por ironia, Labouriau foi um dos cinco dirigentes da ABE falecidos no desastre aéreo ocorrido em dezembro de 1928, por ocasião de uma homenagem a Santos Dumont. A tragédia foi noticiada no n. 13 da revista com um tributo ao "saudoso companheiro".[47]

---

significados constituintes do *Club dos Bandeirantes*. Creio mesmo que a maneira como essa publicação aborda a temática do esporte merece estudo mais pormenorizado, para além do que considerei pertinente abordar nesta tese.

44. *A Bandeira*, ano I, n. 1.
45. *A Bandeira*, ano I, n. 3-4, p. 4.
46. *A Bandeira*, ano I, n. 3-4, p. 44.
47. Ferdinando Labouriau foi professor da Escola Politécnica onde se envolvia prioritariamente com estudos relativos à metalurgia e à siderurgia. Sócio fundador da ABE, com atuação destacada nos assuntos relativos à Seção de Ensino Técnico e Superior. Suas posições políticas foram ponto de polêmica da associação. Como comenta Rocha (2002, p. 341), "a discussão que ali ocorreu no ano de 1927, sobre ordem e progresso, é sugestiva para a percepção de divergências que, no limite, apontavam para concepções distintas da relação sociedade e Estado. O grupo católico, com Fernando de Magalhães à frente, privilegiava a ordem como o meio mais eficaz de garantir o progresso. Labouriau e seu grupo invertiam o sentido. A rigor, a própria noção de ordem nas duas formulações é distinta. Magalhães a via como algo estático, portanto, como exaltação da questão do controle. Já para Labouriau a ordem era dinâmica, em construção, movida pela ação política e cultural." No acidente com

Junto com os editoriais, artigos e reportagens organizadas pelos homens bandeirantes, a revista *A Bandeira* anunciava também uma série de produtos modernos. Destacam-se, por exemplo, o carro Ford Typo Sport, o trator Fordson e o ferro elétrico da marca General Eletric, apresentados em fotografias ou desenhos futuristas e acompanhados de chamadas do tipo: "A mecânica em apoio à indústria" ou "enfim a alavanca do progresso".[48] Também outros tantos desenhos e fotografias tematizando carros, aviões, dirigíveis, enxadristas, mulheres com fantasias de carnaval etc. Todos esses signos ordenadores de um *ethos* moderno compunham a forma como o Club dos Bandeirantes se apresentava aos seus leitores:

> Com estatutos claros e mandamentos definidos, o Club dos Bandeirantes tem, traçadas, as suas diretivas:
> — congregar pessoas nutridas de *espírito e audácia esportiva*, que se interessem vivamente pelos assuntos brasileiros, estimulando viagens e explorações pelo interior do país, organizadas de molde a assegurar perfeito conhecimento das nossas belezas e riquezas materiais, e real proveito para as nossas ciências, letras e artes.[49]

Este "espírito e audácia esportiva", quase como sinônimo de "espírito e audácia modernos" fazia incluir na Revista artigos e reportagens sobre várias práticas, como o futebol, a pesca, o arco e flecha, o xadrez, os *rallyes* automobilísticos, a peteca, o tênis. Em geral, os grandes feitos, as classificações e vitórias, bem como os modelos estrangeiros a serem seguidos — quase sempre norte-americanos. Mas na revista *A Bandeira* o esporte foi também produzido como metáfora exemplar da pujança e da tecnologia necessárias ao alicerce nacional. Um dispositivo disciplinar impregnado de "tecnologias" e de códigos produtores de "engenharias". Esporte dado a ver como signos de um projeto cultural que pretendia regenerar o País por meio de uma lógica industrial e de uma fabricação em série. Isso combinado com intencionalidades de ordem cívica e moral.

---

o hidroavião, além de Labouriau, faleceram também Paulo Ottoni de Castro Maya, Amoroso Costa, Tobias Moscoso e Amaury de Medeiros.

48. *A Bandeira*, ano I, n. 2.

49. *A Bandeira*, ano I, editorial, grifo meu.

Em um artigo intitulado "A Educação Física: alicerce do engrandecimento nacional" seu autor, Illydio Rômulo Colônia, afirmou que o "moderno" método francês de ginástica não deveria ser fundamento apenas para o exército. Como membro da corporação militar, e "único oficial brasileiro com curso da Escola de Joinville-le-Pont da França",[50] ressaltou também que alguns autores que tratam desse assunto no Brasil são "pouco divulgados": Newton Cavalcante, Fernando de Azevedo, Frota Pessoa e Artur Higgins.[51] Nesse mesmo artigo, ao tratar do esporte, Illydio Colônia relaciona-o às batalhas militares, além de ressaltar sua contribuição ao desenvolvimento da nacionalidade. Sobre a Primeira Guerra, assim afirma:

> É que os jovens americanos e ingleses, fortes, resistentes, virilizados pela educação física, postos quase subitamente nos campos de batalha, imaginavam-se num vasto campo de *'rugby'* habituados como estavam com a disciplina esportiva, ao prazer da competição. Para eles os combates sangrentos não passavam de uma luta esportiva, ao ribombar do canhão, o taque-taque sinistro das metralhadoras e a cintilação atordoante da baioneta. Transportar as linhas de trincheira inimiga, eram um *'goal'* marcado [...] os desportos, racionalmente praticados, são um fator extremamente valioso da pujança da nacionalidade, eles exigem hábitos sãos e perfeita higiene, afastam a mocidade dos cabarés; são naturais inimigos do alcoolismo e da tuberculose, criam o espírito de luta, de iniciativa, dão o hábito de trabalhar como que por desporto. Convém incentiva-los, dentro dos preceitos e exigências da educação física.[52]

Disciplina esportiva, prática racional e prazer em competir são ingredientes ingleses e norte-americanos apropriados na produção do *homem bandeirante*. Refletem a aposta na ideia de que o processo de racionalização das práticas sociais produziria uma espécie de "consciência feliz". Note-se

---

50. Ferreira Neto, 1999, p. 49-50.

51. Newton Cavalcante, Frota Pessoa e Illydio Rômulo Colônia eram oficiais do exército, Fernando de Azevedo havia enviado 28 professores para fazer curso de Educação Física no Centro Militar de Educação Física durante sua gestão como Diretor de Instrução Pública do Distrito Federal e Arthur Higgins foi professor do Colégio Pedro II e publicou em 1896 um compêndio sobre ginástica escolar.

52. *A Bandeira*, ano II, n. 7-8.

a ideia contida no argumento "trabalhar como que por desporto", ou seja, com energia, competitividade, prazer e ordem.[53] Na Revista do Club dos Bandeirantes, o *ethos* esportivo parece disseminado em cada página, como forma e como conteúdo, amalgamado ao desenvolvimento industrial, ao reordenamento tecnológico proposto para o mundo do trabalho, às notícias sobre o mundo das artes e dos lazeres e também às prescrições relativas à educação das novas gerações.

Reforçando sempre a ideia de que o esporte "racionalmente praticado" é fator de desenvolvimento para homens e mulheres e de eficiência para a nação, os "homens bandeirantes" apostam na premissa de que tais práticas "não conhecem limites" e, assim sendo, poderiam ser ferramentas úteis ao propósito de afirmar que o "brasileiro não é indolente", o que lhe falta é o espírito patriota, forte e corajoso, que poderá ser adquirido pela educação.[54] Combinando as referências norte-americanas de progresso e desenvolvimento industrial com a ideia de que o brasileiro não é naturalmente indolente, o que falta é educação, alguns artigos da revista anunciam a produção de um esporte ajustado às características consideradas brasileiras ou tipicamente nacionais. Em uma seção intitulada "Educação Física", o Capitão Francisco Fonseca apresenta em pormenores as regras do jogo de peteca.[55] Em outras matérias, a revista noticia campeonatos de laço e de arco e flecha realizados nos Estados Unidos, alegando que entre nós tais competições deveriam ser estimuladas, pois, no caso do laço, agregaria "habilidades que tantos e tantos bravos patrícios têm nas nossas regiões pastoris".[56] Quanto ao arco e flecha, esta poderia ser "uma prática esportiva que, além de sua manifesta utilidade, teria, entre

---

53. Ao tratar de questões similares a essas em seus estudos sobre a produção moderna do "homem unidimensional", Herbert Marcuse argumenta que "as pessoas são levadas a ver no aparato produtivo o agente eficaz de pensamento e ação ao qual se devem render seu pensamento e ações pessoais. E, nessa transferência, o aparato também assume o papel de agente moral". Veja-se Marcuse, 1973, especialmente o capítulo 3: "A conquista da consciência feliz: dessublimação repressiva."

54. Cf. na revista *A Bandeira*, n. 1, o artigo de Ferdinando Labouriau sobre os homens bandeirantes e a aviação, no n. 6, o editorial que afirma que "O brasileiro não é indolente", assinado por Alberto Torres e no n. 7-8 um artigo de Frederico Duarte sobre educação intitulado "O único problema nacional".

55. *A Bandeira*, ano I, n. 2.

56. *A Bandeira*, ano I, n. 5.

nós, um perfume indefinível de tradição, de amor e de admiração pelos primeiros brasileiros".[57]

Ao explorar a dimensão utilitária agregada a essas práticas corporais e ao noticiá-las como esportes, torna-se manifesto o caráter prescritivo vinculado à constituição cívica da nacionalidade. Isso fica ainda mais explícito em um número da revista que trata da pesca: "Na pesca terá o Brasil, um dia, das maiores fontes de riqueza. E é um desporto utilíssimo, em que os seus dedicados tem de aprimorar-se no remo e na natação — os exercícios físicos mais racionais e adequados ao nosso meio".[58] Nessa matéria, no entanto, os citados praticantes da pesca são *homens bandeirantes* da elite carioca — Arnaldo Guinle, Maro Polo, Waldemir Bernardes, Porto d'Ave, Jorge Santos e Afonso de Castro — que, por certo, a praticavam por amadorismo, diletantismo, e não por sua "utilidade". Na *estrutura do comentário esportivo*, um indício do modelo de sociedade em construção pelos *homens bandeirantes*, no qual uma elite que pratica esporte por amadorismo prescreve-o para as populações pobres como estratégia e como técnica para a consolidação de uma identidade nacional, para um disciplinamento corporal racional e para a produção eficiente de riquezas.

Com apelo moralizador, o debate sobre o esporte se intensificou nos números 11 e 12 do periódico, ambos de 1928. Neles a revista incluiu uma nova sessão intitulada "A Bandeira Esportiva". Além de noticiar campeonatos de atletismo, futebol, turfe, remo, polo, tênis etc., essa Seção continha matérias de reflexão sobre as práticas esportivas. Em uma delas, ao tratar da relação entre amadores e profissionais, afirma que "a eficiência dos primeiros dependerá da organização dos segundos".[59] Esse será, na década seguinte, um argumento de relevo nos projetos de normatização e controle da educação física e do esporte.[60]

---

57. *A Bandeira*, ano I, n. 5.
58. *A Bandeira*, ano I, n. 6.
59. *A Bandeira*, ano II, n. 12.
60. A polêmica entre amadorismo e profissionalismo foi tomada como uma das principais justificativas para a ação centralizadora de Estado no setor esportivo, no pós-1930. Essa, entre outras manifestações de interesses divergentes, foi tomada como "indisciplina" e "desordem", esportiva e social. Sobre esse assunto, cf. Manhães (1986); Lopes (1994) e Linhales (1996).

Além de sua própria estrutura editorial, a revista *A Bandeira* incluía também como encartes o periódico militar intitulado "A Defesa Nacional", o "Boletim da Associação Brasileira de Educação", elaborado pelo Departamento Carioca da ABE, e o "Electron", veículo de divulgação da Rádio Sociedade do Rio de Janeiro.[61] No número 5, de 1927, o *Boletim da ABE* é divulgado com o nome de "A Bandeira Educativa". Essas parcerias indiciam a rede de sociabilidade e os múltiplos contextos, por meio dos quais o projeto moderno e racionalmente estabelecido foi desenhado por intelectuais civis e também por militares. Belisário Pena, Celso Kelly, Monteiro Lobato, Ferdinando Labouriau, Francisco Duarte, Manoel Bonfim, Arnaldo Guinle, Vicente Licínio Cardoso, dentre outros, são nomes em circulação na ABE que frequentaram a revista *A Bandeira* como notícia ou tratando de assuntos variados, tais como escotismo, educação higiênica ou artes.

Ao espírito industrialista do "Club dos Bandeirantes" — de "real proveito para as nossas ciências, letras e artes"[62] — agregava-se um projeto de hierarquização das relações sociais e, consequentemente, de centralismo. Ambos anunciados como fatores de coesão "sem coação", recursos educativos e "essência da nacionalidade" eficaz. Esses eram valores também compartilhados por alguns segmentos militares que pretendiam estender sua atuação a "todos os aspectos relevantes" da vida do País.[63] Além das estreitas relações que, a partir da Escola Politécnica, foram estabelecidas entre o grupo dos "jovens turcos" e o grupo de industrialistas do Club dos Bandeirantes, outros vínculos foram também mobilizados para que projetos militares circulassem para além da caserna.

2.3 Desde a União Atlética da Escola Militar, o esporte na "Ordem do Dia"

Criado em 1913, o periódico *A Defesa Nacional* representava e fazia circular os preceitos técnicos, profissionalizantes, modernizadores e na-

---

61. Esses encartes não foram regulares ao longo da existência da revista.
62. Conforme estatuto do *Club*, já citado anteriormente.
63. Tomo aqui como referência o ponto de vista de Carvalho (1977).

cionalistas que o grupo militar dos "jovens turcos" sistematizava para o Exército brasileiro. Esse grupo, sob inspiração do Exército alemão, defendia uma ação educativa das Forças Armadas sobre a sociedade. Seus propósitos renovadores conferiam uma dimensão mais profissionalizante à formação militar.[64] A partir desse grupo — na tessitura do projeto de nacionalização compartilhado por uma elite que envolvia civis e militares — aprimoram-se "o princípio da disciplina" e a "obediência sem hesitação". Defesa nacional e afastamento da política foram tomados como referências técnicas e eram assim expressos:

> Ser disciplinado é aceitar com convicção e sem reservas a necessidade de uma lei comum, que regule e coordene os esforços dos seus quadros. Por isso, a educação militar considera fundamental o princípio da disciplina, que é completa submissão aos preceitos regulamentares, e a obediência sem hesitação aos chefes, o que indica: 'mais vale um exército de carneiros comandados por leões, que um exército de leões comandados por carneiros'.[65]

Parece ser difícil vasculhar fontes relativas à Educação Física brasileira e não encontrar militares. Como "leões" ou como "carneiros", eles sempre aparecem para participar da configuração. Em suas pesquisas sobre "a pedagogia no exército e na escola", Amarílio Ferreira Neto trabalhou com a hipótese de que, no âmbito militar, foi elaborada "uma teoria pedagógica aplicada à educação física brasileira", referenciada no estatuto da instituição militar, no seu próprio sistema de ensino "e no debate teórico-metodológico realizado em torno do acesso à educação pela população civil".[66] Nas conclusões de seu estudo, afirmou que "a pedagogia no exército e na escola preconizada pelos militares tem seus pilares nos princípios doutrinares da disciplina e hierarquia, combinados com a Educação Física".[67] Esse tópico

---

64. O movimento destes *Cavaleiros de Ideias* recebeu, na corporação militar, adesão de jovens oficiais também comprometidos com interesses renovadores. No entanto, foi também percebido por outros grupos como um incômodo, por perturbar a fácil rotina a que tinham se habituado nos quartéis. Sobre as dissensões internas ao exército, cf. Carvalho (1977, p. 199).

65. *A Defesa Nacional*, 1923, p. 833, *apud* Ferreira Neto, 1999, p. 22. Sobre essa temática, cf. também Castro, 1995 e 1997.

66. Ferreira Neto, 1999, p. 10.

67. Ferreira Neto, 1999, p. 148.

merece destaque e problematização em razão da forte influência dos militares da Educação Física brasileira. Entretanto, pareceu-me necessário notar que hierarquia e disciplina eram também preceitos almejados na organização da indústria e do trabalho fabril. Nesses termos, o que parece ter acontecido é que a configuração se tornou bastante propícia aos interesses e práticas defendidas por militares, e estes, de maneira astuciosa, ajustaram seus propósitos às circunstâncias para fazer lastro.

Outro ponto defendido por Ferreira Neto refere-se à primazia do Exército na organização pedagógica da Educação Física brasileira. Segundo ele, "o primeiro passo talvez seja admitir que o único projeto pedagógico criado e implantado nestes ares tenha origem no exército".[68] Escovando esta história a contrapelo, operação possível pela mobilização de fontes diferentes daquelas selecionadas por Ferreira Neto, pretendo aqui anunciar a existência de outros projetos, civis, organizados por educadores e/ou "técnicos" em Educação Física, que não conseguiram a mesma visibilidade política e cultural conquistada pelos militares. Também vale supor que o projeto do Exército não tenha apenas "origem no exército", mas seja expressão das mediações culturais (e políticas) que esses sujeitos precisaram realizar.

Com a ABE, o envolvimento dos militares comportou aproximações e distanciamentos que variaram em razão dos temas e das circunstâncias. Os capítulos seguintes confirmam com maior nível de detalhamento essa assertiva. Neste, apresento apenas alguns elementos que indiciam os processos culturais que delinearam essa rede de sociabilidade, comportando tanto as complementaridades como os elementos de tensão e de contradição daí decorrentes.

Hierarquia e centralismo eram signos da linguagem muitas vezes compartilhada. O dilema é que os militares acercavam-se, com frequência, do entendimento de que eles eram os "chefes", e isso nem sempre foi tacitamente aceito. No primeiro número da *Revista de Educação Física* do Centro Militar de Educação Física, o artigo inicial, uma espécie de editorial

---
68. Ferreira Neto, 1999, p. 148.

assinado por João Ribeiro Pinheiro e intitulado "Militarismo e Educação Física", assim representava a questão:

> Ao exército deve-se a unidade do Brasil-Império. Ao exército deve-se a abolição. Ao exército deve-se a primeira e a segunda República. Enumerar o que tem sido a obra dos militares dentro do organismo nacional é contar quase a própria vida nacional. Mas ainda hoje pouca gente compreende o valor silencioso, nem por isso menos formidável, da obra de alfabetização, nacionalização e higienização social que o exército realiza implacavelmente entre os jovens que vêm anualmente servir suas fileiras. Agora o exército prepara-se febrilmente para realizar mais uma grande obra. Ele vai ser o escultor da raça como foi o escultor da nacionalidade. [...] No entanto, elementos civis da alta administração, associações pedagógicas, num mau véso [sic], propagam maldosamente, antipatrioticamente, que se pretende fazer obra de *militarismo*. Confundidas na definição medieval da palavra militarismo, sem refletirem que a vida moderna, com a guerra moderna, faz da Nação armada o seu próprio exército.[69]

Militares como chefes ou como escultores, pouco compreendidos pelas "associações pedagógicas" — provavelmente a ABE —, posicionando-se diante da "vida moderna". Nessas representações, a tessitura realizada no Exército na década de 1920 e as maneiras como os militares ordenaram alguns de seus discursos e relações políticas. A partir de tal desenho, a corporação configurava-se como um "lugar de sociabilidade" conectado com os tempos/espaços e práticas culturais em circulação. De acordo com José Murilo de Carvalho, aqueles propósitos renovadores cultivados pelos "jovens turcos" foram complementados pela chegada da Missão Francesa.[70] Exercendo um grande impacto, essa missão ajudou a refinar a política de defesa nacional. O resultado dessa intervenção se traduziu como uma atuação de matizes mais conservadores para o Exército brasileiro.[71] Por um lado, pelo aumento do controle hierárquico na própria corporação, dificultando as quebras de hierarquia pelos escalões

---

69. *Revista de Educação Física*, 1932, ano 1, n. 1, sem paginação.
70. Carvalho, 1977, p. 199. É na mesma década de 1920 que o Exército troca sua orientação.
71. Carvalho, 1977, p. 200.

inferiores, as rebeliões e dissensões, fortalecendo, assim, o poder político do Exército em sua relação com a sociedade. Por outro lado, esse fortalecimento também colaborou para a ampliação do controle do Exército sobre a sociedade e sobre temas considerados relevantes para a vida do País.

O esporte e a educação física não passaram imunes. Ao contrário disso, foram constituídos como uma espécie de linguagem por meio da qual a caserna passaria a "dialogar" com a cidade em nome da mobilização e da defesa nacional. Diálogo talvez seja um termo forte para práticas hierarquicamente ordenadas. Uma troca de informações! Quando essas eram consideradas necessárias à organização das forças promotoras da nacionalidade. O exército buscou com excelência estabelecer com a sociedade uma troca de informações e, nesse processo, a educação escolar e nela, de modo mais específico, a organização pedagógica da disciplina Educação Física tinha lugar de relevo. Reafirmar essa premissa não implica, entretanto, desconsiderar a existência, desde o século XIX, de outros projetos educativos sendo experienciados no processo de enraizamento escolar desse componente curricular.[72]

Outras trocas de informações realizadas pelos militares foram também aquelas relacionadas à organização de um sistema esportivo.

> Além do conflito racial bastante entrelaçado às diferenças socioeconômicas, emergem também conflitos entre aqueles que pretendiam o futebol como esporte amador, aristocrático, e aqueles que iniciavam um investimento do sentido da profissionalização dos jogadores. Tais divergências e os princípios que as orientaram permanecem em disputa até o ano de 1933, quando o profissionalismo é adotado no País, em um momento de crise do futebol amador.[73]

Nesse tópico, as ambiguidades civis "do desenvolvimento de uma sociedade de mercado" facilitavam a ação prescritiva e centralizadora das

---

72. Trabalhos que investigam a história escolar da educação física anunciam outras ancoragens não militares para as prescrições e práticas pedagógicas realizadas em diferentes regiões do Brasil desde a segunda metade do século XIX. Cf. a respeito Taborda de Oliveira (2005); Paiva (2003); Vago (2002); Melo (1998); Cunha Júnior (1998); dentre outros.

73. Linhales, 1996, p. 89-90.

Forças Armadas.⁷⁴ Assim, o futebol e seus conflitos organizacionais, especialmente nas décadas de 1920 e 1930, compuseram uma das principais justificativas para que o exército passasse a se ocupar da elaboração de um projeto centralizado de regulação das atividades esportivas nacionais.⁷⁵

Outra dimensão a ser considerada é que a ação sistemática dos militares em relação à educação física e ao esporte tem início em momento anterior à chegada da Missão Francesa. De acordo com Ferreira Netto, já em 1919, um grupo de oficiais e cadetes vinculados à Missão Indígena havia constituído a "União Atlética da Escola Militar" e, a partir dessa célula organizativa que tinha à frente Newton Cavalcanti, começavam a pensar o envolvimento dos militares brasileiros com as práticas sistemáticas de cultura física e com as organizações esportivas.⁷⁶ Assim, as proposições pedagógicas dos militares para a educação física, bem como para o esporte, antecedem ao que mais tarde seria estabelecido pelo "Regulamento n. 7" denominado, convencionalmente, de "Método Francês".⁷⁷

Uma "Mensagem da União Atlética da Escola Militar", divulgada pela primeira vez em março de 1922, assim anunciava:

> Devendo operar-se agora, por todo o território brasileiro, a nacionalização dos desportos e a regeneração da Cultura Física, a União Atlética da Escola Militar contribuindo para a obra grandiosa que surge no seio dos moços com a idéia da Pátria e que se estende na vastidão de nossa terra com a força e a impetuosidade do civismo, lança um apelo significativo em todos os sentidos e para todas as classes sociais, solicitando o apoio dos mestres

---

74. Carvalho, 1977, p. 234.

75. Apenas em 1941 seria aprovado o Decreto-lei n. 3.199/41, estabelecendo pela primeira vez *"as bases de organização dos desportos em todo o país"*. Essa legislação estadonovista de inspiração e elaboração militar foi, no entanto, precedida de várias tentativas similares. Uma delas será abordada no capítulo 4 deste estudo. Sobre o tema da organização esportiva no período veja-se: Manhães (1986); Linhales (1996); Pereira (2000); dentre outros.

76. Missão Indígena foi a denominação que recebeu o projeto de formação militar desenvolvido na Escola Militar de Realengo por grupo de jovens instrutores, entre eles alguns "turcos" (cf. Carvalho, 1977; Ferreira Neto, 1999).

77. Esse é um balizamento importante, uma renovação historiográfica, possibilitada especialmente pelo estudo de Ferreira Neto (1999): no âmbito militar, o debate pedagógico relativo à educação física brasileira não começa apenas na chegada da Missão Francesa e do método estabelecido pela Escola de Joinville-le-Point, ocorrido depois de 1924.

e da juventude para que, seguindo aqueles a orientação medida dos que apregoam e difundem a Cultura Física e estes executando os sábios exemplos de métodos concisos e exatos, tenham em breve, assinalados e compensados, todos os esforços feitos que nos mostrarão, mais tarde, a atividade, a energia e a beleza de nossa raça. [...]

Queremos que se transforme de vez a indiferença pela Cultura Física, e não se limite, somente aos centros privilegiados, a Escola do Atletismo e do Esporte [...]

Queremos, na rigidez e na educação dos músculos, materializar a Cruzada que ora empreendemos, e, para isso, pedimos o apoio dos Militares dentro e fora da caserna e o auxílio dos civis, nas escolas e nas sociedades desportivas organizadas. [...]

Que se fundem, pois, nas escolas e entre os jovens patrícios, Grêmios Esportivos e Atléticos; que os diretores de estabelecimentos de ensino amparem a iniciativa de seus discípulos; que os oficiais subalternos e comandantes de unidades recebam, com carinho e entusiasmo, a criação de centros desse gênero; que os Presidentes e Governadores de Estados, e as autoridades de cada cidade auxiliem as agremiações criadas sob os moldes da Cultura Física; que cada brasileiro, enfim, estimule os seus filhos para podermos ver realizada, em toda a nossa Pátria, de uma vez, a aspiração dos moços que surge para os moços e tenhamos, um dia, caracterizado, no físico, o tipo ideal da raça brasileira.

Escola Militar do Rio de Janeiro, Março de 1922 — A Diretoria.[78]

Ao trabalhar com esse mesmo documento, Amarílio Ferreira Neto ressalta que ele pode ter sido alterado em "sua grafia original ou esse documento não foi escrito pela Diretoria da União Atlética, como a *Revista de Educação Física* afirma". Isso porque, segundo ele, a grafia encontrada aproxima-se mais de uma formação discursiva mais característica da década de 1930.[79] Trata-se, por certo, de um alerta importante. As circunstâncias em que este documento é "republicado" pelos militares, porém, ganha aqui outra relevância. A referida mensagem consta na *Revista de Educação Física* de julho de 1935 por um motivo singular: foi lida por um cadete

---

78. *Revista de Educação Física*, ano 4, n. 24, p. 2, 1935.
79. Ferreira Netto, 1999, p. 45.

durante uma "Parada Atlética", realizada no dia 26 de junho do mesmo ano. O acontecimento foi assim noticiado pela imprensa carioca:

> Um espetáculo inédito para o Rio.
> Assistimos domingo a uma Parada Sportiva de cerca de 15.000 atletas!
> Dela participaram também elementos das classes armadas [...]
> Espera-se que surja uma nova aurora para a educação física e esportiva no Brasil [...] e a Escola de Educação Física do Exército foi a pioneira desse movimento tendo à sua frente um forte grupo de ardorosos adeptos dessa cruzada e tem sido o alvo comum de todas as atenções, nesse momento.[80]

Esse evento — de claras feições militares e típicos matizes simbólicos do período varguista que antecedeu a "Intentona Comunista" ocorrida no mesmo ano — foi, no entanto, parte da programação do *VII Congresso Nacional de Educação*, organizado pela ABE e que tinha como tema central a educação física.[81] Em discurso proferido no mesmo evento e no mesmo palanque, inclusive com presença de Getúlio Vargas, o Dr. Israel Souto, secretário do Chefe de Polícia, assim comenta a Mensagem de 1922:

> O documento que foi lido a pouco partiu, há cerca de 14 anos passados, da Escola Militar de Realengo, como um apelo patriótico, como o início de uma Cruzada, como um toque de clarim para ecoar em todos os recantos do território nacional. Visavam os cadetes daquela época, pelas palavras nele contidas, despertar no País um surto novo de energias bem aplicadas, de atividades norteadas por grandes empreendimentos e para as grandes realizações no que diz respeito à cultura e à educação física. Sonho de moços, o ideal daqueles dias, num desdobramento extraordinário de forças bem norteadas, veio aos poucos, vencendo obstáculos, demolindo barreiras destruindo as últimas cidadelas de um velho preconceito que combatia a sistematização da cultura física no nosso meio, erguer o marco feliz de uma conquista em marcha.[82]

---

80. *Correio da Manhã*, 27 jun. 1935.
81. No Capítulo 5, o VII CNE será abordado com maiores detalhes.
82. *Revista de Educação Física*, ano 4, n. 24, p. 1, 1935.

O discurso comporta signos beligerantes — *cruzada, toque de clarim, vitórias, demolições, combates e conquistas em marcha* — sempre impregnados de "eficiência" — *empreendimentos, energias e forças bem aplicadas*. Assim, o projeto expresso na mensagem, segundo Israel Souto, guardava estreita semelhança com aquela representação na qual Illydio Colônia relacionou as práticas dos campos de batalha com aquelas dos campos de *rugby*. Note-se, ainda, que essa conexão entre beligerância e eficiência se ancora e se justifica nos propósitos da nacionalidade, quer na sua organização quer na sua defesa.

Ao republicarem esse documento em um grande evento de mobilização nacional, os militares transformam-no em um "monumento" para fazer lembrar que a causa da cultura física é, há tempos, assunto "chefiado" por eles. Conferindo ou não com sua versão original, o "documento/monumento" da União Atlética é, nessa operação, "um testemunho de um poder polivalente e, ao mesmo tempo, cria-o".[83]

Parece plausível afirmar que a "republicação" dessas metas militares em 1935 guarda relação com os percursos escolhidos e instituídos nas décadas de 1920/1930 pelo projeto intelectual de "republicanização da república". Buscando nas fontes os fragmentos capazes de conferir legitimidade a essa afirmação, considerei prioritário compreender, ao longo desta pesquisa, que as conexões entre os militares e a ABE foram se estabelecendo por apropriações permanentes e sucessivas. Ou seja, na experiência dos grupos, uma variedade de enunciados sendo propostos como prescrições e, ao mesmo tempo, sendo submetidos a uma reconstrução constante, pelos ajustes de discursos e práticas e pelas polêmicas a negociar. É nessa perspectiva que os militares "rondaram" a ABE na década de 1920, tensionaram com ela em 1929 e, num certo sentido, ocuparam-na na década de 1930, primeiro como partícipes de um jogo depois como "chefes".

---

83. Inspiro-me aqui no clássico verbete de Le Goff (1997, p. 103): "O documento é monumento. Resulta do esforço das sociedades históricas para impor ao futuro — voluntária ou involuntariamente — determinada imagem de si próprias. No limite, não existe um documento-verdade. Todo documento é mentira. Cabe ao historiador não fazer papel de ingênuo".

Nessas trocas culturais e educacionais de matizes cívico-nacionalistas, o esporte e, em especial o seu disciplinamento social foram pontos de pauta. O interesse em produzir para o esporte uma "forma escolar de socialização"[84] parecia ser ponto de acordo no debate estabelecido entre os educadores da ABE e os educadores do Exército. Concordavam com a necessidade de inclusão dessas práticas corporais modernas na educação física, moral e social das novas gerações, apostando que uma disciplina esportiva escolar seria parte constitutiva de uma disciplina esportiva mais geral.

Em um artigo intitulado "Jogos", o capitão Ignácio Rolim estabeleceu uma espécie de tradução para algumas dessas premissas almejadas pela escolarização do esporte. Militar de destaque na organização do Centro Militar de Educação Física, o capitão Rolim foi também presença ativa na Seção de Educação Física da ABE na década de 1930, chegando até mesmo a presidi-la em 1936. Citando Lagrange, Claparède, Dewey, Taylor e outros, o autor ensaia um diálogo com as "modernas" teorias pedagógicas e psicológicas que anunciavam os "estádios de desenvolvimento", o caráter instintivo do jogo e do brinquedo na criança, o necessário equilíbrio entre qualidades individuais e qualidades sociais e cívicas e, ainda, a compreensão do jogo como "uma etapa indispensável para apuração do interesse pelo trabalho".[85]

Seus argumentos estão impregnados pelas ideias de "cultivo" anunciadas na epígrafe deste capítulo e também pelos propósitos de "energização do caráter" abordados no capítulo anterior. Para o capitão Rolim, responsável pela especialidade de "Pedagogia Geral e Organização" no "Quadro Geral de Instrutores do Centro Militar de Educação Física",

> O campo de jogo é uma escola onde se cultiva o caráter. Isso não quer significar que só por si seja suficiente a prática do basquetebol, do futebol e de qualquer jogo para cultivar estas qualidades. Não. A obra principal, a responsabilidade total, corresponde ao mestre e ao diretor de jogos. Esse é quem deve modelar o caráter dos meninos, pois o campo de jogo o ofe-

---

84. Cf. Vincent; Lahire; Thin, 2001.
85. *Revista de Educação Física*, ano 2, n. 8, 1933.

rece a oportunidade para praticar esses ensinamentos no ambiente mais propício, na forma mais natural e nos momentos em que ela pode ser mais eficaz, chegando mesmo ao íntimo do menino. Este quando joga, deixa de lado essa capa de verniz social, adquirido nas aulas de ética e moral que se ditam nas escolas, e se manifesta tal como é, isto é, demonstra sua verdadeira personalidade. Um menino que é desleal, que é grosseiro, que é rude, etc., porá em evidência todas essas más qualidades quando estiver entregue aos jogos. Eis aí a oportunidade da intervenção do mestre para reprimir essas qualidades e evidenciar as boas. Assim como é certo que o jogo, sob a direção ou controle de uma pessoa competente, pode ser considerado como um fator evidentemente eficaz para ministrar aos meninos esses bons ensinamentos, não é menos certo que, praticando sem direção, os resultados podem ser completamente opostos. O espírito de solidariedade e de cooperação, a coragem, o reconhecimento de um capitão ou chefe, são tão necessários para organizar uma quadrilha de ladrões ou assaltantes, como para uma obra honesta e altruística.[86]

Na construção desses argumentos que se centram na figura do mestre ou diretor de jogos, as finalidades educativas do ensino do esporte, o apelo moral parece pretender fundamentar-se cientificamente em argumentos psicopedagógicos. Todavia, a recorrência dos signos relativos a "direção e controle" parece contrariar até mesmo alguns autores que são tomados como referência. Ambiguidades dessa ordem também perpassaram proposições pedagógicas estabelecidas no âmbito da ABE.

Mas essa pedagogia do Exército, estabelecida por capitães e tenentes — que defende desde o seu nascedouro que "o campo de jogo é uma escola onde se cultiva o caráter" —, pode ser compreendida como uma configuração cultural de ancoragens múltiplas. A mesma página da *Revista Educação Física* que comporta a citação anterior traz também um anúncio de produtos disposto logo na sequência da última frase do texto que, por sua vez, é encerrado com a assinatura manuscrita de seu autor. Trata-se de uma propaganda comercial da Casa Mayrink Veiga S.A. que se apresentava como distribuidora exclusiva dos seguintes produtos:

---

86. *Revista de Educação Física*, ano 2, n. 8, p. 5, 1933.

Aviões de Caça 'Boeing' — Aviões de Observação Vought 'Corsair' — Aviões de Bombardeio Glen Martin — Aviões de Treinamento Elementar e Adiantado 'Waco' — Munição Western, Winchester e Remington — Revolvers, Pistolas e Metralhadoras Colt — Morteiro de Acompanhameto Stokes Brandt.[87]

No curso de idas e vindas que estabelecia uma rede de sociabilidade entre os militares e a ABE, alguns episódios permitem ver que o adensamento dessa ambiência militar no campo educacional e nas instituições escolares produzia resistências entre alguns educadores. Em um desses embates, Edgar Süssekind de Mendonça sugeriu que a ABE aconselhasse o ministro da Guerra a concentrar seus esforços na educação física do soldado brasileiro, deixando que a educação física escolar fosse estabelecida por educadores.[88] As diferenças suscitadas entre educadores militares e civis provocaram divergências e conflitos relativos à produção de dispositivos de escolarização do esporte que, legitimados em um conjunto relativamente coerente de prescrições e práticas, instituiriam o que denomino aqui de uma "forma escolar para o esporte". Se parecia consensual a necessidade de escolarizar o esporte, as "maneiras de fazer" nem sempre convergiam. Nessa configuração não só os militares mostraram deslocamentos que produziram remodelagens de práticas e discursos. Também a ABE se construía nessa e em outras interdependências.

2.4 Na ACM, *mens sana in corpore sano*. Junto com a ABE, *playgrounds* e formação de "técnicos"

Em 1929, a ABE estreitou o diálogo com a Associação Cristã de Moços e com a Associação Cristã Feminina. Alguns membros dessas associações esportivo-recreativas passaram a frequentar reuniões do Conselho Diretor

---

87. *Revista de Educação Física*, ano 2, n. 8, p. 5, 1933.

88. Esse posicionamento de Edgar Süssekind de Mendonça ocorreu por ocasião de uma reunião do Conselho Diretor da ABE, em 1929. O contexto no qual se situa relaciona-se ao momento em que a ABE se posiciona publicamente contra um Anteprojeto de Lei apresentado pelo Ministério da Guerra. Assunto pormenorizado no Capítulo 4.

e da Sessão de Educação Física e Higiene da ABE. Nesse mesmo período, a ACM do Rio de Janeiro realizava, com certa regularidade, cursos de curta duração destinados à formação profissional em educação física. Ações similares também aconteciam, a partir de suas sedes, nas cidades de Porto Alegre e de São Paulo. A preparação de "técnicos esportivos" e "técnicos de educação física", como eles denominavam, acontecia também em cursos de longa duração — quatro anos — realizados nos Estados Unidos e também no Uruguai e na sede do Rio de Janeiro, no Brasil. Na ABE carioca essa foi uma parceria regular. Promovidos pela Seção de Educação Física e Higiene (SEPH), cursos de educação física foram ministrados por professores da ACM:

> Sob a direção da especialista Miss Helen C. Paulinson, da Associação Cristã Feminina, começa hoje, 23 o curso de educação física para professoras, planejado pela Seção de Educação Física e Higiene. Graças à gentileza do Club de Regatas do Flamengo, o curso será dado no rink do mesmo club, à rua Paissandu, 267. Funcionará o mesmo, todas as quintas-feiras, às 11 horas, durante uma hora. A inscrição foi aberta para professoras de escolas quer públicas, quer particulares. O programa será o seguinte: 1º) táticas de marcha; 2º) ginástica; 3º) jogos; 4º) danças regionais.[89]

Miss Paulinson, que se correspondia em inglês com o presidente da SEPH, fez sua primeira visita à ABE em uma reunião dessa seção em janeiro de 1929, quando "expôs o seu modo de ver sobre o curso de Educação Física para professores primários". Nessa mesma reunião "foi deliberado que a Seção promovesse um curso especial de Educação Física dirigido por Miss Paulinson".[90] Essa afinidade pedagógica e educacional entre a ABE e a ACM parece situar-se como parte derivada e/ou articulada de um projeto maior constituído a partir de um sistemático diálogo da ABE com entidades educacionais norte-americanas. Também eram frequentes os intercâmbios com o envio de vários professores e professoras associados da ABE para cursos de formação pedagógica nos Estados Unidos. Entre as agremiações participantes dessa rede foi possível identificar: Institute

---

89. *O Jornal*, 23 de maio de 1929.
90. Atas da Seção de Educação Física e Higiene, 13ª reunião, 18/1/1929.

of International Education, National Recreation Association, American Child Health Association, National Organization for Public Health Nursing, The Womans Press, dentre outras.[91] De acordo com Marta Carvalho, essa influência norte-americana na ABE é a face estrangeira mais visível, uma vez que as associações educacionais europeias e o movimento europeu pela Escola Nova têm sido pouco estudados como influenciadores do escolanovismo brasileiro.[92] Mesmo tomando como um alerta essa ponderação, pareceu-me plausível considerar que, no âmbito do debate relativo à escolarização do esporte, essa influência norte-americana teve expressiva presença, especialmente por estabelecer com a ACM uma rede privilegiada de interlocução. Por certo, não era uma influência uníssona e, dessa forma, foi muitas vezes interpelada, ressignificada e, por vezes, recusada. Como veremos adiante, os métodos ginásticos europeus, com o lugar neles reservados para o esporte, também circularam e produziram influências na ABE, mesmo que pouca vinculação tivessem com o pensamento escolanovista.

A construção de espaços recreativos na cena urbana — denominados de praças de esportes, praças de recreio ou *playgrounds* — foram também temas de relevo desse singular encontro entre a ABE e a ACM. Esses lugares urbanos educativos e as práticas a serem neles realizadas — jogos e esportes — guardavam vinculação com o ideário da vida e da pedagogia moderna, com a relação compensatória entre trabalho e lazer, com a premissa de que a experimentação de jogos na infância era uma preparação para a democracia social e, por fim, com o caráter voluntarista da ação comunitária.[93]

---

91. Tanto o *Boletim da ABE* (1925 a 1929) quanto a *Revista Schola* (1930 a 1931) trazem informes sobre viagens de intercâmbio pedagógico nos Estados Unidos. Na pasta relativa ao *VII Congresso Nacional de Educação*, nos envelopes "correspondências recebidas" e "correspondências enviadas" constam vários convites da ABE para que essas entidades norte-americanas enviassem representantes ao referido evento. A maior parte dos contatos foi articulada por Gustavo Lessa e Lourenço Filho.

92. Carvalho, 2004, p. 148.

93. Para destacar esses elementos imbricados no modelo norte-americano representado pela ACM, tomei como referência o ponto de vista de Cury (2004). Esse autor constrói argumentos que pretendem evidenciar o americanismo implícito e explícito no projeto educacional dos anos 1920 e 1930. Embora não trate diretamente da ABE, dialoga com as trajetórias de formação de vários de seus

Em outubro de 1925, uma matéria em *O Jornal*, no Rio de Janeiro, anunciava que a experiência do governo municipal de Porto Alegre deveria ser tomada como referência nacional. O título da reportagem mereceu do jornal um destaque em três níveis:

> MENS SANA IN CORPORE SANO
> Como o governo municipal de Porto Alegre encara o problema da educação física da infância.
> Interessantes declarações do diretor de jardins de *sport* da capital gaúcha ao *O Jornal*.[94]

O diretor em questão era F. Guilherme Gaelzer que, de passagem pelo Rio de Janeiro para acompanhar uma delegação em um campeonato de atletismo, concedeu ao jornal uma entrevista na qual descreveu o trabalho em curso na cidade gaúcha. O professor Gaelzer formou-se pela YMCA de Chicago no início da década de 1920 e, no cargo de "Diretor de Jardins de Recreio e Praças de Esporte de Porto Alegre", foi apresentado pelo jornal como "um *sportman* competente e dedicado, tendo percorrido já vários centros adiantados da América do Norte e da Europa, foi o organizador dos jardins infantis que, em Porto Alegre, tem alcançado o mais assinalado êxito".[95] Durante as décadas de 1920 e 1930, em parceria com outros membros da ACM, o professor Gaelzer organizou vários cursos para a formação de "professores especializados em Educação Física" em Porto Alegre e em outras cidades do Rio Grande do Sul. Nesses cursos, os conteúdos esportivos, bem como os processos de ensino de tais práticas, eram regularmente contemplados. No anúncio de criação de um curso intensivo em 1929, o programa estabelecido incluía:

1º) Organização e administração da Educação Física.
2º) Bases científicas da organização das séries calistênicas.
3º) Teoria e prática dos jogos ginásticos e de todos os desportos.

---

associados e diretores. Quer pelos períodos de formação de alguns deles nos Estados Unidos, quer pela influência dos colégios anglo-saxões e protestantes nos quais foram professores.

94. *O Jornal*, 14 out. 1925.
95. *O Jornal*, 14 out. 1925.

4º) Prática da direção e controle dos jogos.
5º) Teoria e prática de marchas (ordinárias, corretivas, de precisão, etc.).
6º) Teoria e prática de exercícios rítmicos e danças ginásticas.
7º) Didática teórica e prática da Educação Física.
8º) Antropometria pedagógica e primeiros auxílios.
9º) Relação da Educação Física com os demais ramos do ensino (oportunidades educacionais quanto à disciplina, à sociabilidade, à cooperação e fraternidade esportivas).
10º) Estudo das condições materiais dos locais destinados às aulas de Educação Física.[96]

Iniciativas dessa ordem colocam em evidência que não só os militares organizavam formulações pedagógicas para a educação física. Na diversidade de projetos educacionais inovadores anunciados e estabelecidos durante a década de 1920, experiências de escolarização da educação física e do esporte comportaram múltiplas influências. Algumas até pleiteando para si o pioneirismo, da mesma forma como faziam os militares. Quando se despediu do Brasil e da ACM de Porto Alegre, o americano Frank M. Long afirmou a um jornal de São Paulo que

> A ACM tem trabalhado em toda a comunidade, por todos e para todos, conquistando a simpatia tanto dos governos quanto do povo riograndense, e tendo ganho a simpatia o resto foi fácil, e em dezessete anos houve tempo não somente para adquirir uma propriedade e fazer um edifício novo, mas, ao mesmo tempo, para introduzir o atletismo, cestobol, volebol, etc., etc.
>
> Foi a ACM que tornou possível as praças de desporto e a introdução da educação física nas escolas. O desenvolvimento foi rápido, porém regular; tendo vencido os preconceitos o povo amparou o trabalho. [...] Entreguei a ACM de Porto Alegre às mãos dos nacionais e volto definitivamente para a minha terra depois de 21 anos de lutas pela mocidade brasileira.[97]

---

96. Centro de Memória do Esporte. Acervo Gaelzer, Porto Alegre. Matéria de jornal intitulada "A Educação Física/A criação de um curso intensivo/Destina-se ele à formação de professores especializados". No recorte não há referência ao jornal, apenas uma anotação manuscrita: 1929.

97. Centro de Memória do Esporte. Acervo Gaelzer. Recorte de jornal com matéria intitulada "Primeiras palavras de S. S., ao ser abordado por um colega da Pauliceia. Como a ACM pode cons-

Tanto no programa de curso estabelecido por Gaelzer quanto nos temas escolhidos por Long para a entrevista, parece evidente que a formação promovida pela ACM enfatizava os conteúdos relativos aos jogos e esporte. Agrega-se a essa ênfase a preocupação com os processos de formação técnica. Conteúdos (esportivos) e processos de formação (técnicos) são aqui ressaltados como dispositivos de um modelo de escolarização da educação física referenciado no esporte. Para além desses elementos, outras inovações pedagógicas anunciadas pelo professor Gaelzer para a formação de professores para as escolas:

> Para manter sempre a mesma orientação na educação ministrada nos diferentes estabelecimentos, unificando assim todos os esforços, continuaremos a reunir em dia determinado da semana, fora do expediente, todas as professoras da capital afim de que se troquem ideais, se resolvam problemas suscitados em cada escola e, enfim, para que se consolidem e se renovem os ensinamentos recebidos no Curso.[98]

A influência do trabalho realizado por Gaelzer em Porto Alegre teve repercussão no Departamento Carioca da ABE. Durante os meses de maio e junho de 1929, as reuniões da Seção de Educação Física e Higiene contaram com a presença de representantes da ACM do Rio de Janeiro, que procuraram a ABE com o propósito de articular uma ação conjunta que, envolvendo também o Rotary Club, tinha como meta a criação de "praças de jogos infantis" na Capital da República.[99] Em uma das reuniões da seção assim consta na ata secretariada pela professora Consuelo Pinheiro:

> Tomou a palavra o Sr. J. H. Smis que fez algumas considerações sobre a maneira de fazer-se a Educação Física dos escolares. Acha que a ABE deve

---

truir o seu edifício próprio. Introdução da Educação Física nas escolas". No próprio documento, um registro manuscrito: "São Paulo, 20/6/34".

98. Centro de memória do Esporte. Acervo Gaelzer, Porto Alegre. Matéria de jornal intitulada "A Educação Física/A criação de um curso intensivo/Destina-se ele à formação de professores especializados". No recorte não há referência ao jornal, apenas uma anotação manuscrita: 1929.

99. Atas da Seção de Educação Física e Higiene. Cf. 20ª sessão em 2 de maio de 1929, 21ª sessão em 16 de maio de 1929, 22ª sessão em 23 de maio de 1929, 23ª sessão em 30 de maio de 1929, 24ª sessão em 13 de junho de 1929.

tomar a si a organização de um plano geral que abranja e sistematize todos os aspectos da questão. Para isso deve a Seção de higiene promover uma reunião com técnicos no assunto. Está disposto a colaborar nesse estudo, assim como os seus companheiros de ACM. Disse mais, que vem lutando, desde alguns anos, junto às autoridades para conseguir a seção de um terreno em que possa instalar um *'ground-play'*, que o Rotary Club está disposto à instalar. Acha urgente e imprescindível a criação de um desses parques de recreio para as crianças das escolas, a fim de servir de campo de experimentação e de demonstração de cultura física de verdade à criança brasileira. Disse ainda que se essa Seção aprovar o seu programa, poderá organizar um curso para instruir os técnicos que irão encarregar-se da educação dos escolares nos *'ground-players'*.[100]

Como decorrência desse diálogo com J. H. Sims, representante da ACM, a ABE promoveu uma ação que envolveu não só a Seção de Educação Física e Higiene, mas também a Seção de Divertimentos Infantis, e que teve como propósito o envio da seguinte mensagem ao prefeito do Distrito Federal, Sr. Antônio Prado Júnior:

> A Associação Brasileira de Educação junta a sua voz à do Rotary Club do Rio de Janeiro, no pedido feito por este a V. Ex. afim de que seja destinado um terreno em um ponto central da cidade para a edificação de uma praça de jogos infantis. Como é notório, o referido Club está disposto a custear as despesas de instalação e a fornecer o diretor técnico para a praça. Trata-se de uma admirável oportunidade para estabelecer nessa cidade o germe de uma instituição que deve vicejar pelo país inteiro.
>
> Cumpre notar que na cidade de São Paulo, em Porto Alegre e outras cidades do Rio Grande, praças do mesmo gênero estão sendo construídas. O pequeno Uruguai já tem perto de cem e toda a América do Sul vai-lhe seguindo o exemplo. Alguns dos mais eficientes colaboradores de V. EX., como os Drs. Fernando de Azevedo e Mário Cardim, têm propulsionado em nosso meio a marcha dessa idéia.
>
> Todos os educadores modernos insistem vivamente em que brincar constitui uma das necessidades mais imperiosas da criança, tanto sob o ponto de

---

100. Atas da Seção de Educação Física e Higiene. 20ª sessão em 2 de maio de 1929.

vista físico como sob o ponto de vista moral e intelectual. Ora, as crianças no Rio não tem onde brincar, salvo as que vivem em residências opulentas providas de parques. O ideal seria, sem dúvida, o que vai sendo realizado pelas escolas norte-americanas: cada uma tem anexo um terreno para os jogos infantis. Isso em nosso meio é uma utopia. Cumpre, entretanto, ter ao menos praças servindo em comum a várias escolas.

Para que o exemplo viceje, para que a demonstração produza efeito, é indispensável que a primeira praça seja instalada numa zona central da cidade, tal como a do Russel, onde as pessoas de influência e recursos possam facilmente vê-la, compreendendo-lhe a importância e se interessar pela sua reprodução.

Esta associação tem acompanhado com viva simpatia os admiráveis esforços dedicados por V. Ex. à causa do embelezamento da cidade. As praças de jogos infantis nunca a poderiam enfear, em qualquer ponto onde fossem situadas. Elas revelariam, pelo contrário, aos forasteiros, que o Rio possui, além de suas belezas naturais tão decantadas, algumas reservas preciosas de idealismo.[101]

Nesse documento, a ABE explicita sua adesão e endosso ao modelo norte-americano operando com a ideia da visibilidade pública como algo que se reproduz do centro para a periferia. O empenho do Dr. Gustavo Lessa, presidente da SEPH, na consecução dessa ação conjunta à ACM e ao Rotary fez com que o mesmo enviasse uma carta a Paulo Prado, irmão do então prefeito, solicitando sua intervenção no assunto. Esse episódio singular, uma carta entre amigos, além de conferir visibilidade à rede constituída a partir da ABE, possibilita anunciar, também, as representações que a ABE construía sobre o trabalho realizado pela ACM.

Prezado Dr. Paulo Prado,
Venho importuna-lo para solicitar a sua valiosa intervenção num assunto de interesse geral.

---

101. Nota de jornal que consta no caderno de recortes do Acervo Gaelzer no Centro de Memória do Esporte, Porto Alegre (sem data e sem o nome do jornal). Texto idêntico, datilografado, consta no Acervo da ABE como um documento de página única, com algumas correções ortográficas manuscritas e a assinatura de Gustavo Lessa ao final. A data, também manuscrita, encontra-se ilegível.

É o caso que, como presidente da Seção de Higiene e Educação Física da ABE tive de me por em contato com o Sr. Henry James Sims, diretor ou coisa que valha do departamento de educação física da Associação Cristã de Moços. O Sr. Sims me havia sido mencionado por alguns especialistas brasileiros em educação física como um técnico de primeira ordem, que residente no Brasil há muitos anos já havia formado em sua Associação uma verdadeira escola daquela especialidade. Dessa escola o presidente Antônio Carlos havia tirado o Inspetor Geral da disciplina em Minas.

O Sr. Sims esteve me contando com mansuetude saxônia os esforços que ele vem fazendo há anos para que a sua generosa cooperação seja aceita na causa da educação física das nossas crianças. Mas isso é uma outra história.......

O fim dessa carta é lhe contar que o Sr. Sims, resolvido tenazmente a despertar na nossa gente o entusiasmo pela educação física, imaginou, há cerca de um ano estabelecer num dos pontos mais centrais da cidade, uma espécie de playground como existe em muitas escolas norte-americanas, com demonstração de jogos e exercícios. Sims é prático, conhece bem o nosso meio, acha que não podemos pensar em programas faustosos de piscinas e belos ginásios. Pensou no jardim do Russel e falou nisso ao Prefeito Antônio Prado Júnior. O Prefeito disse que o jardim não pode ceder para esse fim, mas iria sugerir outro terreno.

O que eu vinha lhe pedir é o seu interesse por uma resposta favorável e pronta. Creio que ao longo dos novos terrenos da Glória há um amplo espaço, que seria embelezado e nobilitado por essa consagração a um fim tão útil, numa cidade onde as crianças não têm onde brincar. Sei que um apelo ao seu idealismo não ficara sem resposta.[102]

De fato, o Dr. Gustavo Lessa não ficou sem resposta. Em bilhete manuscrito, datado de 14 de fevereiro de 1929, Paulo Prado assumiu compromisso de tratar do assunto com seu irmão.[103] Desde esse episódio do campo de recreio, a presença de professores da ACM na Seção de Educação Física e Higiene passou a ser mais frequente e regular. Além dos técnicos norte-americanos, passaram também a frequentar a ABE alguns

---

102. Acervo da ABE. Cartas manuscritas. Carta enviada por Gustavo Lessa a Paulo Prado. Rio de Janeiro, 10 de fevereiro de 1929.

103. Acervo da ABE. Cartas manuscritas. Bilhete enviado por Paulo Prado a Gustavo Lessa. São Paulo, 14 de fevereiro de 1929.

brasileiros que, como Guilherme Gaelzer, foram formados em Educação Física em cursos com duração de quatro anos, promovidos pela ACM do Rio de Janeiro em parceria com a ACM de Montevidéu. Renato Eloy de Andrade — o "inspetor geral de Minas" a que se referiu Gustavo Lessa — Silas Raeder e Octacílio Braga foram alguns desss professores diplomados pelo Instituto Técnico da Associação Cristã de Moços.

A convite da Seção de Educação Física, Guilherme Gaelzer, já como Diretor de Educação Física do Estado do Rio Grande do Sul, fez uma conferência, em 1934, "acompanhada de projeções cinematográficas do que se tem feito do adiantado estado sulino".[104] Tal atividade aconteceu em um momento no qual a referida Seção discutia a pertinência de a ABE apresentar um projeto de organização da Educação Física Nacional.[105]

Na caixa colorida de seus dispositivos de escolarização, a ACM trouxe para a ABE professores que eram chamados de técnicos, alunos compreendidos como aqueles que têm no brincar uma de suas necessidades mais imperiosas, praças de jogos e de *sports* como espaços e tempos educativos. Esse modelo de escolarização da educação física e do esporte foi acolhido na ABE por aqueles que operavam com prescrições pedagógicas similares, especialmente aquelas atinentes à Escola Nova. Essas ideias marcaram posições de legitimidade na ABE durante algum período, possuindo ampla circulação, especialmente no que se referia à educação de crianças e jovens (Figura 2). Ao serem confrontados por outros projetos, os "técnicos especialistas" também estabeleceram suas táticas e/ou estratégias, de acordo com o lugar de *player* ocupado no *ground*!

2.5 Redes...

Homens Bandeirantes reunidos em um *Club*, oficiais instrutores do Centro Militar de Educação Física e esportistas da ACM são alguns dos

---

104. Centro de Memória do Esporte. Acervo Gaelzer. Consta no acervo recortes de quatro diferentes jornais do Rio de Janeiro anunciando a conferência a ser realizada na sede da ABE, no dia 22 de fevereiro de 1934.

105. Assunto abordado no Capítulo 5.

Figura 2 — Propaganda da Associação Cristã de Moços na revista *Educação Physica* (1932)

Fonte: Revista Educação Physica (1932)

sujeitos que a partir de lugares variados participaram dessa rede de trocas estabelecida para e com os educadores da ABE. Produziram balizas pedagógicas e culturais para a escolarização do esporte, tendo em vista que este assunto aparecia agregado a tantos outros, mais ou menos urgentes ou relevantes: a modernidade, a técnica, a disciplina corporal e social, o reordenamento urbano, a infância, os tempos e espaços escolares. Assuntos a estabelecer prós e contras para o esporte, cultivados no debate e na experiência.

Se o esporte foi tema "cultivado" na rede de sociabilidade da ABE, seus códigos e valores interferiram também na produção de uma cultura institucional. O olhar apurado sobre processos de escolarização de um conteúdo ou prática social — nesse caso o esporte — oferece oportunidade para pensar as tramas de sentidos que conferem legitimidade à presença da escola na sociedade moderna. Como afirma Taborda de Oliveira, "a escola, como artefato da cultura, é síntese também da sua própria história".[106] A seleção de conteúdos escolares envolve permanências e descontinuidades, bem como participa na produção de novas sensibilidades e identidades. Na estrutura dos pequenos comentários esportivos, possibilidades para o debate e a interpretação de temas educacionais, como veremos no capítulo seguinte.

---

106. Taborda de Oliveira, 2004, p. 240.

Capítulo 3

Nos lugares educativos produzidos pela ABE, o esporte como uma baliza moderna...

> Pela falta de jogos esportivos escolares, sofre o mundo do excesso dos esportes extra-escolares. Quando esses jogos são criteriosamente realizados nos estabelecimentos de educação, deixa de se manifestar um antagonismo entre as obrigações do estudo estatuídas na escola e as alegrias e emoções do jogo experimentado depois das aulas. Para curar esse mal de certa importância, a prescrição de reservar, nos horários escolares, tempo para os jogos é de eficácia segura (Barbosa de Oliveira, durante a II CNE, em 1928).
>
> Nessa conjuntura é permitido se perguntar em que medida o que está em causa é a forma escolar e sua predominância no modo se socialização peculiar das nossas formações sociais (Vincent, Lahire; Thin, 2001).

Alguns daqueles engenheiros, advogados, médicos e professores — civis e militares — que, na década de 1920, frequentaram a Escola Politécnica, o Club dos Bandeirantes, o Exército ou a Associação Cristã de Moços (ACM) foram também fundadores e/ou associados atuantes na Associação Brasileira de Educação (ABE) e tinham, para a entidade, convicções e propósitos políticos de fazer da educação um instrumento (*uma arma*) no necessário processo de organização e "modernização" social. Como outras organizações de caráter cívico-nacionalistas, a ABE também constituiu uma diversidade de dispositivos de regulação, prescrição e ordenamento para a empreitada da "regeneração social". Seu foco central era o sistema escolar, mas suas ações irradiavam e buscavam atingir, também, outros espaços educativos. Essa pretensão de abrangência se expressava como uma espécie de "cruzada moral", na qual "inúmeros rituais [eram] propostos como iniciativas que expandiam o raio de influência da escola na moralização dos costumes da cidade".[1] Enfatizando a educação cívica, a ABE preconizava uma "educação integral" como um deslocamento prioritário, em oposição à ideia de "instrução simples". Essa formação cívica, por sua vez, vinculava-se estreitamente à ideia de uma educação para o trabalho disciplinado e metódico. Como analisou Marta Carvalho, embora a temática da organização do trabalho tenha constituído questão controversa nos discursos e teses da ABE,

> é possível afirmar que significava um conjunto de dispositivos que distribuem, integram, dinamizam, aparecendo com referenciais diversos. Referida à escola, a expressão designa medidas de racionalização do trabalho escolar sob o modelo da fábrica [...]. Designa também o funcionamento da escola na hierarquização dos papéis sociais, formando elites condutoras e povo produtivo. Referida ao país, a expressão designa um conjunto de dispositivos de integração nacional (como o proposto pelo *Club* dos Bandeirantes do Brasil) e de distribuição ordenada das populações por diversas atividades produtivas. Referida às populações pobres, aparece como disciplinamento pela distribuição regrada das populações em espaços adequados, pela regulamentação controlada do lazer e do trabalho.[2]

Esses signos moralizadores do mundo do trabalho, alguns bastante similares aos signos esportivos modernos, colocavam em relevo a necessária mudança nos corpos e nos gestos das pessoas. Nesse clima de modernização social e pedagógica, a educação física, a recreação e os esportes aparecem com bastante frequência nos documentos, nas teses e, de modo especial, nos rituais de visibilidade pública, desenvolvidos pela ABE na e para a cidade. Como ressalta Marcus Aurélio Taborda de Oliveira, o "projeto não sem problemas denominado modernidade" re-

---

1. Carvalho, 2003, p. 50.
2. Carvalho, 2003, p. 50-51.

lacionou civilidade com um "esforço fortemente marcado pela inversão na corporalidade. Não por outro motivo [...] foram geradas práticas e discursos que centravam no corpo o seu potencial formador".³

A partir dessas lentes tomadas como referências apurei o meu olhar sobre as práticas discursivas e institucionais da ABE com o propósito de mostrar que sobre a educação do corpo incidia um ampliado projeto educativo no qual o esporte e os seus vínculos com o ideário da "energização do caráter" estiveram presentes. Mais uma vez, recorro à interpretação/ tradução que Nicolau Sevcenko faz dos "frementes anos 20":

> De par com as últimas descobertas tecnológicas, de fato como um desdobramento delas, se destacou a noção de que o corpo humano em particular, e a sociedade como um todo, são também máquinas, autênticos dínamos geradores de energia. Quanto mais se aperfeiçoassem, regulassem, coordenassem esses maquinismos, tanto mais efetivo seria o seu desempenho e mais concentrada a sua energia potencial.⁴

Com seus códigos, gestos, tempos, espaços, vestimentas e outras alegorias "modernas", o fenômeno esportivo foi gradativamente assumindo um lugar de relevo nesse projeto de educação do corpo, tanto para a escola como para fora dela. Incidindo sobre o estado de ânimo das pessoas, redesenhava os tempos e espaços de seus divertimentos. Agregando grupos e coletividades, anunciava e realizava um potencial de mobilização e organização social. Valores como heroísmo, bravura, audácia, disputa e progresso passaram a circular como uma linguagem que transcendia até mesmo, os momentos esportivos. Uma matéria jornalística do período assim anunciava:

> A CIÊNCIA INTERVINDO NO PROBLEMA DO APERFEIÇOAMENTO DA RAÇA.
> O jogo vai começar. À esquerda temos muitíssimo aumentada uma célula óvulo. Digamos que é o campo onde vai se travar o jogo. Nele estão colocadas as estruturas denominadas cromossomas. À direita: Os cromossomas

---

3. Taborda de Oliveira, 2004, p. 226.
4. Sevcenko, 1992, p. 45.

a que chamamos de jogadores, começam a adquirir forma definida. De fato ainda estão embaralhados. Os cromossomas se alinham, conforme vemos na esquerda. Parecem que aguardam o apito para iniciarem o jogo. À direita, vemos nitidamente os dois *teams* que se defrontam. Os dois pontos à retaguarda enviam os seus sinais misteriosos, segue-se então a carga final. O jogo está movimentado. As duas facções cruzam o campo. É o processo de desenvolvimento celular e cada segmento da fileira de cromossomas se reúne aos genes, partículas mínimas que reproduzem a vida.

Dr. H. S. Jennimgs da Universidade John Hopking.[5]

Esse "jogo" de resultado imprevisto pretendia anunciar as recentes descobertas científicas relativas à hereditariedade humana. A linguagem esportiva era um recurso para explicar que mesmo pais saudáveis poderiam ter filhos "defeituosos" ou vice-versa. E, nesses termos, a matéria anunciava as contribuições da ciência para esclarecer que, por meio das práticas sociais e educativas saudáveis, seria "possível evitar os degenerados e criminosos".[6] O esporte como metáfora, como maneira de dizer. Esse aparente deslocamento linguístico acaba por construir semelhanças e identidades entre ciência, vida esportiva, vida social e outras coisas "modernas". Por apropriações e deslocamentos, vários conteúdos e sentidos vão se emaranhando de forma complexa, ordenando reconstruções na trama cultural.

Como signos em circulação, comportavam uma dimensão educativa e produtora de novas sensibilidades que, de algum modo, foram incorporadas à ABE, em seu movimento de renovação pedagógica. Nessa tessitura parecia possível e coerente aditar também algumas teorizações da emergente psicologia educacional. Esse "novo" conhecimento — com códigos e procedimentos científicos bastante próximos da medicina — defendia um lugar privilegiado para os jogos simbólicos e coletivos no processo de desenvolvimento infantil. Escolarizar o jogo era, ao mesmo tempo, uma

---

5. *Jornal do Brasil*, 23 jun. 1935. Esse suplemento especial do *Jornal do Brasil* sobre "Raça" foi publicado no mesmo domingo em que aconteceu a Sessão de Abertura do *VII Congresso Nacional de Educação da ABE*, que teve como tema central a Educação Física.

6. *Jornal do Brasil*, 23 jun. 1935. Cf. também: *Jornal do Brasil*, 21 jun. 1935. Nele anuncia-se o conteúdo do suplemento especial que seria publicado no domingo.

maneira de realizar as necessidades psicológicas das crianças e também uma ferramenta pedagógica capaz de ensinar regras de convivência. Teses relativas à Educação Física Elementar, apresentadas no *VII Congresso Nacional de Educação*, em 1935, trataram desse assunto. Uma delas, de autoria do Dr. Arthur Ramos, do Serviço de Ortofrenia e Saúde Mental do Distrito Federal, assim registrava:

> Como a criança não pode expandir a sua personalidade na vida comum, em virtude da censura familiar primeiro, escolar e social depois, aproveita-se dos jogos para executar atos que de outra forma seriam inibidos. O jogo é o carnaval das crianças, onde elas entrevêem com a sua equação pessoal. No nosso Serviço de Ortofrenia e Higiene Mental verificamos a inteira prova disso e temo-nos utilizado dos jogos infantis como um meio técnico de grande alcance para a análise do seu comportamento total. É o processo técnico cujas vantagens nos foram mostradas por Melanie Klein — uma vez que a criança substitui a palavra pela ação. E, no começo era a ação...
>
> Ainda há mais. Há dois princípios revelados pelo jogo: o princípio do prazer e o princípio da repetição e, nesse sentido, quando bem orientado, o jogo facilita a assimilação dos princípios educativos, quando esses são orientados convenientemente.
>
> Instinto egoísta de poder, satisfação de desejos, assimilação de experiências de acordo com o princípio da repetição, transformação da passividade em atividade, fantasias, abolição da censura, etc., tudo isso o educador vai encontrar no jogo infantil.[7]

A psicanálise e outras teorias psicológicas foram apropriadas como maneiras de pensar a infância e a educação, colaborando na desconstrução das concepções inatistas e reforçando a necessidade de reorganização planificada e eficiente da vida social e familiar. A adesão a tais teorias e práticas discursivas estabelecia um modo de propor e legitimar a premissa de que ambientes psicológicos "saudáveis" (sem vícios) eram necessários aos processos de desenvolvimento e educação,

---

7. VII CNE, *Anais...*, p. 36. Uma análise mais demorada dessa tese e também das outras duas que trataram no mesmo tema, das professoras Dora Gouveia, do Rio de Janeiro, e Diumira Campos de Paiva, de Belo Horizonte, pode ser encontrada em Linhales (2005).

e apenas nessas circunstâncias seria possível garantir a regeneração social. O jogo transformado em "meio técnico de grande alcance para a análise do comportamento total" [8] tornava-se uma prática descolada das contradições presentes nas suas condições culturais de produção. Mais uma tradição inventada!?

O debate educacional sobre a escolarização dos jogos foi também configurado pelo matiz sociológico, que, por sua vez, era considerado uma das "bases técnicas" do pensamento escolanovista. Teorizando sobre a morfologia social, os pensadores da Escola Nova focalizavam o "trabalho em comunidade" como um importante fator de renovação educacional. Lourenço Filho, no clássico *Introdução ao estudo da Escola Nova*, publicado originalmente em 1929, assim anunciou:

> Dentro de cada escola com mais de uma classe de alunos, igualmente se tratou de propor trabalho conjunto, em auditórios, jogos e recreação organizada, clubes e associações de alunos. Estes últimos, sob direção dos próprios alunos, discretamente orientada, tomaram a denominação de *instituições escolares*, no sentido de grupos sociais da própria escola, considerada como uma *comunidade em miniatura*, para nos servirmos de uma expressão que Dewey tornou corrente.[9]

Esses debates relativos ao jogo e aos *clubs* escolares são aqui tomados como pontos de convergência entre a linguagem esportiva e a linguagem da moderna pedagogia: organização social, sentimento de coletividade, escola viva e ativa, atitudes de alegria e energia, projetos eficientes. Ambas as linguagens, mesmo que em diferentes intensidades, estiveram presentes na ABE e foram anunciadas como inovações e possibilidades educativas capazes de colaborar na almejada regeneração social. E como uma "nova" modelagem instituída de cima para baixo deveria educar "as elites condutoras e o povo produtivo".

Tomando como referência a ideia de "baliza" utilizada por E. P. Thompson para discutir a relação dialética entre educação e experiência,

---

8. VII CNE, *Anais...*, p. 36.
9. Lourenço Filho, 1978, p. 135, grifos do autor.

chamo aqui atenção para o fato de que os processos de instituição desses modelos ou formas de socialização — balizas — parecem operar com a ideia de que, até o momento de criação deles, as pessoas encontravam-se destituídas ou desprovidas de outras possibilidades. A inovação aparece, muitas vezes, como um apagamento do passado, como se o moderno inaugurasse todas as possibilidades.[10] Dizer, por exemplo, que sem *playgrounds* as crianças do Rio de Janeiro estavam sem lugar para brincar constitui expressão dessa maneira de olhar e de prescrever. O novo é anunciado como que em um terreno vazio, sem experiências anteriores, sem "histórias".[11]

Pareceu-me possível, dessa forma, considerar que uma educação com ingredientes esportivos se apresentava no período não apenas como "uma baliza na direção de um universo mental novo e mais amplo, mas também como uma baliza para longe, para fora, do universo da experiência no qual se funda a sensibilidade".[12] No âmbito da ABE e nas suas invenções culturais, políticas e educacionais, o *ethos* esportivo participou do projeto que, científica e pedagogicamente, almejava realizar a superação do que era considerado "degenerado". Por certo, esta configuração não se realizou de forma uníssona no interior da ABE, pois ela mesma foi conteúdo e lugar de tensões, disputas e negociações.

De todo modo, operando também com a compreensão de que as ambiguidades e contradições são dimensões fundantes nos processos históricos e culturais, outra questão se coloca: saber se essas novidades na *forma escolar de socialização*, aqui reveladas a partir do projeto educacional da ABE, foram capazes de modelar e fazer circular outra experiência cultural, outra sensibilidade, diferente daquela que a aposta na regeneração pretendia suplantar. A busca de resposta a essa questão extrapola os

---

10. Talvez por pregnância dessa lógica, as várias (re)formas educacionais experimentadas pela escola moderna possam ser pensadas na história como uma espécie de regularidade. Ao mesmo tempo em que aparecem periodicamente como luzes novas para zerar o passado, consolidam e fazem permanecer, na longa duração, a *forma escolar*.

11. Refiro-me, aqui, ao debate sobre a criação de campos de recreio apresentado no capítulo anterior.

12. Thompson, 2002, p. 32.

limites desta pesquisa.[13] Por hora, algumas aproximações com as várias experiências levadas a termo pelos educadores da ABE.

3.1 A ABE nas ruas, nos estádios, nos panfletos e nos jornais...

Uma preocupação com a educação do corpo esteve presente nas práticas da ABE nas décadas de 1920 e 1930. Nesse turbilhão de novas referências culturais, ênfases na higiene e na saúde dos corpos, individuais e coletivos, e no estabelecimento do *self-government* como uma espécie de lema (e como um dilema!) para a complexa combinação entre liberdade e eficiência social, entre o indivíduo e as massas.[14] Tais polaridades não deixavam de ser novidades intrigantes na rusticidade patrimonialista brasileira. Nesse emaranhado, o corpo e sua educação aparecem como lugares de necessários ajustes orientados pelo trabalho fabril (maquinaria) e febril (energia), para que fosse capaz de agir de modo eficiente. Como lembra David Le Breton, é o corpo que passa a ser comparado à máquina, e não o contrário.[15]

Para identificar nas fontes os indícios que permitissem sustentar tais premissas, considerei necessário partilhar uma hipótese de pesquisa anunciada por Marcus Taborda de Oliveira. Esse autor sugere que na "modernidade o corpo foi desvelado para a escolarização como 'lugar' privilegiado de acesso e conformação ao espírito dessa mesma modernidade, que tem no currículo escolar uma das suas mais caras invenções".[16] Tomei também como referência a reflexão realizada por Marta Carvalho, que relaciona a história da educação à história da disciplinarização das pessoas.[17] Operando com duas metáforas — "disciplina como ortopedia e

---

13. Talvez um convite aos estudos de longa duração... especialmente porque a combinação esporte-escola continua ainda hoje sendo acionada como "eficiente" recurso de "regeneração social".

14. Conforme anunciado no capítulo anterior, a partir do argumento de Lourenço Filho (1935) de que "uma reforma de costumes que ajuste os homens a novas condições e valores da vida" só seria possível pela combinação entre liberdade e eficiência.

15. Cf. Le Breton, 2003.

16. Taborda de Oliveira, 2005, p. 10.

17. Cf. Carvalho, 1997.

disciplina como eficiência" — este estudo de Marta Carvalho contribuiu para a análise dos discursos e dos modelos de intervenção pedagógica que, como práticas disciplinares e higienizadoras, oferecem pistas relativas aos processos de educação do corpo. Em especial, a ideia de "disciplina como eficiência", bastante afeita à forma escolar de socialização dos jogos e do esporte.[18]

Descortinar esses elementos no âmbito das práticas institucionais da ABE implicou olhar não só aquelas ações desencadeadas pela Seção de Educação Física e Higiene mas outras, alastradas por todo o projeto educacional da entidade. Os debates e as proposições relativos às prescrições corporais foram encontrados nos lugares onde "aparentemente" eles não estariam.[19] Algumas ações cívicas e comemorativas promovidas pela entidade incluíam práticas tais como paradas e desfiles de escolares, apresentações de ginástica e também jogos esportivos levados a termo entre colégios de renome na Capital da República.

Outras cidades também foram palcos da ABE. Em 1927, a programação da *I Conferência Nacional de Educação* incluiu uma "marcha escolar" realizada na Rua 15 de Novembro, região central da cidade de Curitiba, e também uma demonstração de ginástica executada na Praça Santos Andrade (Figuras 3 e 4).[20] Ações dessa natureza foram frequentes em outras conferências e também em diversas festividades e atividades pedagógicas promovidas pela ABE.

---

18. Essa conexão entre o primado da disciplina como "eficiência dos gestos" e a escolarização dos jogos e esportes constitui uma operação reflexiva já realizada por Vago (2002 e 2004) e por Schineider (2003 e 2004). Os trabalhos desses dois autores constituíram pistas fundamentais para esta tese. Um esboço dessa construção argumentativa apresentei também no artigo "A produção de uma forma escolar para o esporte..." (Linhales, 2006).

19. Tal compreensão foi fundamental na busca das fontes. O acesso a uma gama variada de documentos existentes no acervo da ABE me possibilitou um olhar alargado sobre livros, álbuns, folhetos, correspondências, fotografias, atas, inquéritos etc. Vasculhar fontes que pareciam nada ter a oferecer ao meu estudo foi um exercício de liberdade, um "perder tempo" que considerei fundamental ao fazer historiográfico entendendo que este: "Longe de aceitar os "dados", ele os constitui. O material é criado por ações combinadas, que o recortam do universo do uso, que vão procurá-lo também fora das fronteiras do uso, e que o destinam a um reemprego constante" (Certeau, 1982, p. 81).

20. Acervo da ABE. Álbum fotográfico da I Conferência Nacional de Educação, Curitiba, 1927.

Figura 3 — Demonstração de ginástica na Praça Santos Andrade, em Curitiba, durante a I Conferência Nacional de Educação (1927)

Fonte: Acervo da ABE.

Figura 4 — Marcha escolar na Rua 15 de Novembro, em Curitiba, durante a I Conferência Nacional de Educação (1927)

Fonte: Acervo da ABE.

Nos relatórios de atividade que as "seções" estabeleciam trimestralmente para o *"Boletim da ABE* — Departamento do Rio de Janeiro", outras construções corporais foram também identificadas. Prescrições de uma pedagogia do corpo articuladas por um singular e sutil comentário de ordem moral:

> Por iniciativa da SEPH requereu a ABE à AMEA ser reconhecida como instituição de utilidade, e apenas seja despachada essa solicitação, entrará em entendimento com os diversos *clubs* esportivos desta Capital, para que os mesmos cedam uma vez por semana os seus campos para que as crianças das escolas dos bairros onde forem os mesmos situados, possam fazer exercícios físicos sob orientação dos instrutores do mesmo *club* ou de um dos membros da SEPH desta associação. Serão distribuídos por todos os colégios de meninas e em todas as diversões por estas freqüentadas, por intermédio da Tarde da Criança e da SDI, pequenos cartões artísticos em cujo verso estejam sistematizados conselhos e regras a respeito dos exercícios físicos convenientes às meninas.[21]

Assim, nos pequenos comentários esportivos e/ou corporais, nas ações as mais corriqueiras, rotineiras e bem-intencionadas, o propósito de modelagem corporal vai ganhando suas feições, demarcando valores e conveniências. São esclarecimentos disciplinadores marchetados em um projeto de assepsia social e corporal de ordem eugênica e moral — estabelecendo, muitas vezes, distinções de condutas e práticas para meninos e meninas, para as crianças do povo e para as crianças das elites. Neles, quase sempre, certa "retórica do civismo".[22]

Na trama da cidade, os *Clubs*, esses lugares esportivos produtores de vínculos sociais, aparecem como aliados e os seus associados, como partícipes também na ABE:

> A seção de 'Recreações Infantis' a cargo de D. Maria Luiza Camargo de Azevedo, realizou em fevereiro, com grande sucesso, o seu segundo fes-

---

21. *Boletim da ABE*, ano 2, n. 4, 1926. Sobre as siglas que aparecem na citação: Seção de Educação Física e Higiene (SEPH), Associação Metropolitana de Esportes Atléticos (AMEA) e Seção de Divertimentos Infantis (SDI).

22. Carvalho, 1998, p. 137.

tival. A Diretoria facilitou com prazer a realização desse festival A tarde da Criança Carioca, conseguindo que a AMEA reconhecesse a ABE como Associação de Beneficência Coletiva, e obtendo o campo do *Club* de Regatas do Flamengo, graças à valiosa intervenção de nosso consócio Dr. Faustino Esponsel, Presidente desse Club.[23]

Tais ações, e as representações que sobre elas circularam na imprensa periódica ou nos impressos da própria ABE, comportavam ênfases nas condutas consideradas exemplares para e no cotidiano urbano, especialmente por vincular tais comportamentos a um determinado "molde" corporal. Como já problematizou Marta Carvalho sobre a ABE,

> a formação de hábitos saudáveis era objeto de atenções especiais. A saúde não era só um dos temas preferidos das preleções cívicas nas festividades, como também objeto de celebração em inúmeras competições esportivas oferecidas em espetáculo como modelos exemplares de comportamento. O esporte e a vida saudável simbolizavam a energia, o vigor, a força, a operosidade, signos de progresso inscritos no corpo que conhece o movimento adequado e útil para cada ato. Preceitos de higiene eram divulgados em palestras e folhetos ou constituídos, ainda, pelo incentivo à organização dos pelotões de saúde, em preceitos cívicos bem comportados. O escotismo — fusão exemplar de vida saudável e moralizada — era iniciativa que contava com todo o apoio da ABE.[24]

Nestes termos, o projeto de "educação integral" assumido pela ABE como um projeto moderno sugeria a produção de um novo homem. Mas a tríade da educação intelectual, moral e física foi incrementada pelo ideário de uma educação social. Como parte do projeto regenerador, aqueles signos da eficiência mecânica, da "energização do caráter", da sinergia corporal, circulavam como "motores de aceleração" daquela eficiência social que a escola ajudaria a promover. O esporte encontrou confortável ancoragem nessa trama, tendo em vista que o "espírito esportivo"

---

23. *Boletim da ABE*, ano II, n. 6, 1926. O Dr. Faustino Esponsel foi o primeiro presidente da Seção de Educação Física e Higiene no período 1926/1927.

24. Carvalho, 2003, p. 63.

articulava-se, cada vez mais, com os signos da pedagogia moderna e do mundo fabril (da industrialização) e febril (da sociedade de massas).

Marta Carvalho afirmou que as práticas comemorativas da ABE carioca agregavam o propósito de "dar publicidade a modelos de comportamento estabelecendo padrões que [incidiam] sobre a vida familiar, as relações de trabalho e o lazer no cotidiano urbano".[25] Na esteira dessa argumentação, ressalto que tais iniciativas produziam lugares e condutas sociais de referência, dentre as quais a ênfase nos corpos atléticos como sinônimo de corpos saudáveis, a escolha dos clubes esportivos como lugar de realização dos eventos, a inclusão de disputas esportivas entre escolares na programação dos eventos, as orientações esportivas distribuídas por escrito para os jovens e suas famílias etc. Nesses "pequenos comentários", padrões esportivos de comportamento foram agregados e adaptados como condutas ideais, como inovações de caráter educativo e como práticas urbanas modernas. Essa educação esportiva dos gestos e dos sentidos era ainda facilitada pela pronta adesão dos jovens e de suas famílias a essas atividades festivas, adotadas como opção de divertimento, de disciplina corporal (em sua trama física e moral), de ocupação do tempo ocioso e de preparação para o mundo competitivo do trabalho.

Em 1928 e 1929, a ABE carioca organizou as *Semanas de Educação*. Sempre no mês de outubro e com vasta programação, a semana de educação estendia a sua realização por diferentes lugares da cidade do Rio de Janeiro: visitas a jardins e museus, apresentações de pelotões, festas e festivais em colégios com distribuição de prêmios, exposições, sessões cinematográficas, missa campal, demonstrações de ginástica e jogos esportivos, dentre outras ações cuidadosamente planejadas pelas seções para o vasto programa.

Inspiradas em uma proposta da "National Educational Association" dos Estados Unidos, as semanas tinham como propósito "estimular não somente o governo, mas também os pais, professores e alunos, a população em geral, para facilitar a disseminação do ensino por todas as classes da sociedade", conforme afirmou Melo Leitão, presidente da ABE, em

---

25. Carvalho, 1998, p. 184.

entrevista concedida ao *Jornal do Brasil*. Destacou também que "essa cruzada benemérita obedece às novas diretrizes da pedagogia moderna, que visa, ao mesmo tempo que a divulgação do conhecimento, a facilidade da assimilação desse conhecimento pelo sistema intuitivo".[26] Como nos Estados Unidos, as semanas da educação realizadas no Rio de Janeiro tinham para cada um dos dias um "tema vital adaptável às necessidades da comunidade".[27]

Em 1928, a cuidadosa organização da *1ª Semana de Educação* estabelecia no programa, de segunda a sábado, o "Dia da Saúde", o "Dia do Lar", o "Dia do Mestre", o "Dia da Vocação", o "Dia da Criança" e o "Dia da Natureza e da Arte", reservando para o domingo o Encerramento Festivo. No ano seguinte, 1929, os temas selecionados foram o "Dia da Educação Doméstica", o "Dia da Educação Intelectual", o "Dia da Educação Profissional", o "Dia da Educação Física", o "Dia da Educação Artística", o "Dia da Educação Cívica" e, no domingo, o "Dia da Educação Moral". Sobre o "Dia da Educação Física", levado a termo em 11 de outubro de 1929, no estádio do Fluminense Foot-Ball Club, a imprensa do Rio de Janeiro construiu diferentes representações. Dois dias antes, o jornal *A Ordem* noticiou, em matéria intitulada "Pela grandeza física e moral da Raça", a preparação de um "grande torneio ginástico com o concurso dos melhores estabelecimentos de ensino secundário do Distrito Federal e de Niterói".[28] Informava que a ABE havia realizado uma reunião de preparação com representantes dos vários colégios envolvidos e que, juntos, haviam deliberado que a programação incluiria um "conjunto de ginástica" reunindo dois mil escolares, várias apresentações de "números especiais" sob responsabilidade dos colégios convidados e, por fim, um campeonato de Bola Americana entre as escolas Wenceslau Braz, Benetti, Anglo-Americano, S. Zacharias e Halfeld. No fechamento da matéria, o jornal afirmou:

---

26. *Jornal do Brasil*, 4 out. 1929.
27. *Jornal do Brasil*, 4 out. 1929.
28. *A Ordem*, 9 out. 1929.

[...] por nosso intermédio convida a sociedade carioca e os estabelecimentos de ensino em geral para assistirem esse importante certame físico, moral e intelectual da nacionalidade brasileira [...] importante festa de saúde, alegria e são divertimento, que virá encher de prazer a nossa culta sociedade.[29]

Nos termos apresentados, um evento no qual alguns colégios da elite realizariam "demonstrações" para uma assistência composta pela "nossa culta sociedade". Na construção do programa, escolas anglo-americanas e a própria modalidade "bola americana" na construção do "certame da nacionalidade brasileira". Tais singularidades fazem lembrar aquele bem-humorado argumento de Carlos Süssekind de Mendonça de que a nossa sociedade "pegou de galho".[30] Nas notícias que circularam posteriormente ao "Dia da Educação Física", o jornal *Correio da Manhã* assim notificou:

[...] realizaram-se várias demonstrações coletivas por escolas desta capital, denotando o adiantamento que já se verifica nesse ramo educativo. O fato culminante do dia foi o coletivo de ginástica realizado [...] por cerca de dois mil alunos de várias escolas sob direção do professor Ambrósio Torres.

Diante da numerosa assistência que aplaudia delirantemente, começou o programa às 13 horas, por um conjunto de ginástica pelos alunos da Escola Normal de Artes e Ofícios Wenceslau Braz, Colégio Anglo-Americano, Curso Andrew, Colégios Otatte, São Zacarias, Benetti, São Cornélio, Imaculada Conceição, Rezende e Halfeld e Ginásio Anglo Brasileiro.[31]

Na sequência, a reportagem notifica o torneio de Bola Americana informando o placar de cada jogo e esclarecendo que o torneio havia incluído apenas alunos do sexo masculino. Destaca-se a representação de que "foi esta uma demonstração eloquente do grau de adiantamento dos alunos cariocas em ginástica". Já o jornal *A Noite*, além de descrever os "números de ginástica", assim enfatizou o campeonato realizado no final do evento: "Num *sport* muito útil e que é largamente cultivado em todos os estabelecimentos escolares, públicos ou particulares [...] a festa

---

29. *A Ordem*, 9 out. 1929.

30. Como abordado no Capítulo 1, um dos principais questionamentos de Carlos Süssekind de Mendonça sobre o potencial educativo do esporte era o fato deste estar impregnado de valores e códigos estrangeiros.

31. *Correio da Manhã*, 11 out. 1929.

de hoje serviu para demonstrar, com exuberância, o salutar preparo físico dos pequenos escolares".[32]

Mais uma vez, a ideia de que o evento pretendeu "demonstrar", ou seja, apresentar como modelo o trabalho em curso nas escolas convidadas. Tal representação anuncia, também, como padrão de saúde, o "salutar preparo físico dos alunos", sendo estes, na maioria, oriundos de escolas de elite. Este gradativo alargamento da presença do esporte nos eventos educacionais, nas prescrições curriculares, nos ordenamentos de tempos e espaços educativos pode ser também abordado como uma remodelagem no primado orientador da educação. O discurso moderno da regeneração social por meio da educação, o flerte com os preceitos educacionais da Escola Nova e da Escola Ativa e a necessidade de pensar uma educação capaz de preparar para o mundo urbano e para o trabalho fabril trouxeram ao campo educacional essas novidades pedagógicas. Novos ritmos e novas técnicas no processo de racionalização e esquadrinhamento da atividade escolar.

Essas ideias e práticas pedagógicas em circulação, que associam disciplina, progresso e técnica, em muito se aproximam das reflexões críticas relativas ao esporte. Para Alexandre Vaz, o esporte e seu desenvolvimento técnico conformam um "campo privilegiado de realização da ideia de progresso" e, para isso, "deve dispor de uma metodologia que o torne mais eficaz".[33] Parece-nos que escolarizar o esporte na década de 1920 constituía uma espécie de esboço dessa ideia, uma modelagem pedagógica orientada pela disciplinarização eficiente do desempenho e do rendimento humano.

3.2 Esboços de uma "eficiência dos gestos" nas teses apresentadas na *I Conferência Nacional de Educação*, Curitiba, 1927

Durante as décadas de 1920 e 1930, a ABE realizou sete conferências nacionais. Na *I Conferência Nacional de Educação*, realizada em Curitiba,

---

32. *A Noite*, 10 out. 1929.
33. Vaz, 1999b, p. 101-102.

em dezembro de 1927, foram apresentadas 113 teses por meio das quais os educadores anunciaram fundamentos e propostas para uma educação moderna e para a construção de uma unidade nacional por meio da educação. Civismo, higiene, formação moral, aperfeiçoamento técnico e inovações pedagógicas foram alguns dos signos que circularam entre os educadores de diferentes regiões do País que estiveram presentes durante os oito dias do evento.[34]

Apresentando a tese de n. 5, intitulada *Necessidades da Pedagogia Moderna*, o professor Lindolpho Xavier, do Instituto Lafayette, da Escola Normal de Artes e Ofícios Wenceslau Braz e membro da Sociedade de Geografia do Rio de Janeiro, iniciou assim sua exposição:

> Cada tempo com seu uso...diríamos melhor: cada época com as suas necessidades. O homem de hoje é tão diferente de outro do tempo de César como de um *ernytheringe* (isto disse alguém). Não será tanto: pelo menos a espécie é a mesma; o intelecto é que mudou. Naquele tempo não havia rádio, não havia cerveja, não havia fumo...Não havia tantas coisas mais!
>
> Não havia cocaína (porque esta e o tabaco haviam de ser fornecidos pela América). Não havia o vapor (viajava-se a remo no Mediterrâneo e em caravelas nos desertos). Não havia barcos, nem se conhecia o cheque, nem o jornal, nem o livro, nem a oficina, nem a loja.
>
> Por isso não se ensinavam as ciências econômicas, a mecânica, a higiene; desconhecia-se a palavra pedagogia.
>
> Hoje é bem diverso: a civilização trouxe paralelamente bens e males; ensinou a imprensa, e esta espalhou complexivamente a literatura edificante e a corrosiva. Criou os altos-fornos e difundiu a máquina de tecer e a de matar; armou estaleiros onde se constroem transatlânticos e *preadnoughts*; fez a anilina e o gás asfixiante; apareceram o álcool, o tabaco, a cocaína, a morfina, a carta de jogar, oficializam-se as loterias.
>
> Para cada bem uma espécie de males. É assim o mundo de hoje.
>
> Velocidade, utilidade, especialidade.

---

34. Sobre a I CNE realizada em Curitiba de 19 a 27 de dezembro de 1927, cf. dentre outros: Carvalho (1998), Vieira (2004) e Oliveira (2005), além dos *Anais* da I CNE estabelecidos pelo INEP sob a organização de Costa, Shena e Schmidt (1997).

Como complemento: materialismo, egoísmo, pragmatismo.

Missão da pedagogia: desenvolver a fraternidade e o altruísmo.

Fazer o homem sinérgico, mais simpático, mais enérgico, mais sábio, mais simples, mais prático, mais previdente, mais fraternal, mais republicano, mais religioso.

Como conseguir: ensinando-lhe a herança do passado, para que ele a use e a transmita melhor aos seus sucessores.[35]

Em suas constatações sobre progresso e regressão, Lindolpho Xavier anunciou os caminhos de sua aposta na educação. Por um lado, a educação se apresentava como "uma baliza na direção de um universo mental novo e mais amplo", como bem anunciou Thompson. Por outro lado, dialeticamente vinculado ao primeiro, a educação apresenta-se "também como uma baliza para longe, para fora no universo da experiência" considerada nefasta.[36] Se essa tensão sugere uma permanência no longo processo de produção da *forma escolar* moderna e dos modelos de socialização a ela subjacentes, parece importante pontuar que esse projeto produz estreita vinculação entre reforma de costumes e controle corporal.[37] Todavia, o que aqui passa a merecer maior destaque são as sutilezas e os detalhes adotados para a consecução de tais fins, bem como as apropriações, reinvenções e também resistências decorrentes. Novidades na "maneira de fazer". É assim que a forma escolar de socialização permanece e se expande: pela astúcia de continuar se modificando, atualizando o seu repertório disciplinador. Assim se produz uma espécie de pregnância do clima cultural (re)formador e (re)gerador nos métodos educacionais e na relação deles com os novos tempos, com as novas tecnologias educacionais, com a educação formal pensada para as massas, e não apenas para os filhos das elites, com a nova economia dos gestos. O professor Lindolpho Xavier assim continua sua argumentação:

---

35. Costa; Shena; Schmidt, 1997, p. 65-66.

36. Thompson, 2002, p. 32.

37. Na construção de tais argumentos, um diálogo com Taborda de Oliveira (2004, p. 226) no que este autor propõe sobre o que "teve permanência e o que sofreu solução de continuidade na história da escolarização".

Poderá a Pedagogia passar indiferente sobre esse perigo social?

O caráter das gerações futuras dependerá da saúde física e moral que se lhes der e de preparação e meios de defesa com que se armar.

A Pedagogia moderna tem que defender a saúde e a vida, combatendo os tóxicos, ensinando a ginástica, a higiene; tem que pregar os princípios do método e da sobriedade, aparelhando o Indivíduo para a vida ambiente.

A verdadeira Pedagogia ensinará os meios práticos de vencer na vida: pela preparação técnica, pela educação da vontade, pelo saneamento do corpo e do espírito, pelo estudo do meio físico e moral.

Toda verdadeira pedagogia tenderá para o ensino da Economia, no tempo e no espaço. Tudo no melhor processo, com um mínimo de dispêndio e o máximo de proveito, na maior velocidade.

Toda pedagogia moderna será fordiana: irá buscar nos livros de Ford os processos da vitória, com o máximo de humanidade, no mais intenso sistema de economia, com as generalidades das especializações. Para o fordismo não há aleijados, não há inúteis; todos cooperam para a obra geral. [...]

O progresso mecânico traz consigo grandes imposições aos homens do tempo atual. A civilização da máquina exige a mecanização do homem, qualquer que ele seja. Assim todo cidadão saberá manejar um veículo de transporte, não se considerando como educado o que não preencher esse *desideratum.*

Para adiantar o advento dessa era, exigir-se-á nos programas pedagógicos a ampliação das lições de mecânica e de eletricidade [...]

A Associação mantém a repulsa aos estudos parcelados e recomenda a seriação em todos os estudos científicos, artísticos e literários, banindo-se o parcelamento como desorganizador da verdadeira preparação educacional.

Em todos os estudos, desde o infantil até o superior, se orientará o ensino para o lado econômico: incutindo idéias de trabalho, amor à riqueza da terra e aos hábitos de indústria e comércio.

Sempre teremos em vista que os problemas contemporâneos são e serão cada vez mais econômicos.[38]

Essa "educação integral" — orientada cada vez mais por uma lógica economicista e pela necessidade de mecanização do homem e pelos

---

38. Costa; Shena; Schmidt, 1997, p. 71-72.

processos fordistas de adaptação e aperfeiçoamento — marca os corpos e os gestos com signos tais como saneamento corporal, velocidade, mínimo de dispêndio e máximo de proveito. Nesse conjunto discursivo e prescritivo, o esporte ganha realce, como se fosse, por derivação, uma produção desse todo "moderno". Note-se que como "lugar derivativo", comporta tanto uma dimensão de decorrência, origem ou proveniência quanto uma dimensão de desvio, escapatória, modo de fazer esquecer. Nesses termos, o esporte torna-se, também, uma espécie de "baliza", como pensou Thompson sobre a educação formal. Uma disciplina corporal nova, ampliada e racionalmente calculada que fosse capaz de delimitar para fora e para longe de sua realização as experiências e as sensibilidades corporais consideradas impróprias do ponto de vista econômico e social.

Mas as representações relativas ao esporte não eram uníssonas. As práticas esportivas apareciam como luzes e também como sombras, uma vez que sua prescrição como conteúdo educacional passível de escolarização não constituía possibilidade cultural dissociada da experiência esportiva já consolidada, a qual já vinha sendo saboreada por diferentes grupos sociais, mesmo que eivada de contradições. Esse dilema, relativo ao propósito de escolarizar ou não uma prática cultural já vulgarizada, como o esporte, ganhou expressão em outras teses também apresentadas na I CNE. A professora Raquel Prado, do Rio de Janeiro, em trabalho intitulado *A Educação do Futuro,* produz o seu comentário esportivo:

> Os jogos bárbaros, como o futebol e outros, deverão ser abolidos.
>
> Os exercícios de natação, equitação e, sobretudo, ginástica harmônica, helênica e rítmica, formarão a bela mocidade de amanhã que personalizará o tipo do genuíno brasileiro: varonil e elegante. Como a raça grega, culminará pela correção de linhas e esbeltez. A raça futura sentirá essa influência na modelagem do seu físico. Todas as escolas deverão praticar esse gênero de ginástica ao ritmo da música e, sobretudo, ao ar livre. [...]
>
> A criança deve ser educada sob aspectos físico, emocional e mental. A cultura física, em vez de fazer o Hércules, que é um monstro com seus músculos de aço, fará do jovem um Adônis, que é a perfeição plástica na elegância de atitudes. O aspecto emocional no desenvolvimento dos sentidos fá-lo-á

perceber as manifestações do belo, do útil e do bom! Sob o aspecto mental, desenvolverá o raciocínio rápido e terá o exato discernimento das coisas. A finalidade filosófica da escola é criar um tipo ideal de homem para a família, a Pátria e a humanidade.[39]

Essa tese permite pontuar que no âmbito da ABE havia uma disputa relativa ao melhor caminho a ser adotado na educação do corpo para a regeneração social e a reforma de costumes. Como anunciado pelo Dr. Jorge de Moraes na Câmara dos Deputados, no âmbito do debate sobre educação física, existia também na ABE uma tensão entre defensores de uma "mentalidade esportiva" e aqueles que advogavam a "mentalidade médico-pedagógica". Transpondo esse tensionamento para os modelos de regeneração, Hércules e Adônis aparecem como arquétipos em confronto e, nessa polarização, o Adônis da professora Raquel Prado guarda estreita identidade helênica com o Antinoüs de Fernando de Azevedo, enquanto Hércules parece representar os vícios e equívocos esportivos denunciados por Carlos Süssekind de Mendonça.

A Sra. Amélia de Rezende Martins, também do Rio de Janeiro, apresentou uma tese intitulada *Uma Palavra de Atualidade*, na qual levantou outros "problemas" relativos à escolarização do esporte a partir de um foco específico: sua filiação ao grupo de educadores católicos que, no âmbito da ABE, disputavam a autoria do projeto educacional da entidade com o grupo que defendia de forma contundente a laicização do ensino. Sobre os esportes, o seu comentário é prioritariamente de ordem moral:

> Um ponto hoje muito atacado, em se tratando da educação, é o da cultura física. Neste momento, merecem, entre nós, especial atenção os esportes. Ginástica, dança e outros começam na idade escolar e continuam em voga, com a maior aceitação na sociedade; e os esportes vão exigindo cada vez menos roupa, para que não sejam tolhidos os movimentos, e a moral leiga não acha mal em que se banhem juntos todos os meninos de todas as idades, nus, porque assim, sendo uma coisa natural e a curiosidade não

---

39. Costa; Shena; Schmidt, 1997, p. 106.

ficando aguçada, a criança não vê malícia — moral leiga, moral de princípios pervertedores, sob a capa de muita ingenuidade. A criança começa não achando mal na nudez e acaba não achando mau em tudo que exige a nua natureza. [...] Para os esportes femininos, por tal forma a mulher se habitua a vestir pouco que depois, na sociedade, já não tem o pudor do seu corpo. Se não há mal na nudez, porque fazem os governos, os próprios governos sem crença, vestir os índios?[40]

Como outras novidades liberais dos "sem crença", o esporte foi, então, ponto de questionamento para o grupo católico da ABE, especialmente nos aspectos vinculados à moralidade ou ao "pudor do corpo". Entretanto, a religiosidade foi ponto de aglutinação e composição com outros projetos cristãos, como aqueles realizados pelos Escoteiros Católicos e pela ACM. Essas e outras negociações disciplinares permitem ver outra negociação permanente, de sentidos e de significações, no processo histórico de produção/reprodução cultural. Variadas mensagens e arranjos plurais ordenam um todo não necessariamente coerente, no qual as ambiguidades e os paradoxos em circulação são também elementos presentes nos costumes e nas experiências.

O escotismo foi um tema educacional muito discutido na ABE. Ao tratar dessa prática, a associação estabeleceu conexões com a Marinha, por intermédio do professor Gabriel Skinner, presidente da União dos Escoteiros do Brasil e associado de participação ativa na Seção de Educação Física e Higiene. O assunto foi também abordado na interlocução com alguns colégios cristãos que adotavam o escotismo como um "complemento à educação escolar". Os professores Victor Lacombe e Américo Jacobina Lacombe, educadores do grupo católico da ABE, ressaltavam que o escotismo não deveria ser confundido com organização de batalhões escolares e não era o mesmo que uma federação de grupos de ginástica, embora incluísse a educação física e esportiva racional. Na tese n. 46, intitulada "O escotismo e a unidade nacional", apresentada na I CNE, assim ponderavam:

---

40. Costa; Shena; Schmidt, 1997, p. 155.

Muita gente há que considerar o escotismo como uma esplêndida escola de ginástica sueca e dinamarquesa. O escotismo, porém, tem no seu programa de educação física um plano muito superior. O fim da educação física escoteira é despertar o culto da saúde do corpo e incentivar o esporte bem compreendido. Por isto ataca de frente o problema da educação física pela ginástica, pela higiene pessoal, pela educação sexual, pelo esporte e pelo campismo. Um grupo de escoteiros está sempre pensando num acampamento e deve realizá-lo o maior número de vezes possível. É lá que se põem em prática as qualidades essenciais do escoteiro: resistência, atenção, iniciativa. Para desenvolver a atenção, lembra Baden-Powell, há uma série de jogos que se pode adaptar e inventar, de modo incalculável, sobre reconhecimento de pistas, pegadas, etc.[41]

Além da tese apresentada por Victor e Américo Lacombe, outras duas teses trataram do mesmo assunto e também ressaltaram o valor da educação escoteira para a formação cívica e, consequentemente, para a promoção do patriotismo e da unidade nacional. Em todas elas, os jogos e as competições esportivas são citados como práticas de educação integral.[42]

Tal como nessas propostas de educação escoteira, o esporte circulava por vários modelos e projetos educativos compondo uma tessitura disciplinar, ora como protagonista, ora como coadjuvante. Quando criticado, aparecia como o lugar dos vícios; quando exaltado, eram destacadas as suas possibilidades de contribuir para a regeneração. Pela crítica ou pela prescrição educativa, o esporte aparece relacionado à formação física, à formação moral e, com muita regularidade, ao aprendizado da vida em sociedade. Para além desse debate de prós e contras, a tematização do esporte também aconteceu quando o assunto em questão era o detalhamento ou a operacionalização pedagógica de sua escolarização. Ou seja, reflexões e propostas relativas aos procedimentos a serem adotados para a sua inserção como conteúdo e como prática escolar, mostrando que os saberes incorporados à escola não são sempre derivados de saberes eru-

---

41. Costa; Shena; Schmidt, 1997, p. 277.
42. Costa; Shena; Schmidt, 1997, p. 278-292. Os autores das referidas teses eram Altamiro Pereira da UEB do Paraná e Amarylio Oliveira da Casa Escola Centenário.

ditos e/ou científicos.[43] Algumas práticas sociais tendem a se apresentar como referências nos processos de construção dos saberes escolares, especialmente pelas mediações culturais que porventura se realizem entre a escola e outros lugares de sociabilidade e de aprendizagem. Essa trama entre o escolar e o extra-escolar — como adjetivado por Barbosa de Oliveira na epígrafe deste capítulo — é tecida no jogo das seleções de conteúdos que por sua vez parecem sempre associadas ao exercício de "tornar escolar" o que antes não o era. Modelagem de tempos e espaços, de sujeitos e objetos.[44]

Um fragmento dessa trama pode ser encontrado na tese n. 42 sobre *A Uniformização do Ensino Primário*, apresentada por Lourenço Filho. Seus argumentos, que segundo ele tinham motivações mais sociológicas do que didáticas, estavam relacionados à defesa que fazia de uma organização e de uma unidade nacional para o ensino primário. Mesmo reconhecendo as especificidades regionais, anunciou o que considerava como "os aprendizados fundamentais", práticas e disciplinas escolares por ele consideradas necessárias à "formação humana". Faz considerações sobre a leitura, a escrita, o cálculo, a geografia, a história, as ciências naturais, o desenho etc., e acrescentou "a tudo isso a iniciação à cultura física e o gosto pelo desporto. Mesmos os menos preparados dos mestres podem ser arvorados em chefes de jogos educativos, como futebol ou bola-ao--cesto e outros exercícios".[45]

Também o professor Ambrósio Torres, da Escola de Artes e Ofícios Wenceslau Braz, do Rio de Janeiro, produziu para a I CNE aquele trabalho relativo à Metodologia do Ensino da Educação Física e nele também discutiu a inserção pedagógica e curricular do esporte na escola. Considerando a Educação Física uma "matéria por demais complexa", esse professor defendeu a criação de um método de Educação Física "moldado em padrões puramente nacionais". Em sua proposta os esportes constituem

---

43. Esta temática foi por mim trabalhada com maior vagar no artigo "A produção de uma forma escolar para o esporte [...]" (Linhales, 2006).

44. Refiro-me, aqui, ao terceiro sentido proposto por Faria Filho (2005b) para o termo escolarização.

45. Costa; Shena; Schmidt, 1997, p. 249.

conteúdos da Educação Física, mas com algumas restrições, conforme anuncia em um dos tópicos de sua tese:

CULTURA FÍSICA: CULTURA ESPORTIVA E CULTURA ATLÉTICA

Em se tratando de Educação Física, um dos pontos mais vulneráveis e controversos a ser estudado é justamente este, que diz respeito ao esporte e ao atletismo.

Presentemente, em todo lugar se encontra a prática do esporte ou do atletismo. As crianças, desde os 6 anos de idade, nas escolas ou nas associações esportivas, não só querem como, na maioria dos casos, são iniciadas na prática dessa diversão tão ao seu gosto.

Entregar às crianças ou aos rapazes de 8, 10, 12, 16 anos um disco, dardo, peso ou outro qualquer instrumento para arremessar ou suspender é cometer um verdadeiro crime de lesa-saúde. Do mesmo modo devem ser compreendidas as corridas de 100, 200, 400 e 1.500 metros, os saltos com vara e o futebol como por aí se jogam.

Assim como a educação intelectual tem as suas três fases distintas de instrução primária, secundária e superior, assim como a ginástica tem as fases respiratória, preparatória e de aplicação, também os desportos devem ter estas três fases: a recreativa, a esportiva e a atlética — compreendendo-se por instrução recreativa os jogos e brinquedos usados pelas crianças de até 10 anos, como sejam, barra-de-bola, barra-manteiga, cabra-cega, chicote-queimado, bola de mão, bola-corrida, etc.; a esportiva, compreendendo-se primeiro e segundo graus, para os rapazes respectivamente, de 11 a 15 anos e de 16 a 20 anos, e para os quais ficariam reservados os jogos associativos, como bola americana, peteca, voleibol, basquetebol, *water polo*, handebol, etc. e com parcimônia, tênis, natação, remo e tantos outros jogos e esportes que os rapazes poderão praticar sem sacrificar a sua integridade física.

Depois dos 21 anos, quase completado o desenvolvimento físico, é que os rapazes que tenham passado pelas duas fases preparatórias poderão ingressar na prática do atletismo como verdadeira cultura, visto ser o grau superior da Educação Física. Eis, pois, completado o ciclo da verdadeira Educação Física Integral. Só assim teremos construído obra capaz de tornar a raça forte, viril e intrépida, apta a colocar o Brasil nas culminâncias que deve atingir.[46]

---

46. Costa; Shena; Schmidt, 1997, p. 181-182.

Essas são as suas prescrições para um ordenamento escolar do esporte: tempos específicos, progressões cumulativas, conteúdos selecionados, especificidades para cada faixa etária e preservação da infância, intencionalidades e finalidades tipicamente disciplinares. Entre as dez conclusões anunciadas ao final de sua tese, Ambrósio Torres reserva a conclusão n. 7 para anunciar suas balizas na produção de uma forma escolar para o esporte.

> A cultura esportiva e atlética deve ser considerada como ensino de grau secundário e superior da Educação Física, só podendo ser praticada por indivíduos que já tenham atingido a idade correspondente. Precisa ser abolida por completo dos colégios e ginásios a prática de atletismo pelos rapazes e a dos esportes pelas crianças.[47]

A partir dessas diferentes teses que circularam na I CNE, parece plausível indiciar que na produção de uma (re)forma escolar para a modernização e a regeneração social a temática do esporte aparecia com bastante conforto e sintonia. Ferdinando Labouriau, membro da diretoria da ABE no período, apresentou tese defendendo a criação de um Ministério de Educação Nacional como estratégia capaz de superar a "dispersão de esforços", a "falta de coordenação" e a "ausência de diretivas". Com essas expressões, defendia a unidade nacional e o que chamava de uma visão do problema em conjunto:

> Assim como o problema da siderurgia não interessa apenas aos estados onde há minério de ferro, assim como a questão do café não interessa somente aos estados produtores da rubiácia, sendo ambos, realmente, problemas nacionais, assim também o problema da educação não é meramente uma questão pedagógica, e sim um problema nacional. É mesmo o maior dos problemas nacionais.[48]

---

47. Costa; Shena; Schmidt, 1997, p. 184. Antes desta tese apresentada na I Conferência, o Professor Ambrosio Torres publicou em jornais do Rio de Janeiro, ao longo do ano de 1927, outros três trabalhos relativos à educação física: "A necessidade da educação física nas escolas — o pouco que o Brasil tem feito nesta especialização" (*O Jornal*, 20 fev. 1927); "A propósito da reforma do ensino secundário" (*Jornal do Brasil*, 16 maio 1927) e "As conquistas da Educação Física em nosso País" (*O Jornal*, 26 jun. 1927), conforme levantamento apresentado por Marinho (1952).

48. Costa; Shena; Schmidt, 1997, p. 269.

Esse seu trabalho havia sido publicado um mês antes na revista *A Bandeira*, do Club dos Bandeirantes do Brasil. A ABE, conectada ao clima cultural, fazia circular essas novas referências, novas interações, novas linguagens. Muitos educadores presentes na I CNE defendiam que as salas de aula deveriam ser "mais vivas", os alunos "mais ativos" em seus processos de aprendizagem, a educação escolar "mais eficiente" diante dos problemas nacionais. Nesse exercício de consolidação de uma "eficiência dos gestos", outros espaços vão sendo, a partir da escola, legitimados como lugares educativos complementares: museus, cinemas, bibliotecas, estádios e quadras esportivas. Como todo movimento político e cultural, comportava uma diversidade de sentidos e de significados em correlação. Um conjunto de projeções e práticas passa a circular e a se estabelecer como a nova pedagogia, estendendo pela trama da cidade o propósito de "construir um estado de espírito moderno".[49]

3.3 Ampliando tessituras e polêmicas na escolarização do esporte

Durante a *II Conferência Nacional de Educação*, realizada em Belo Horizonte, em novembro de 1928, os trabalhos foram organizados em seções temáticas, tais como: Educação Política, Educação Sanitária, Ensino Secundário, Educação Social, Ensino Normal, Técnico e Profissional, dentre outras. Em cada uma das seções, teses foram apresentadas e sobre elas produzidos relatórios por comissões especialmente constituídas para esse fim. Depois de elaborados, esses relatórios foram submetidos à aprovação em reuniões plenárias.[50] O texto versando sobre a pertinência da organização de jogos esportivos escolares como uma forma de "curar os excessos dos esportes extraescolares", é parte da tese intitulada *A Unificação do Ensino Normal*, apresentada por Barbosa de Oliveira.[51] Nela, o autor defendia prioritariamente a ideia de que a renovação dos processos de educação escolar no País dependia de um Ensino Normal unificado.

---

49. Nunes, 2000, p. 374.
50. Sobre a organização e a realização da II CNE, veja-se: Carvalho (1998) e Silva (2004).
51. Silva, 2004, p. 138.

Partidário do método ativo — "a escola do trabalho do aluno, ao invés do trabalho do professor" —, esse educador, vinculado ao grupo católico de Fernando de Magalhães assim afirmou:

> A unificação do ensino normal não apresenta inconveniente algum, mesmo adotando o método ativo, e oferece uma vantagem de imensa relevância: criar a alma nacional. [...] a União avocando a organização do ensino normal e adotando as sábias prescrições do método ativo, formará os mestres destinados a educar os brasileiros na escola do trabalho consciente e no espírito de solidariedade fraternal, dupla garantia da grandeza da pátria.[52]

Essa conexão estabelecida por Barbosa de Oliveira entre o método ativo e a unificação do ensino foi contestada por Lourenço Filho no parecer sobre a tese. Para Lourenço Filho, a proposição de Barbosa de Oliveira estava dividida em duas partes: uma "técnica" e outra "política".[53] A adoção do método ativo foi considerada como parte técnica: "uma disciplina liberal e o 'self-government' como base formadora da individualidade, capaz de se elevar, por um esforço pessoal, do exame refletido dos fatos particulares até as ideias gerais". É nessa lógica "técnica" que os jogos esportivos são anunciados como parte do projeto escolar. "A higiene e os desportos, como condição essencial de um estado físico que permita dar ao estudo o máximo de rendimento".[54] Também os trabalhos manuais, os experimentos, as visitas às exposições e museus, dentre outras estratégias. Os interesses dos alunos eram compreendidos como geradores de esforços eficazes e produtivos, e a escola como oficina ou como laboratório, "onde todos trabalham alegremente, com a inteligência estimulada e com a consciência tranquila, pelo cumprimento de um dever que se torna um simples prazer".[55]

Lourenço Filho estava de pleno acordo com essa referência de escola moderna, tomada como assunto "técnico" e como possibilidade

---

52. Silva, 2004, p. 140.
53. Silva, 2004, p. 141.
54. Silva, 2004, p. 138.
55. Silva, 2004, p. 137.

de promoção da eficiência pedagógica. No parecer, alegou até mesmo a positividade desse caminho para o Ensino Normal, pois "o professor tem uma tendência natural de ensinar como aprendeu".[56] No entanto, manifestou suas divergências diante da proposição de que a União deveria assumir e coordenar um projeto único para o Ensino Normal em todo o País. Segundo ele, essa concentração administrativa poderia dificultar a renovação pedagógica em curso, "pois deixará de haver entre os Estados a salutar emulação de hoje". Alegou, assim, que a construção patriótica de "um só espírito, uma só alma", de um "sadio brasileirismo" constituía intenção legítima, a merecer outras medidas que não a entrega do Ensino Normal à União.[57]

Entre a alternativa "técnica" de inovação pedagógica e a reserva "política" de pensar a escolarização como um projeto centralizado, o que parecia estar em questão nos debates da II CNE parecia guardar correspondência com o que Vincent, Lahire e Thin identificaram como dimensões do processo histórico de produção da "forma escolar e sua predominância no modo de socialização peculiar das nossas formações sociais".[58] Em outras seções no mesmo evento, debates e proposições para a Educação Sanitária, a Educação Moral e a Educação Social operavam com os mesmos códigos culturais, ou seja, com as construções e as possibilidades de fazer da escola o lugar — por excelência e por eficiência — de aprendizagem e de produção da vida social.

Nas conclusões aprovadas pela "Seção de Educação Moral" da II CNE constava, dentre outras orientações, a afirmação de que "a Moral é a disciplina em que deve basear — fundamentalmente — a pedagogia, inspirando-lhe as supremas finalidades de todas as ações educativas". Debatendo a constituição desse componente curricular, o relatório ressalta que a educação moral é uma "disciplina eminentemente conformadora da mentalidade" e, como tal, deveria ser a base do ensino nacional. Sua presença na escola estava também ancorada no argumento de que "a ação

---

56. Silva, 2004, p. 141-142.
57. Silva, 2004, p. 142.
58. Vincente; Lahire; Thin, 2001, p. 37.

escolar é principalmente normativa, tendo como suprema finalidade a formação do caráter nacional".[59]

Quando colocadas em diálogo, essas representações relativas aos conteúdos se acomodam como construções normativas e "conformadoras de mentalidades". Nesses termos, autorizam o processo de escolarização do esporte, uma vez que "o mundo sofre com os excessos dos esportes extraescolares" e, ao mesmo tempo, pela possibilidade de o esporte levar à escola "as alegrias e emoções do jogo experimentado depois das aulas". A escola empresta ao esporte sua "suprema finalidade educativa" e dele recebe uma alegria de "eficácia segura" e de "máximo rendimento". Mais um desenho capaz de indiciar a aposta na energização do caráter nacional.

Esse clima de proposições pedagógicas eficientes também se estendeu para a III CNE, realizada no ano seguinte, em São Paulo, bem como os debates relativos à polêmica entre centralismo e descentralização.[60] A temática da Escola Secundária, em razão das polêmicas que agregava, teve sua discussão transferida da segunda para a terceira conferência. Todavia, no intervalo entre os dois eventos, a *Sessão de Ensino Secundário* da ABE realizou, em 1928, um grande inquérito para posterior organização de um documento denominado "O Ensino Secundário — Bases para uma Reforma". Publicado no *Boletim da ABE* de maio de 1929, esse programa apresentava elementos ordenadores para o referido grau de ensino e o detalhamento de propostas para algumas disciplinas escolares: Matemática, Geografia, Educação Física e Sociologia.

O texto intitulado "Programa de Educação Física"[61] incluía no seu conjunto propositivo variadas práticas esportivas e já esboçava alguns elementos relativos ao "cultivo" escolar do esporte, com ordenamentos de tempos e espaços, seleção de conteúdo e outros dispositivos de normatização. Nessa construção curricular constavam tanto as reproduções dos códigos e regras esportivas quanto as reformulações — apropriações

---

59. Silva, 2004, p. 133.
60. Carvalho, 1998, p. 352-374.
61. Boletim da ABE, ano V, n. 33, p. 29, 1929.

escolares — das práticas de esporte tomadas como referência. Para cada uma das séries no ensino secundário foram propostas diferentes modalidades esportivas, algumas delas anunciadas com seus nomes escritos em inglês. Para a 1ª série foram estabelecidas: "bola americana, malho, foot-ball e basket-ball"; para a 2ª série: "volley-ball, malho, bola americana, peteca, natação, waterpolo, foot-ball e basket-ball" e para as 3ª e 4ª séries: "os mesmos jogos praticados na 2ª série e mais o tennis".

O Programa indicava que as aulas deveriam ser divididas em três tempos progressivamente estabelecidos — "marchas e evoluções, exercícios propriamente ditos e jogos" —, evidenciando que o ensino escolar do esporte estava condicionado às orientações oriundas dos métodos ginásticos. Mas essas não eram as únicas produções escolares. Havia outras diretamente vinculadas à reconstrução dos tempos escolares:

> Em tempos de aula o professor deve fazer com que os alunos executem movimentos que interessem o organismo integralmente. Nos dias que os alunos não tiverem aula de exercícios físicos deverão praticar jogos do programa, nas horas de recreio, não se esquecendo de executar a respiração nos intervalos e no fim de cada partida. [...] em campos de dimensões mínimas, o *foot-ball* pode ser praticado durante 15 minutos, divididos em dois tempos de 10 e 5 minutos, com intervalos de 5. O *basket-ball*, também em campo mínimo poderá ser praticada em dois tempos de 4 minutos, de 5 de intervalo.[62]

Dessa maneira, ao mesmo tempo em que aproximava a experiência escolar do *surto dos sports* que contaminava as ruas da cidade com seus nomes em inglês (aceleração cultural), o Programa diferenciava-se dessas práticas pelo estabelecimento de procedimentos tipicamente escolares de normatização das mesmas (afastamento cultural). Como outras seleções culturais, comportou significados compartilhados, apropriações e também elementos de tensão e contradição. Escolarizar o esporte implicou uma remodelagem na experiência esportiva em curso na sociedade e na própria forma escolar, pela adoção de novas referências culturais.

---

62. Boletim da ABE, ano V, n. 33, p. 29, 1929.

Durante a III CNE, também a Seção de Educação Sanitária tratou destes assuntos. Abordou o debate sobre formação profissional e também propôs a criação de espaços recreativo-esportivos nas cidades. Dentre as conclusões aprovadas em 13 de setembro de 1929 destacam-se:

> VI — Para orientar a Educação Física no País é indispensável que sejam criados institutos de educação física, destinados ao preparo de instrutores técnicos;
>
> VII — É de toda conveniência que os professores desses institutos sejam previamente diplomados por Escolas de Educação Física de renome;
>
> VIII — Urge impulsionar nas grandes cidades do País o movimento de criação de parques infantis, praças de cultura física e estádios, sendo conveniente que os primeiros a serem instalados, quando possível, o sejam em zona central, a fim de atraírem a atenção e servirem de exemplo.[63]

O debate relativo à formação de professores apresenta-se como possibilidade de análise dos sentidos propostos para o fenômeno da escolarização, no qual a denominação "instrutor técnico" parece combinar com "o movimento de criação de parques infantis, praças de cultura física e estádios". Sujeitos e espaços, por sua vez, agregados ao projeto de visibilidade pública.

Note-se que nesse mesmo ano de 1929 o Estado de São Paulo reorganizava a Escola de Educação Física da Força Pública e, no Rio de Janeiro, entrava em funcionamento o Curso Provisório de Educação Física do Centro Militar de Educação Física, para o qual, Fernando de Azevedo, então diretor de Instrução Pública do Distrito Federal, enviou 20 de seus professores públicos civis. Como será apresentado mais adiante, esses assuntos também estavam em pauta na Seção de Educação Física e Higiene da ABE que foi "desdobrada em duas no corrente ano, para maior eficiência".[64]

Tudo na ABE parecia ser "para maior eficiência"! Em outra matéria na mesma *Revista Schola*, a professora Laura Jacobina Lacombe comenta

---

63. Cf. III CNE, *Anais...*, 1929.
64. *Revista Schola*, ano 1, n. 1, 1929.

a organização escolar estabelecida na Junior High School, nos Estados Unidos, ressaltando especialmente a *eficiência* dos *Clubs* escolares.

> Concorre para a eficiência dos novos métodos essas organizações também chamadas atividades 'extra-curriculares' [...] Essas instituições que formam a importante parte da vida social da escola, desenvolvem nos alunos o espírito de organização e iniciativa ao mesmo tempo que permite a cada um aprofundar-se na matéria de sua predileção. Os *clubs* também têm um importante papel na orientação profissional.[65]

A professora não se referia apenas aos clubes esportivos, mas também aos grêmios escolares constituídos em torno da música, da história, da geografia, dos trabalhos manuais ou das ciências. A vida social e o espírito de organização e iniciativa, sublinhados por Laura Lacombe, podem ser considerados como novas balizas escolares.

3.4 Educadores, esportistas, médicos e militares na Seção de Educação Física e Higiene da ABE

Em 1925, o *Boletim da ABE* — Departamento do Rio de Janeiro — informou sobre as primeiras seções organizadas na entidade. Entre elas, a Seção de Educação Física e Higiene (SEPH), presidida pelo Dr. J. P. Fontenelle.[66] Como o Dr. Fontenelle, outros médicos também presidiram essa seção entre 1925 e 1935: Faustino Esponzel, Belisário Penna, Gustavo Lessa, Jorge de Moraes e Renato Pacheco. Com diferentes níveis de envolvimento, vale ressaltar, como veremos mais adiante, a participação de Gustavo Lessa e de Renato Pacheco. Ambos, além do envolvimento com a Seção, participaram de forma também ativa no Conselho Diretor da entidade. Esses médicos educadores coordenaram um projeto de Educação Física e Higiene sintonizado com o projeto educativo geral da ABE e conseguiram agregar um número significativo de associados para os debates da

---
65. *Revista Schola*, ano I, n. 6, jul. 1930.
66. Boletim da ABE, ano I, n. 1, 1925.

Seção. Todavia, na antevéspera do Estado Novo, esses personagens cedem lugar aos militares na condução da Seção, com o capitão Ignácio Rolim assumindo a presidência em 1936 e sendo substituído, no ano seguinte, pelo Major Felix Azambuja Brilhante.[67]

Criada para tratar da Educação Física e da Higiene, a Seção experimentou, ao longo de sua existência, diferentes níveis de envolvimentos com as duas temáticas. No seu nascedouro, a higiene teve papel preponderante. Campanhas instrutivas para higienizar o povo e cursos de aperfeiçoamento em higiene, destinados às professoras primárias, constituíram prioridades entre 1925 e 1928. Essas ações eram sempre coordenadas por médicos atuantes tanto na ABE como em outras entidades e redes de sociabilidade que priorizavam a educação higiênica e sanitária.[68] Educação e higiene foram pensadas e produzidas, na ABE, de forma bastante correlacionadas, como duas dimensões complementares no projeto "sanitário" da regeneração social.[69]

---

67. Além das informações sobre a Seção que aparecem tanto no *Boletim da ABE* quanto na *Revista Schola*, a principal fonte estabelecida para o estudo da referida Seção é o *Caderno de Atas da Seção de Educação Física e Higiene*. Nesse caderno constam registros de 76 reuniões realizadas entre maio de 1926 e junho de 1937. Compreendem, quase sempre, as atas propriamente ditas e suas respectivas listas de presença. Ao final do caderno consta também uma lista intitulada *Membros da Seção de Higiene*, na qual estão registrados 45 nomes. Esse caderno de atas possui lugar de relevo na realização desta pesquisa: ele me foi apresentado pela Sra. Arlete Silva quando de minha primeira visita aos arquivos da ABE em 2003. Por sua condição de texto manuscrito, não foi possível fotocopiar. Todavia, em razão de alguns contratempos ocorridos no acervo da entidade, ele ficou desaparecido por exatos dois anos. Em maio de 2005, quando soube que o documento havia reaparecido, resolvi, em acordo com D. Arlete, gravar em fitas cassetes uma leitura das 76 reuniões. Posteriormente, fiz a transcrição delas para o registro escrito e pretendo, tão logo seja possível, revisar o material transcrito e organizá-lo para publicação. Além dos dados e informações que utilizo nesta tese, existe nessa fonte um valioso manancial de indícios e pistas para muitas histórias da Educação Física brasileira. O episódio aparecimento-desaparecimento mostrou que na pesquisa histórica estamos sempre diante do risco de ver nossos documentos transformados em miragens. Como ensina Marc Bloch (2001, p. 87), "o hábito da pesquisa não é de modo algum desfavorável, com efeito, a uma aceitação tranquila da aposta com o destino".

68. Nessa pesquisa não foi possível priorizar as relações estabelecidas entre a escolarização do esporte e as redes de sociabilidade constituídas em torno da temática da higiene. Remeto o leitor interessado aos trabalhos de Rocha (2003) e Soares (2005), especialmente no que analisam sobre os Congressos Brasileiros de Higiene.

69. Cf. Carvalho, 1998.

Quanto à Educação Física, nesse mesmo período, a SEPH orientou esforços para organizar um inquérito sobre o seu ensino nas escolas, evidenciando, assim, que ela já estava ali representada como um componente curricular. Os assuntos relacionados ao fazer pedagógico da Educação Física foram, nesses primeiros anos de funcionamento da Seção, assumidos prioritariamente pelos professores Ambrósio Torres e Gabriel Skinner.[70]

Em 1929, assuntos relacionados ao ensino e à organização curricular da Educação Física, bem como à formação de seus professores, começam a ter maior regularidade nas reuniões da SEPH. É nesse mesmo momento que a temática do esporte passa, então, a aparecer com certa regularidade. A professora Margarida Freyer foi convidada para apresentar, em uma reunião da SEPH, suas ideias sobre jogos rítmicos e Miss Helen Paulinson, da Associação Cristã Feminina, após apresentar "seu modo de ver sobre cursos de educação física para professores primários", foi convidada para ministrar curso especial de Educação Física que, realizado no Flamengo Foot-Ball Club, tinha o propósito de atender os professores primários municipais.[71] De todo modo, alguns assuntos relativos à higiene também continuavam na agenda da Seção: alimentação de escolares, escolas de formação de amas-secas, novas campanhas sanitárias, criação de "cadernos de saúde" nas escolas, engenharia sanitária, dentre outros.

O adensamento de temáticas, tanto no âmbito da higiene quanto no âmbito da educação física, fizeram com que o Dr. Gustavo Lessa, na época presidente da Seção, solicitasse em reunião do Conselho Diretor da ABE, no dia 29 de abril de 1929, a separação dos assuntos em duas seções distintas. Segundo ele, "para dar maior desenvolvimento à parte da Educação Física, que ficará confiada a um especialista no assunto". Mas a proposta foi recusada pelo Conselho Diretor por 8 votos contra 3.[72]

---

70. Atas da Seção de Educação Física e Higiene. Especialmente as 17 primeiras reuniões da seção ocorridas entre maio de 1926 e março de 1929.

71. Atas da Seção de Educação Física e Higiene. Cf. as atas relativas à 13ª e à 19ª reunião da SEPH.

72. Atas do Conselho Diretor. Ata da 106ª Sessão do Conselho Diretor. Conforme consta nessa ata, D. Branca Fialho e os senhores Melo Leitão e Deodato de Morais foram os participantes que se manifestaram oralmente contra a proposta de divisão da Seção.

Mesmo impossibilitado de dividir as tarefas com um colega "especialista no assunto", o Dr. Lessa não deixou de incluir na pauta da Seção os temas e os problemas da Educação Física que se avolumavam ao longo do ano de 1929, especialmente em função do debate relativo à construção dos *playgrounds* e da análise do *Projeto de Educação Física* encaminhado pelo Ministério da Guerra ao Congresso Nacional.[73] A ABE se manifestou diante do referido projeto militar. Essa foi mais uma trama repleta de detalhes e comentários esportivos. O próximo capítulo versará sobre esse projeto que, como uma espécie de "mediador cultural", provocou o embate entre diferentes "mentalidades".

Em setembro do mesmo ano, Gustavo Lessa reapresenta a proposta de separação da Seção, agora "apoiada por várias assinaturas".[74] Aprovado pelo Conselho Diretor da ABE o desdobramento foi encaminhado de modo que a Seção de Higiene ficou sob responsabilidade de Gustavo Lessa e a de Educação Física com o Dr. Jorge de Moraes. Mas o "especialista no assunto" não assumiu efetivamente suas tarefas. Conforme registros no livro de Atas da Seção, os assuntos da educação física continuaram sendo tratados nas reuniões presididas por Gustavo Lessa. O Dr. Jorge de Moraes compareceu à 33ª sessão realizada no dia 29 de novembro, foi apresentado aos presentes como ocupante do novo cargo mas não chegou a presidir nenhuma sessão. No ano seguinte, 1930, a Seção de Educação Física (e Higiene) se reuniu apenas três vezes e sob a presidência de Gustavo Lessa. Em uma dessas reuniões, Jorge de Moraes compareceu. Ficando inativa de setembro de 1930 a junho de 1933 a SEPH teve suas atividades retomadas em circunstâncias especiais. Durante este período a ABE como um todo experimentava decisivas reacomodações de interesses.[75]

---

73. Cf. no Anexo que durante o ano de 1929 foram realizadas 22 reuniões da SEPH. Ao longo do período 1926/1937 este foi o ano que agregou maior número de sessões. Se considerarmos que no decorrer dos três anos anteriores a SEPH havia realizado apenas onze reuniões, talvez fosse possível afirmar que é em 1929 que ela começa efetivamente a operar como lugar de produção e de circulação de proposições e práticas.

74. Atas do Conselho Diretor. Ata da 127ª Sessão, realizada em 23 de setembro de 1929.

75. Entre 1930 e 1932, período em que a SEPH ficou praticamente inativa, acirrados debates internos à ABE tematizaram a polêmica da unidade nacional e seus desdobramentos no confronto centralismo x federalismo. Esse tema dividia posições na ABE, bem como o debate sobre a vinculação

Em junho de 1933, na condição de presidente da ABE, a Sra. Armanda Álvaro Alberto convocou uma reunião da SEPH na qual o Dr. Renato Pacheco foi empossado como presidente da Seção "sob prolongada salva de palmas", permanecendo no cargo até agosto de 1935. Voltando a ser de Educação Física e Higiene, a Seção experimentou nesse momento uma reconfiguração em suas ações e, principalmente, no perfil de seu quadro de associados participantes. Nesse dia da posse, um clima de mudança se fazia perceber.

> O Dr. Renato Pacheco iniciou o seu discurso de agradecimento e prometeu envidar o melhor de seus esforços para o exato cumprimento do mandato que lhe é conferido. O Sr. Presidente convidou o Dr. Tavares de Souza para secretariar a sessão e consulta aos presentes o modo como devem ser orientados os trabalhos da Seção.
>
> Dr. Edgar Süssekind de Mendonça propõe que o Sr. Presidente nomeie uma comissão que trace a programação de trabalho da Seção. O Dr. Oswaldo Diniz Magalhães é também da opinião que seja nomeada uma comissão para orientação dos trabalhos, abrangendo desde a Educação Física da infância até a Educação Física dos outros centros desportivos.
>
> O Dr. Gustavo Lessa é partidário de nomeação de diversas comissões de acordo com as especialidades, isto é: uma comissão de Educação Física e outra de Higiene. De acordo com os desejos dos presentes o Sr. Presidente nomeou a comissão de educação física para a qual propõe, sendo unanimemente aceitos, os senhores Capitão Orlando Eduardo Diniz, Capitão Ciro R. Resende e Dr. Oswaldo Magalhães. Fazendo o elogio da comissão designada o Sr. Presidente apresenta também à Diretoria da ABE os senhores Horácio Werner, Samuel de Oliveira, Raul Portugal, Matheus Pereira, Flávio P. Duarte, comandante Paulo M. Meira, Dr. R. Pontual e Dr. Tavares

---

entre educação e religião católica. Também nesse período, muitos educadores vinculados à entidade assinaram o *Manifesto dos Pioneiros da Educação Nova*, divulgado em março de 1932. Tanto a IV CNE, realizada em 1931 na cidade de Niterói, como a V CNE realizada em 1932, no Rio de Janeiro, foram também palcos de debates e problematizações sobre o envolvimento/atrelamento da entidade ao governo provisório instituído em 1930. O Ministério da Educação e Saúde havia sido criado e assumido por Francisco Campos em 1931. Muitas ações propostas pareciam "misturar" ABE e Governo. O agravamento das polarizações fez com que os católicos se retirassem da ABE no final do ano de 1932. Sobre esses assuntos, cf. Carvalho, 1998; Xavier, 2002; dentre outros.

Souza, tidos todos com longa fé de ofício nos desportos do Brasil e capazes de cooperar eficientemente nas [ações] designadas na Seção de Educação Física e higiene da ABE.[76]

Desse momento em diante, a SEPH se envolve com a criação de um *Plano Nacional de Educação Física* e posteriormente com a organização do *VII Congresso Nacional de Educação*. Assim, nota-se, pelas atas da Seção, que a temática da higiene, naquela perspectiva de uma educação sanitária, vai ficando mesmo em segundo plano. Os novos personagens que passam a frequentar a Seção são oriundos do mundo esportivo e do Centro Militar de Educação Física. Entre eles, momentos de complementaridade e também momentos de dispersão. Desse período em diante, as questões relativas a um plano nacional de educação física e desportos passaram a se sobrepor às preocupações com os métodos e programas escolares de ensino da Educação Física. Efeitos de uma politização da educação que acontecia na nação e na própria ABE. Mais adiante, voltaremos a essa questão.

No movimento expresso nas atas da SEPH pode-se notar os fluxos e os refluxos de diferentes assuntos e pessoas, os muitos silêncios e alguma fluidez, a predominância dos homens no comando e das mulheres na secretaria dos trabalhos, os diálogos estabelecidos com a ACM e com o Exército, os momentos áureos da Seção e os momentos de incerteza. A SEPH parecia acontecer como um "pequeno comentário" no qual se expressavam os acontecimentos maiores da ABE. Ajustando o ângulo da objetiva sobre a SEPH vê-se no seu nascedouro a ênfase higiênica e sanitária que abraçava a causa da regeneração pela educação. Também na Seção o debate político sobre centralismo x descentralização, um dos principais pontos de polêmica na própria ABE. Um dilema de ordem política — operado muitas vezes como problema de ordem técnica — que perpassou a entidade desde a sua fundação e ganha no pós-1930 matizes que envolvem prática de concessões aos interesses de estado. No caso específico da Seção de Educação Física e Higiene, tais concessões se ex-

---

76. Atas da Seção de Educação Física e Higiene. 37ª reunião, realizada aos três dias do mês de junho de 1933.

pressaram na gradativa inclusão dos militares nos processos de tomada de decisão. Esses personagens, mesmo dotando a Seção com seus códigos disciplinares, não fizeram com que ela fosse adiante...

As atas de reuniões da SEPH permitem acompanhar esse movimento político-cultural que delineia a educação física e nela o tema do esporte. Em 1935, logo após a realização do VII CNE, o Dr. Renato Pacheco solicita a indicação de um substituto para o seu cargo de presidente da SEPH. Junto com ele, o Sr. Oswaldo Diniz Magalhães, secretário da Seção, "pede que seja indicado ou aclamado o seu sucessor, que possa gozar do privilégio de registrar nas atas da Seção as manifestações sábias e inteligentes dos companheiros".[77] Um ano depois, a ordem do dia tinha outra configuração. Outra modelagem disciplinar se expressava nos conteúdos em pauta, na maneira de abordar os assuntos coletivos e até mesmo na forma de ordenar a ata da reunião:

> Abriu a sessão o Capitão Ignácio Rolim, eleito presidente e empossado em reunião anterior, conforme comunicou aos presentes, passando em seguida ao assunto para o qual fora convocada a reunião. Apresentação do plano de trabalho a ser desenvolvido por essa Seção da Associação Brasileira de Educação:
>
> a) As reuniões bimensais de duração de uma hora serão de assuntos técnicos;
>
> b) Dentre os freqüentadores, deverão ser destacados membros que se incumbirão de assuntos relativos à sua especialidade, respondendo a quesitos que lhes forem apresentados ou fazendo palestras solicitadas pelos membros da Seção;
>
> c) Pesquisas de diversas naturezas tais como organização da Educação Física no Brasil e fora dele, livros existentes na biblioteca da ABE, iniciativas particulares, deste modo a Seção, aos poucos, poderá tornar-se capaz de informar sobre assuntos de Educação Física;
>
> d) Uma demonstração em 12 de outubro próximo, no F.F.C., na qual tomarão parte crianças, jovens e adultos, a fim de incentivar a prática dos exercícios.

---

77. Atas da Seção de Educação Física e Higiene. 66ª sessão, 20 de agosto de 1935.

e) Torneios entre as escolas.

Esboçado assim em traços gerais o plano, o Sr. Presidente pede aos presentes que se manifestem, desejando ouvir a opinião da professora Lois Willians, a qual, acentuando a necessidade de dar um caráter de assunto técnico às reuniões, julga que assim comparecerão muitos professores.

A seguir o professor Mario Rodrigues indaga se não tratam, então, do plano de demonstração que se acha muito próximo. O Sr. Presidente informa que os ofícios já estão sendo feitos, que a parte feminina será executada pela Escola Secundária do Instituto de Educação e que será convocada uma reunião central, digo, comissão central da qual fará parte o professor Diniz Magalhães.

Nada mais havendo a tratar, ficou marcada para 24 de setembro, quinta-feira, às 5 horas, a próxima reunião a fim de estudar o plano da demonstração.

Encerrou-se a sessão da qual lavro a presente ata que, para constar, assino.

Ruth Gouveia

Ignácio Rolim, Capitão.[78]

3.5 Mudanças no primado orientador de uma educação esportiva

Essa incursão pela SEPH da ABE indicia que as ações ali estabelecidas na década de 1920 mostram uma gradativa mudança no primado orientador da educação do corpo, tanto no que diz respeito à "higiene" quanto na "educação física". Como sugere Marta Carvalho, a disciplina como ortopedia foi gradativamente substituída pela disciplina como eficiência. Todavia, as ideias de liberdade, progresso e autogoverno que emolduravam o discurso da eficiência e da educação para a vida em sociedade foram, no pós-1930, surpreendidas com os rumos políticos tomados pela modelagem da disciplina, especialmente aqueles que subordinaram a eficiência social aos interesses cívicos alocados no Estado.

Parafraseando Carvalho, parece ser necessário atentar para o fato de que o civismo começava a se expressar como um "novo nome da discipli-

---

78. Atas da Seção de Educação Física e Higiene. 68ª sessão, 17 de setembro de 2006.

na". Essa imagem corporal do civismo é imagem de corpos eficientemente ordenados a serviço do corpo-nação. Representação que aparece no primeiro número da Revista de Educação Física do CMEF, em 1932, com o *slogan* "ser forte para fazer o Brasil forte", bem como no painel disposto como pano de fundo na abertura do *VII Congresso Nacional de Educação*, em 1935: "pátria forte requer filhos fortes".[79] De alguma forma, esse civismo como metáfora da disciplina foi abordado por Alcir Lenharo a partir da ideia de "militarização do corpo".[80] Oswald de Andrade, por ele citado, contribui na interpretação da configuração discursiva e imagética da década de 1930: "Hoje, mitos novos e vitoriosos fluíam da vida política. O irracional desembocando sem peias das malhas individualistas do capitalismo. O fascismo! O troglodita debatendo-se num alento às portas da socialização".[81]

Pensar o civismo como mais uma metáfora da disciplina trouxe novos elementos à análise da escolarização do esporte.[82] No caso brasileiro, o delineamento de um projeto nacionalista foi produzido em diálogo com imagens similares, em circulação por outros países e por outros modelos corporais de "civismo" representados no comunismo, no fascismo ou no nazismo, especialmente em suas propagandas de governo. O esporte participou de várias dessas conformações.[83]

Da eficiência ao civismo, o esporte atualiza e expande a sua participação. Agregar-se ao civismo e ao nacionalismo parece ter sido tarefa simples para o esporte brasileiro. Ao longo da década de 1930 foram criadas as

---

79. Cf. *Revista de Educação Física*, ano I, n. 1, e acervo de fotografias do VII CNE.

80. Cf. Lenharo, 1986.

81. Lenharo, 1986. A citação de Andrade é epígrafe do livro.

82. Agradeço a Marta Carvalho as pistas sugeridas para a construção deste argumento relativo ao primado do civismo como disciplina. Por ocasião de meu exame de qualificação a professora assim argumentou: "Tem uma outra coisa que se vincula e que tem que ser considerada, que é a questão dessas formas de fascismo mundiais, do início dos anos 30. Elas botam em circulação imagens do corpo que redefinem um pouco, eu acho, as questões. [...] é uma subordinação mais completa dos gestos, uma coisa que não é só adaptação e adequação ao movimento, agilidade, como está posto para a eficiência, mas é alguma coisa que, de algum modo, configura essa representação de um Estado forte, de uma subordinação ao Estado etc." (transcrição da gravação realizada durante o exame de qualificação, em dezembro de 2004).

83. Cf. Vaz, 2001; Agostino, 2002; dentre outros.

condições de possibilidade para que, em 1941, por meio do Decreto-lei n. 3.199, o esporte brasileiro se tornasse completamente subordinado ao Estado. Nessa legislação, a metáfora do civismo se expressa de modo especial. O Conselho Nacional de Desporto, criado para "orientar, fiscalizar e incentivar a prática dos desportos em todo o país" deveria ser composto por "pessoas de elevada expressão cívica". Entre as competências atribuídas ao órgão máximo recém-criado destacava-se a tarefa de

> Estudar e promover medidas que tenham por objetivo assegurar uma conveniente e constante disciplina à organização e à administração das associações e demais entidades esportivas do país, bem como tornar os desportos, cada vez mais, um eficiente processo de educação física e espiritual da juventude e uma alta expressão da cultura e da energia nacionais.[84]

Com uma modelagem de unificação nacional, o civismo fez expandir as justificativas produzidas para a escolarização do esporte. Esse movimento de sucessivos e, por vezes, sutis ajustes culturais esteve presente não só na Seção de Educação Física e Higiene, mas nos diferentes lugares educativos produzidos pela (e produtores da) ABE.

Este capítulo começa com Barbosa de Oliveira afirmando, em 1928, que os "excessos nos esportes extraescolares" eram "um mal de certa importância" e que, para sua solução, incluir jogos esportivos nos horários escolares compreenderia uma "eficácia segura". O assunto em questão compõe um amplo conjunto de inovações e modernizações que borbulhavam e animavam as reuniões, as ações, os debates científicos, os posicionamentos políticos, os métodos de ensino e outras tantas dimensões que tocam, de perto, o processo de escolarização das novas gerações.

A ABE, lugar múltiplo e polissêmico de tais produções, tendia a fazer convergir para si, também, a ideia de vanguarda. A modernização da vida social deveria, de alguma maneira, passar por aquele endereço — primeiro na rua Chile, n. 23, 1º andar; depois na avenida Rio Branco, 91, 1º andar, pois na ABE estavam sendo gestadas as soluções. O mesmo professor

---

84. Brasil. Decreto-lei n. 3.199 de 14/4/1941, que estabelece as bases de organização dos desportos em todo o país. *DOU* 15 abr. 1941.

Barbosa de Oliveira havia assim anunciado em 1926: "O problema da educação nacional só estará a caminho de ser resolvido no dia em que possuirmos uma 'elite' esclarecida e consciente, capaz de compreender sua importância e de empreender sua solução. Preparar essa 'elite' é, pois, o primeiro passo a realizar".[85]

Nos capítulos seguintes serão retomados alguns dos fatos e personagens aqui apresentados. Seguimos acompanhando os passos esportivos desta elite.

Sempre eficientes, e cada vez mais cívicos! Balizas modernas.

---

85. Boletim da ABE, ano II, n. 6, jul. 1926.

Capítulo 4

Os militares e a ABE: contenções aos "excessos" de poder

> Aberta a sessão o Sr. Presidente explicou o motivo do convite feito aos técnicos de Educação Física presentes e, ao mesmo tempo, expôs o que já tem feito a Seção sobre o assunto que hora os reúne. Pediu-lhes um parecer sobre o anteprojeto de lei submetido ao estudo da Comissão de Educação Física. Por não terem estudado suficientemente o projeto abstiveram de dar, de pronto, qualquer opinião, pedindo um prazo para fazê-lo. Foram trocadas várias idéias sobre o plano geral do referido anteprojeto convocando todos na conveniência de impedir que a Educação Física seja ministrada às crianças pelos sargentos (ata da 32ª Sessão da SEPH, em 22/11/1929).

> A retórica e as regras de uma sociedade são muito mais que meras imposturas. Simultaneamente, podem modificar em profundidade o comportamento dos poderosos e mistificar os destituídos do poder. Podem disfarçar as verdadeiras realidades do poder, mas, ao mesmo tempo, podem refrear esse poder e conter seus excessos. E muitas vezes, é a partir dessa mesma retórica que se desenvolve uma crítica radical da prática da sociedade (Thompson, 1987).

Em 1929, o Ministério da Guerra do Governo de Washington Luís elaborou e enviou ao Congresso Nacional um anteprojeto de lei relativo à Educação Física. Na historiografia da área, tem sido recorrente a afirmação de que o referido documento, ao se tornar público, sofreu, por parte da Associação Brasileira de Educação (ABE), "severas críticas" documentadas em um parecer. Nesses termos, consolida-se como verdade histórica a seguinte representação: os militares formularam um projeto de intervenção na Educação Física brasileira, a ABE se apresentou como único lugar de resistência e, apesar dessa manifestação "civil", a militarização da Educação Física seguiu o seu curso, consolidando-se na década de 1930. Esse desenho interpretativo é assim apresentado por Celso de Castro:

> Podemos considerar a proposta de se estender a Educação Física de inspiração militar a todas as escolas civis, presente no anteprojeto de lei de 1929, do Ministro da Guerra, como o ponto de partida para o uso da educação física pelos militares como instrumento de intervenção na realidade educacional e social do país. [...] Essa iniciativa intervencionista, no entanto, encontrou resistência desde o início. O anteprojeto foi *severamente criticado* pela Associação Brasileira de Educação. As críticas à proposta do ministro estavam diretamente vinculadas ao fato de ser um projeto militar. A ABE tentava evitar, como ocorrera na França, que 'os militares invadissem a escola' [...] apesar das críticas da ABE, o presidente Washington Luís encaminhou o anteprojeto militar ao Congresso Nacional.[86]

Com algumas variações, esse envolvimento da ABE com o anteprojeto militar foi também apresentado por outros historiadores. Para José Silvério Baia Horta, o período em questão expressa a intenção militar de fazer da escola um lugar de preparação indireta do futuro soldado, pelo disciplinamento das novas gerações e, principalmente, pela inculcação do espírito de segurança nacional. Ao tratar do episódio de 1929, Baia Horta assim se posiciona:

> Em 1929, uma Comissão, presidida pelo Ministro da Guerra, preparará um anteprojeto de lei, regulamentando o ensino da educação física em todo o país. Este anteprojeto, elaborado a partir da experiência do Centro Militar de Educação Física, criado em 1922, no Rio de Janeiro, por influência da Missão Militar Francesa, será encaminhado ao Congresso pelo Presidente Washington Luis [...] O projeto do Ministério da Guerra será objeto de *severas críticas* da Associação Brasileira de Educação. Os educadores da ABE, que haviam incluído a educação física escolar no projeto de reforma do ensino

---

86. Castro, 1997, p. 65-66, grifo meu.

secundário por eles elaborado em 1929, apresentarão um projeto alternativo, no qual procurarão diminuir a influência dos militares.[87]

O assunto é também comentado por José Tarcísio Grunennvaldt, em seu estudo sobre a fundação da Escola Nacional de Educação Física e Desportos:

> [...] "as contradições se explicitam e geram uma *grande polêmica*, quando a ABE questiona a adoção do Método Francês como Método Oficial de Educação Física nas escolas brasileiras, considerando que tal medida visava militarizar a sociedade".[88]

Abordando a presença da Escola Francesa de Ginástica no Brasil, Carmen Lúcia Soares também comenta o episódio, apoiando-se no estudo de Mário Cantarino Filho que, por sua vez, toma Inezil Penna Marinho como fonte. Assim, diz a autora:

> O anteprojeto em questão recebeu *severas críticas* da Associação Brasileira de Educação (ABE) que, desde a sua fundação em 1924, dedicava especial atenção à Educação Física, possuindo em sua estrutura organizacional um Departamento de Educação Física e Higiene.
> As críticas que fez a ABE foram dirigidas tanto ao órgão burocrático do governo, considerado incapaz de resolver um problema educativo nacional, quanto às finalidades e inconvenientes de se transplantar, para o Brasil, um sistema estrangeiro de ginástica, tornando-o obrigatório.[89]

Outro autor, Amarílio Ferreira Neto, ao defender a tese de que os militares foram os fortes responsáveis pela escolarização da Educação Física no Brasil, prefere enfocar a preocupação desse grupo com o estabelecimento de uma "teoria pedagógica", cientificamente estabelecida, tanto para a

---

87. Baia Horta, 1994, p. 65-66, grifo meu. Ao se referir às "severas críticas", o autor utiliza como fonte o Anexo II — Legislação da Educação Física/Desporto do documento "Diagnóstico da Educação Física/Desporto no Brasil" — elaborado pelo MEC em parceria com o IPEA em 1971. O autor desse diagnóstico, professor Lamartine Pereira da Costa, também utiliza a mesma expressão — severa crítica — para falar da ABE, embora não cite sua fonte.

88. Grunennvaldt, 1998, p. 111-112, grifo meu.

89. Soares, 1994, p. 82-83, grifo meu.

"tropa" quanto para a "escola". Embora concentre parte significativa de seus estudos no período em questão e na relação estabelecida entre os militares e os intelectuais brasileiros, Ferreira Neto não trata de forma específica o episódio de 1929.[90]

Tomando esses estudos como base inicial de minhas indagações e buscas de novas fontes, considerei importante perceber que esses historiadores têm em comum o fato de constituírem como questões prioritárias em seus comentários o caráter militar assumido, no Brasil, pela Educação Física escolar e a prescrição do Regulamento n. 7, o "Método Francês". Partindo de tais ângulos de observação, a análise do episódio *Anteprojeto Militar* x *Parecer da ABE* parece tender a secundar a produção e a circulação do parecer, colocando mais luz no teor do anteprojeto e no poder que ele representa: uma regra militar a ser cumprida, um modelo pedagógico para a Educação Física.

Essa pouca ênfase da historiografia no parecer pode ser interpretada a partir de dois prismas. De um lado porque, apesar do posicionamento da ABE, o projeto foi encaminhado ao Congresso Nacional, pelo Presidente da República, em maio de 1930. A intencionalidade registrada no anteprojeto foi relativamente vitoriosa no decorrer dos anos seguintes. Ao assumir o governo da "revolução", em novembro do mesmo ano, Getúlio Vargas o fez em nome "do exército, da marinha e do povo".[91] Nessa conjuntura, como adiante pretendo mostrar, "a retórica e as regras"[92] estabelecidas no anteprojeto pareciam favorecer mais a articulação política de sustentação do poder do que aquelas contidas no parecer da *Seção de Educação Física* da ABE. Essa Seção, apesar da intensa atividade realizada em 1929, especialmente em razão do parecer, só conseguiu realizar três reuniões em 1930, e nenhuma reunião em 1931 e 1932.[93]

De outro lado, ressalto que as fontes mobilizadas pelos estudos citados são prioritariamente as fontes militares e/ou as oficiais. Assim,

---

90. Cf. Ferreira Neto, 1999.
91. Discurso de posse, em 3 de novembro de 1930. Disponível em: <www.cpdoc.fgv.br>.
92. A expressão é de Thompson (1987), conforme anunciado na epígrafe deste capítulo.
93. Esse vazio de reuniões no início da década de 1930 é expressivo. Como também as 21 reuniões realizadas em 1929, com uma periodicidade quase quinzenal. Cf. Anexo.

o referido parecer, bem como os seus autores e as circunstâncias que mobilizaram suas ações, tende a se tornar "invisível". Como em um jogo perdido, onde importa pouco saber sobre o time não vitorioso. Sobre esse prisma que foca o olhar nas fontes, parece também necessário ressaltar que as séries documentais sistematizadas por Inezil P. Marinho são acionadas com regularidade. Em geral, são elas as referências primárias utilizadas para registro do episódio. Embora em uma de suas obras ele apresente na íntegra os dois documentos — o anteprojeto e o parecer — vale aqui notar que são originalmente deste autor as expressões "severa crítica" ou "grande crítica" com as quais se adjetiva a ação da ABE nesse episódio.[94]

Diante dessas análises prévias, tentei construir um olhar mais demorado sobre as condições e o percurso de produção e de circulação dos dois documentos. Em ambos, o conteúdo, os autores, as formas de elaboração e a publicação apresentaram-se como pistas a indiciar que a trama aí constituída foi mais complexa do que se escolheu ou se convencionou revelar. Longe de ser apenas um embate rigidamente polarizado entre militares e civis, uma mudança no foco da observação permitiu identificar que os pontos de tensionamento de tal episódio podem ser interpretados como uma luta de representações entre projetos educativos diferenciados que, no seu desenrolar, comportou interesses específicos, negociações, apropriações e transações provisórias. Atentar para os sujeitos e para suas escolhas possibilitou enxergar deslocamentos e identidades plurais.

---

94. As coleções de documentos estabelecidas por Inezil Penna Marinho são um grande legado histórico para a Educação Física brasileira. Um "monumento", que carrega as marcas e os sentidos de quem o fabricou como história serial. Nestes termos, convidando permanentemente a uma crítica interna, onde a relação falso-verdadeiro, própria aos "documentos", possibilite conhecer as suas condições de produção. A desmontagem do "documento-monumento", afirma Le Goff (1997, p. 103-104), é tarefa de transferência, do campo da memória para o da ciência histórica: "Cabe ao historiador não fazer papel de ingênuo [...] porque um monumento é em primeiro lugar uma roupagem, uma aparência enganadora, uma montagem. É preciso começar por desmontar, demolir esta montagem, desestruturar esta construção e analisar as condições de produção dos documentos-monumentos". A "desmontagem" da história da Educação Física brasileira construída por Marinho tem sido um desafio a ser enfrentado. Uma pista talvez seja re-visitar os inúmeros arquivos que ele visitou. Tarefa árdua, trabalhosa. Todavia, menos cômoda do que aceitar silenciosamente a montagem que o Professor Inezil, à sua época, com os seus interesses, edificou com rigor de detalhes. O acervo da ABE foi por ele visitado. Encontrei-o por lá, também como associado. Mas essas são outras futuras histórias...

A plasticidade e a fluidez, por vezes, desconectavam os sujeitos de seus grupos aparentemente estáveis.

Ambos os documentos tendem, em alguma medida, a "disfarçar as verdadeiras realidades do poder" e também a "refrear esse poder e conter seus excessos", como Thompson sugere pensar.[95] O episódio em questão parece confirmar tais premissas. Também pareceu razoável considerar, como propõe Luciano Mendes de Faria Filho, que o processo de construção de leis merece ser observado como um campo de produção e de expressão de conflitos sociais e que, no âmbito da legislação educacional, leis, decretos e similares constituem, muitas vezes, a materialização de determinadas formas de pensar a escola, a educação e seus agentes: "A lei é, também, estabelecedora e demarcadora de identidades profissionais".[96]

Talvez a prioridade do anteprojeto não tenha sido a militarização da escola. Talvez a "crítica da ABE" não tenha sido tão "severa" assim! Então, por que se consolidaram tais representações? *Retóricas e regras*, no passado e no presente, tentando lidar com os excessos do poder? Diante da complexidade de tais questões, meu principal propósito foi indagar em que medida o esporte participou dessa configuração e se a sua escolarização foi também ponto de debate e proposição.[97] Partindo, então, desse recorte específico, foi possível perceber, mais uma vez, a presença do esporte, um lugar e um tema de relevo no processo de produção de sentidos para a "Educação Física", objeto principal do anteprojeto e do parecer.

4.1 O anteprojeto militar... um desenho para o poder

A comissão que elaborou o anteprojeto não era composta apenas por militares. Presidida pelo Ministro da Guerra, o general Nestor Sezefredo dos Passos, a comissão incluía outros três militares: comandante Jorge de Albuquerque, tenente Ignácio de Freitas Rolim e tenente Jair Dantas Ribeiro — estes dois últimos, professores da Escola de Sargentos

---

95. Thompson, 1987, p. 356.
96. Faria Filho, 2005a, p. 254.
97. Dessa forma, não tive a intenção de esgotar uma relevante história da educação física brasileira expressa nesse episódio. Essa seria uma outra pesquisa histórica a ser realizada.

e importantes personagens da sistematização, aplicação e divulgação do "Regulamento Geral de Educação Física", nome dado à versão brasileira do "Método Francês". Como comentado anteriormente, o tenente Ignácio Freitas Rolim, com participação efetiva na *Seção de Educação Física e Higiene* da ABE a partir de 1933, chegou a ser presidente desta em 1936. Além dos quatro oficiais militares, outros seis membros compunham a comissão. Entre eles, médicos, advogados, esportistas, deputados. Civis, com múltiplas inserções.

O professor Dr. Faustino Esponzel foi presidente do Clube de Regatas do Flamengo em mais de uma gestão durante a década de 1920. Seu nome consta também na lista de associados da ABE desde 1925,[98] tendo ocupado, também, o cargo de presidente da Seção de Educação Física e Higiene, em 1926.[99]

O Dr. Arnaldo Guinle publicou, em 1920, em parceria com Maro Pólo, o "Guia Prático de Educação Física calcado no método da Escola de Joinville-le-Pont". Consta da lista de associados da ABE desde 1927[100] e sobre ele existem reportagens na revista do *Club dos Bandeirantes do Brasil*. Foi também presidente em 1924, da Associação Metropolitana de Esportes Atléticos (AMEA) da cidade do Rio de Janeiro.[101] Essa organização esportiva realizou ações em parceria com a ABE em 1925 e 1926.[102] Na década de 1930, foi um ardoroso defensor da profissionalização no futebol.[103]

O Dr. Renato Pacheco era médico. Foi membro da Diretoria da ABE e presidente da Seção de Educação Física da entidade, permanecendo nesse cargo entre 1933 e 1935. Conforme comentado no capítulo anterior, seu afastamento da presidência da Seção se dará posteriormente ao *VII Congresso Nacional de Educação*, momento em que assumiu o cargo

---

98. Boletim da ABE, ano 1, n. 1, set. 1925.

99. Boletim da ABE, ano 1, n. 3, jan. 1926. Cf. também o livro de atas da Seção de Educação Física e Higiene no ano de 1926 e também a ata da 8° Sessão do Conselho Diretor da ABE ocorrida em 12 de setembro do mesmo ano que notifica a renúncia de Faustino Esponzel do cargo de presidente da SEPH.

100. Carvalho, 1998, p. 495.

101. Cf. Pereira, 2000.

102. Boletim da ABE, ano 1, n. 3, e n. 4, 1926.

103. Cf. Pereira, 2000.

o capitão Rolim. Foi também presidente da Confederação Brasileira de Desportos.

Já o Dr. Jorge Figueira Machado foi quem levou o referido anteprojeto — ou o seu esboço — à ABE. Professor do Colégio Pedro II e da Escola Normal do Distrito Federal, Jorge Figueira Machado exerceu, durante a década de 1930, funções administrativas no Ministério da Educação e Saúde. Entre suas produções, destacaram-se aquelas que estabeleciam relações entre política de educação e política de segurança nacional.[104] Sua iniciativa em levar pessoalmente o anteprojeto a uma reunião do Conselho Diretor da ABE, em abril de 1929, indicia sua proximidade com a entidade. Na ocasião, assim ficou registrada em ata a sua participação:

> O Sr. Jorge Figueira Machado justifica um projeto que apresenta sugerindo a criação de uma comissão nacional de Educação Física. Lembra que o Sr. Ministro da Guerra pretende promover a difusão da Educação Física em todo o Brasil. A ABE que deve ser a orientadora em matéria educativa não pode se desinteressar neste momento dessa questão, afirma. O problema da Educação Física, antes de ser militar, é educativo. Cabe à ABE, continua, além de secundar a ação do Ministro da Guerra, evitar os atentados pedagógicos que possam surgir. Já existem documentos oficiais que recomendam a criação de escolas de educação física dirigidas por militares. Lê então o seu projeto. O Sr. Presidente comunica que de acordo com o regulamento, será o mesmo encaminhado à Seção de Educação física e Higiene.[105]

Também o Deputado Artur Lemos e o Dr. Fernando de Azevedo completavam a composição da comissão de elaboração do anteprojeto, coordenada pelo Ministro da Guerra. Na condição de deputado, Artur Lemos esteve presente naquela sessão da Câmara na qual o Dr. Jorge de Moraes apresentou pronunciamento relativo aos destinos da Educação Física, em 1927. A aproximação de Fernando de Azevedo com os militares e também com a Educação Física já foi comentada anteriormente. Vale ressaltar que em 1925, em entrevista concedida ao jornal "Diário da

---

104. Baia Horta, 1994, p. 79.
105. Atas do Conselho Diretor. 103ª sessão, 3 de abril de 1929.

Noite", Fernando de Azevedo apresentou uma proposta de organização de um *Congresso Brasileiro de Educação Física* que deveria ocorrer em São Paulo. Na programação constava um tópico relativo à pertinência de se discutir a "formação civil dos professores de Educação Física" e a "criação de uma Escola Normal Superior de Educação Física".[106] Mas, em 1929, no cargo de diretor de Instrução Pública do Distrito Federal, Fernando de Azevedo construiu condições para que 20 professores de escolas primárias participassem, junto com oficiais designados, do Curso Provisório de Educação Física realizado na Escola de Sargentos, sob coordenação dos tenentes Ignácio de Freitas Rolim e Virgílio Alves Bastos. Sua participação como membro da comissão de elaboração do anteprojeto nesse mesmo ano parece estar vinculada a esse conjunto de ações.

Assim, talvez seja necessário considerar que uma aproximação de variados sujeitos e interesses pode ter construído as condições para a produção do Anteprojeto do Ministério da Guerra. Esse documento foi elaborado em quarenta e quatro artigos, distribuídos em sete seções assim intituladas: I — Disposições Gerais; II — Educação Física Escolar; III — Educação Física Post-Escolar; IV — Dos professores, instrutores e monitores de Educação Física; V — Dos fundos da Educação Física; VI — Penas; e VII — Disposições transitórias.[107]

Tomando como referência inicial essa estrutura proposta, é possível identificar que o ordenamento jurídico do anteprojeto não se restringe ao campo escolar. Sua pretensão de abrangência revela-se como estratégia de organização de várias práticas sociais relativas à educação física — que no documento assume um sentido alargado: o escolar, o não escolar, os profissionais da área, a geração e a destinação de recursos.

Na forma de lei, o anteprojeto revela-se também como um dispositivo de conformação e de disciplinarização das relações e dos conflitos sociais, pelo que anuncia, como prescrição de condutas e costumes e,

---

106. Azevedo, 1960, p. 325-331.

107. Esse anteprojeto pode ser encontrado na Coleção de Leis do Centro Esportivo Virtual (disponível em: <www.cev.org.br/Br/biblioteca/leis>) e também em Marinho (1952, p. 195-204). Nessa versão apresentada por Marinho consta sua transcrição na íntegra e, assim sendo, será tomada como referência nas citações que se seguem.

principalmente, pelo que prevê como penalidades e sanções.[108] Produz uma forma de relacionamento Estado-Sociedade, relativo a um conjunto de práticas denominadas de "Educação Física". Torna-se importante atentar para o fato de que o ordenamento jurídico anuncia e reconhece a existência de tais práticas, com suas tensões e contradições. Identificar estas práticas é identificar, então, os interlocutores ocultos (ou revelados) — aqueles a quem se destinam a mensagem da lei. Anunciado ora de forma sutil ora de forma bastante explícita, encontramos o esporte como um dos principais pontos de conflito sobre o qual o anteprojeto pretende atuar.

Nas "Disposições Gerais", o anteprojeto estabelece que "a Educação Física deve ser praticada por todos os residentes do Brasil", que a mesma será "obrigatória em todos os estabelecimentos de ensino" e que seu desenvolvimento será "fiscalizado pela União".[109] Propõe também a criação de um Conselho Superior de Educação Física, com sede no Ministério da Guerra, que centralizaria todas as decisões sobre o tema. Já aqui, dois pontos a provocar posterior tensionamento: o centralismo da estrutura proposta, bem como a sua vinculação ao Ministério da Guerra.

É interessante notar que, mesmo com tal pretensão de controle e abrangência, o anteprojeto não define o que é educação física. Afirma apenas, no artigo 41º das "Disposições Transitórias", que "enquanto não for criado o 'Método Nacional de Educação Física' fica adotado em todo o território brasileiro o denominado Método Francês, sob o título de 'Regulamento Geral de Educação Física'". Pode-se depreender daí que a lei regula algo que ainda está por ser definido, uma "disposição transitória" — como se o exercício do controle se sobrepusesse ao conteúdo a ser controlado.[110]

Se não havia clareza na definição de educação física, o mesmo não acontecia em relação ao esporte. Ao longo do texto, expressões como "des-

---

108. Tomo aqui como referência a contribuição de Faria Filho (1998a), ao problematizar a legislação escolar como fonte para a pesquisa em História da Educação.

109. Marinho, 1952, p. 196.

110. Marinho, 1952, p. 204.

portos" ou "práticas desportivas" aparecem como um conteúdo distinto e singular em relação à educação física, mas subordinado a ela.[111] Esse aspecto fica ainda mais claro na diferenciação estabelecida entre o que é "escolar" e o que é "post-escolar". Em ambos, as organizações esportivas aparecem como lugar da educação física, como experiências já em curso a serem normatizadas pela lei. O primeiro artigo da "Seção II" que trata da "Educação Física Escolar" assim apresenta:

> Art. 10º A Educação Física Escolar é gratuita e obrigatória para os alunos de ambos os sexos e será ministrada:
> § 1º Nos estabelecimentos de ensino públicos e particulares.
> § 2º Nos estabelecimentos de ensino, secundário, públicos ou particulares, e nas escolas normais e profissionais.
> § 3º Nos cursos ou instituições especiais de Educação Física.
> § 4º Nas associações desportivas.[112]

As "associações desportivas" são incluídas neste artigo como espaços da Educação Física escolar. Assim, o anteprojeto produz esses lugares sociais também como espaços da escolarização.[113] Nesses termos, o anteprojeto indicia estratégias adotadas na escolarização do esporte, quando produz os lugares esportivos como espaços escolares. Mas essa mesma operação pode ser analisada como tática: ocupar (e disciplinar) o lugar do outro, o campo esportivo.[114] Essa dimensão tática melhor se expressa na "Seção III" do anteprojeto, que trata especificamente da "Educação Física Post-Escolar". Nela, a caracterização apresentada é a seguinte:

---

111. Ao utilizar o termo "desporto", o anteprojeto revela a influência das línguas latinas (do francês ant. *deport*), em vez de "esporte" ou *sport*, influência da língua anglo-saxônica. Sobre a "Protohistória" da palavra, cf. Del Pozo (1966).

112. Marinho, 1952, p. 198.

113. De acordo com Certeau (1994, p. 201-202) "um lugar é uma ordem (seja qual for) segundo a qual se distribuem elementos nas relações de coexistência [...] um lugar é portanto uma configuração instantânea de posições. Implica uma indicação de estabilidade", já o espaço é um lugar praticado, "é o efeito produzido pelas operações que o orientam, o circunstanciam, o temporalizam e o levam a funcionar em unidade polivalente de programas conflituais ou de proximidades contratuais".

114. Para a utilização das noções de estratégia e de tática tomo também Certeau (1994) como referência.

Art. 19º A Educação Física Post-escolar é voluntária e se fará, especialmente mediante a prática dos desportos, sob a fiscalização do Conselho Superior de Educação Física.

§ 1º Nas associações desportivas, cursos ou instituições de Educação Física.

§ 2º Nos corpos de tropa do Exército, no regimento naval, equipagens dos navios de guerra e no corpo de marinheiros nacionais.

§ 3º Nas forças auxiliares, tiros de guerra e navais, reserva naval e centros de preparação de oficiais de reserva.[115]

Considerando que o Ministério da Guerra não precisaria propor uma legislação de abrangência nacional para ordenar sobre a Educação Física nas Forças Armadas, torna-se possível sugerir que as corporações estabelecidas nos §§ 2º e 3º não são os alvos principais do anteprojeto, e sim aquelas descritas no parágrafo primeiro. Mais uma vez, as "associações desportivas" tornam-se o alvo principal do propósito de controle e disciplinarização.

Além do artigo supracitado, outros nove regulamentam a "Educação Física Post-Escolar". Competições, estatutos, condições sanitárias e higiênicas, compras de equipamentos, alvarás de funcionamento, paradas regionais e nacionais, relatórios de atividades e exames fisiológicos dos associados são alguns dos assuntos esportivos normatizados no anteprojeto. As decisões sobre todos eles são remetidas ao Conselho Superior de Educação Física.[116]

Outro artigo dessa Seção que merece especial atenção é o 27º, que afirma: "Será interdito a todas as associações desportivas, instituições e cursos de Educação Física, tomarem parte em quaisquer manifestações de caráter político ou religioso".[117] Como uma espécie de assepsia cultural, essa pretensão de neutralidade constituía um princípio caro aos militares da Escola de Sargentos, um debate presente no âmbito da corporação desde o período dos jovens turcos.[118] Um posicionamento em defesa de uma educação laica foi também o que fez Fernando de Azevedo, em

---

115. Marinho, 1952, p. 199.
116. Marinho, 1952, p. 199.
117. Marinho, 1952, p. 200.
118. Cf. Carvalho, 1977.

1932, como redator do *Manifesto dos Pioneiros da Educação*. Se o tema da laicidade era um ponto de convergência na comissão do anteprojeto, o mesmo não acontecia no âmbito da ABE. Lá esse assunto era um ponto de conflitos e de cisões.[119]

Outro ponto de destaque no anteprojeto é a "Seção IV", que trata "Dos professores, instrutores e monitores de Educação Física". Embora proponha a criação de uma Escola Nacional de Educação Física com sede no Distrito Federal e de escolas estaduais nos moldes desta, o anteprojeto apontava também uma formação em centros militares, além de indicar que "alunos instrutores do Exército, Marinha, Polícias e Bombeiros" seriam também preparados pela "Escola Superior de Educação Física". Essa Escola teria também como atribuição "elaborar o regulamento geral de Educação Física" e "criar um método nacional de Educação Física".[120]

A criação de uma Escola Superior é apresentada com destaque, mas não há indicação de que a consecução dos dispositivos estabelecidos no anteprojeto estivessem a ela subordinado. Bem ao contrário disso, nas "disposições transitórias", os dois últimos artigos do documento assim anunciam:

> Art. 43º Enquanto não for organizada a Escola Nacional Superior de Educação Física, os seus cursos poderão ser feitos no Centro Provisório de Educação Física, mantido pelo Ministério da Guerra, mediante regulamentação desta lei, estabelecida de acordo com os Ministérios interessados e na qual, além de outras condições necessárias, serão previstos o número de alunos e a gratuidade das matrículas.
>
> Art. 44º O Exército poderá fornecer instrutores para as escolas públicas, a juízo do Ministério da Guerra, até que seja feito o recrutamento do pessoal civil...[121]

Mais uma vez, o disposto como "transitório", parece revelar o que interessava como "permanente": formação profissional, o Método Francês de ensino de orientação militar e, ainda, a possibilidade de o Exército

---

119. Cf. os Boletins da ABE (1925 a 1929), a *Revista Schola* (1930 e 1931) e as teses e debates das três primeiras Conferências Nacionais de Educação: Curitiba, 1927; Belo Horizonte, 1928 e São Paulo, 1929.

120. Marinho, 1952, p. 201-202.

121. Marinho, 1952, p. 204.

fornecer professores para as escolas públicas primárias. Essa foi a face do anteprojeto que recebeu mais luz na historiografia.

Mas outra face se expressava no controle sobre as associações esportivas. Disciplinar as práticas esportivas pela participação na produção de uma *forma* [*esportiva*] *escolar* para a Educação Física e também pelo controle e centralização da *forma* [*esportiva*] *post-escolar*. Novos interesses e intencionalidades produzidos como um acordo entre alguns militares, alguns esportistas e alguns educadores.

Como já destacado anteriormente, ao levar até a ABE o anteprojeto do Ministério da Guerra, o Sr. Jorge Figueira Machado lembrou que "o problema da Educação Física antes de ser militar, é educativo", o que indica um pedido de envolvimento com a questão. E disse também que caberia à ABE "evitar os atentados pedagógicos que possam surgir". Considerando as críticas ao esporte, que circularam na década que se encerrava, e as estratégias expressas no anteprojeto para disciplina-lo socialmente, talvez seja possível considerar que reside aí uma fonte de "atentados pedagógicos".

Parece-me possível ponderar que o anteprojeto comportava uma espécie de representação da "mentalidade médico-pedagógica", à qual foi agregado um centralismo corporativo dos militares. Alguns educadores, médicos e esportistas participaram do processo de legitimação dessa representação e tinham como interlocutor oculto nesse embate certa "mentalidade esportiva", cujos excessos o anteprojeto almeja "refrear e conter". Resta saber, então, que configuração a ABE estabeleceu quando foi convocada a dialogar com a complexidade de interesses e posições presentes no texto (e nos pretextos) do anteprojeto. No âmbito de seus debates internos à ABE, as duas "mentalidades" também disputavam poder. Também a tópica "centralismo x descentralização" era assunto que rendia boas polêmicas.

4.2 Na ABE, o processo de produção de um primeiro parecer sobre o anteprojeto militar

Em 26 de novembro de 1928, o Dr. Gustavo Lessa assumiu a presidência da SEPH e, desde então, passou a concentrar esforços na organização de cursos de aperfeiçoamento para o professorado primário. No início de 1929, o curso de Higiene Geral estava sob coordenação do próprio Dr. Lessa e o de Educação Física seria "lecionado pela senhorita H. Paulinson, da Associação Cristã Feminina, cuja preciosa colaboração foi obtida pela Srta. Margarida Fryer".[122] Com essa ênfase em ações de formação, a Seção estava atenta aos movimentos que ocorriam na Capital Federal. Também parecia não concordar com alguns encaminhamentos dados à formação de professores por Fernando de Azevedo, então diretor de Instrução Pública. Sobre esse assunto, a Seção assim se posicionou publicamente:

> Sabendo o quanto a Diretoria de Instrução Pública está se esforçando por obter instrumentos especializados em educação física para promoverem o ensino dessa disciplina nas escolas primárias, a Seção de Higiene pediu à Sra. Presidente D. Isabel Lacombe, que colocasse à disposição da mesma Diretoria, para aquele objetivo, os técnicos cujos serviços estamos autorizados a oferecer. Entre estes contam os Srs. H. Smis. H. Clark, J. Brawn, Dr. O. Rezende, professores Gabriel Skinner, Ambrósio Torres e Margarida Fryer.[123]

Nesse posicionamento, uma explicitação da parceria de "serviços técnicos" entre a ABE e a ACM é uma evidência de que a orientação pedagógica proposta para a educação física era bastante diferente daquela pautada no e pelo "Método Francês" — principal referência metodológica no curso provisório da Escola de Sargentos. Além das diferenças de orientação técnica, outro fator ressaltado pela SEPH colocava em questão a legitimidade dos diferentes grupos que pretendiam intervir no âmbito escolar por meio de ações de formação de professores. No mesmo infor-

---

122. Boletim da ABE, n. 13, p. 37. Além de constar no "Informe das Seções" desse número do *Boletim da ABE*, os cursos eram também divulgados em jornais de circulação na Capital. Cf. notícia em *O Jornal* de 2/2/1929: "A Associação obteve também o concurso da notável educadora americana Helen C. Paulinson, da Associação Cristã Feminina, a qual inaugurará, também em março, um curso especial de educação física destinado às professoras que queiram conhecer praticamente a técnica dessa disciplina. Será dado uma vez por semana e se estenderá por alguns meses". Também no mesmo período, outras notícias dos cursos de Higiene e de Educação Física no *Jornal do Brasil* e no *Jornal do Comércio*.

123. Boletim da ABE, n. 13, p. 37.

me do *Boletim da ABE*, a seguinte observação: "Deve-se dizer que nesses trabalhos preparatórios temos sido orientados por um pequeno grupo de professores que tem comparecido às nossas reuniões e se mostram excelentes intérpretes das necessidades das nossas escolas".[124] Esse parecia ser um ponto de grande destaque, uma vez que os educadores reunidos na SEPH da ABE, mesmo que oriundos de diferentes escolas de formação pedagógica em Educação Física, insistiam em pensá-la em estreita relação com os debates e ações em curso no campo educacional:

> Temos submetido os nossos planos de ação ao parecer da presidente da Seção de Ensino Primário, D. Celina Padilha.
>
> Cumpre aqui acrescentar que a Seção de Higiene e Educação Física tem recebido sugestões para promover conferências de vulgarização em colégios, fábricas, etc. Julgo que não podemos ser liberais em seguir essas sugestões, devido a uma necessária economia de esforços. A nossa linha de ação principal parece-me, deve ser junto ao professorado. Se nos lembrarmos que o Brasil tem 40 milhões de habitantes, logo veremos que a predica junto a algumas centenas de pessoas pouco adiantará, a menos que essas centenas de pessoas estejam colocadas nas melhores posições estratégicas para transmitirem eficazmente o que receberam, vale dizer, exerçam o magistério.[125]

Recorrendo ao argumento de Heitor Lyra da Silva de que "o problema fundamental da educação nacional é a reforma dos métodos" a SEPH ressaltou também a importância de reformar e de divulgar novos métodos de ensino da Educação Física: "tarefa formidável, capaz de absorver todas as energias dos interessados na boa causa, quer pertençam a organizações oficiais, quer a não oficiais. A SEPH, tratando de divulgar novos métodos, julga obedecer aos princípios básicos expostos pelo imortal fundador da ABE.[126]

Nesse clima de debate sobre estratégias de intervenção, a professora Margarida Fryer, associada atuante na ABE e na SEPH, professora da Escola Normal e do Colégio Sion, escreveu um bilhete de próprio punho

---

124. Boletim da ABE, n. 13, p. 37.
125. Boletim da ABE, n. 13, p. 37.
126. Boletim da ABE, n. 13, p. 37.

ao Dr. Gustavo Lessa. Datada em 9 de março de 1929, a missiva trazia o seguinte teor:

> Exmo. Dr. Gustavo Lessa,
>
> Agradeço-lhe muito o livro de Hovell que o Sr. Almeida entregou-me na ABE e que vai ser para mim de grande utilidade. Recebi igualmente os folhetos sobre o club das mãezinhas e sugestões para um programa de E. Física. Acho essas sugestões muito bem estudadas e creio que traduzi-las e adapta-las ao nosso meio é a obra mais pratica e de resultados imediatos. O capítulo nutrição está pronto e o levarei à próxima reunião. Já recebi uma oferta do Instituto Vital para fornecimento de ratinhos brancos que acho não será rejeitada.
>
> Confidencialmente, sabe o Sr. a orientação dos novos programas de Educação Física. Um dos futuros a ser publicados caiu-me nas mãos e se formos guiados nessa linha antiquada ainda daremos um passo estacionário. Crê o Sr. possível a sua seção verificar a orientação, ou dar impulso novo a esta questão?
>
> Desculpe tomar o seu tempo e fazer-lhe perguntas, entretanto creia estou muito interessada nos trabalhos da seção.
>
> Mais uma vez obrigado.
>
> Margarida Fryer.[127]

Todos os assuntos tratados nesse bilhete pessoal guardavam estreita relação com os temas e propostas que frequentavam as reuniões da Seção: a influência das orientações norte-americanas sempre bem acolhida — tanto para o ensino de higiene como para o da educação física —, o envolvimento dos membros da SEPH na produção de referências pedagógicas destinadas aos professores primários e até os "ratinhos brancos"! Estes seriam fornecidos pelo Instituto Vital Brasil "para as escolas que fizessem a experiência sobre a influência da nutrição no crescimento animal".[128] Sobre o assunto "confidencial", relativo aos programas de Educação Física, tudo faz crer que o fato em questão era o anteprojeto do Ministério da Guerra, ou um

---

127. Acervo da ABE. Cartas manuscritas. Bilhete enviado por Margarida Fryer a Gustavo Lessa. Rio de Janeiro, 9 de março de 1929.

128. Atas da Seção de Educação Física e Higiene. Cf. da 16ª reunião à 19ª reunião, realizadas nos meses de março e abril de 1929.

primeiro esboço dele. Os documentos consultados na ABE e a forma como esse assunto entra na pauta da entidade apontam para a possibilidade de se pensar que ele foi elaborado prioritariamente pelo Dr. Jorge Figueira Machado e posteriormente encampado pela comissão elaboradora. A 18ª reunião da SEPH, realizada no dia 17 de abril, parece ter sido o primeiro momento de explicitação de diferenças relativas ao anteprojeto.

> Sob a presidência do Dr. Gustavo Lessa reuniu-se a Seção de Higiene e Educação Física para discutir o projeto do professor Dr. Jorge Figueira Machado organizando a Educação Física no país.
>
> Tomando a palavra o presidente da Seção, o Dr. Gustavo Lessa, que disse ser o plano do Dr. Jorge Figueira Machado extraordinariamente vasto a exigir providências de ordem legislativas e administrativas. Acha também que a ABE é, principalmente, um órgão de estudos e, por isso, só deverá pronunciar sobre esse momentoso assunto depois de uma apurada investigação. Propõe que se faça um inquérito junto às autoridades no assunto sobre as soluções até hoje aventadas. Louva a iniciativa do Dr. Jorge Machado que tem o inegável mérito de focalizar o assunto perante a ABE.
>
> Tomou a palavra o professor Dr. Alair Antunes que se manifestou dizendo haver carência de técnicos em Educação Física no país e que, sobre esse assunto, o projeto apresentado não traz providências.
>
> O professor Ambrósio Torres lembra que já existe na Câmara o projeto Jorge de Morais, o qual pode servir de base para estudos posteriores.
>
> A professora Margarida Freyer corrobora as opiniões dos oradores que a antecederam sobre a necessidade de criar-se no país uma escola de aperfeiçoamento em Educação Física.
>
> Todos os oradores frisaram que a feição militar da Educação Física não se adapta ao ensino primário nem ao secundário.
>
> O Dr. Figueira Machado acha que o seu projeto não depende de providências senão administrativas e que o seu intuito não era subordinar a Educação Física à orientação do Ministério de Guerra.
>
> O presidente da Seção ficou incumbido de apresentar parecer relatando a opinião da Seção de Higiene e Educação Física à respeito. E, nada mais havendo a tratar, foi suspensa a Sessão.[129]

---

129. Atas da Seção de Educação Física e Higiene. 18ª reunião, realizada em 7 de abril de 1929.

Esse registro põe em evidência que os membros da Seção possuíam um acúmulo de debate sobre o assunto e que, para eles, o foco principal era o caminho a ser tomado para a formação de professores, imbuídos que estavam pelo ideário de preparação das *elites esclarecidas* para a causa da *regeneração social*. Partindo do pressuposto anunciado por Luciano Mendes de Faria Filho de que a produção de identidades profissionais constitui-se como uma importante dimensão do processo de escolarização, ressalto que a ideia de preparação de técnicos de Educação Física era relevante na SEPH.[130] Preparar "técnicos" era um dos propósitos modernizadores da ABE não só na Educação Física, mas para todas as áreas pedagógicas. Ao preparo técnico estavam associadas as ideias de eficiência, sistematização e cientificidade, ou seja, elementos próprios ao universo dos "métodos". No caso específico da educação física, o que apresento aqui como possibilidade analítica é a hipótese de que os propósitos de preparação técnica, nos termos aqui anunciados, aproximaram sobremaneira o debate pedagógico da ABE aos signos da instituição esportiva. Embora zelosa em relação à produção de uma "mentalidade médico-pedagógica", expressa por valores, práticas e sujeitos em circulação na SEPH, a ABE também incorporava preceitos próprios à "mentalidade esportiva", conferindo-lhes positividade, sempre relacionada à vida urbana, ao mundo do trabalho industrial e à ciência de testes, laboratórios e muitas estatísticas. Esporte como tecnologia educacional.

Nesse quadro de possibilidades, o processo de produção de um posicionamento institucional sobre o anteprojeto, mais do que uma resposta uníssona, constituiu-se, também na ABE, como um tempo/espaço de debate interno relativo às duas mentalidades ou a outras questões daí decorrentes. Um primeiro parecer foi apresentado em abril de 1929, e seu teor indicava necessidade de análise do assunto. Como síntese de quase um ano de trabalhos, debates e negociações internas, um segundo parecer foi apresentado apenas ao final desse mesmo ano, o qual foi considerado como uma "severa crítica".[131] Em uma rede de sociabilidade, os discursos

---

130. Cf. Faria Filho, 2002; 2005a; 2005b.

131. Agradeço sobremaneira ao Tarcísio Mauro Vago que, no exame de qualificação, a partir de uma primeira versão deste capítulo, sugeriu a existência de dois pareceres e não de um, conforme a

e as prescrições foram gradativamente ajustadas, reconstruídas a cada passo, a cada implicação.

O primeiro parecer que sua Seção produziu a partir do *trabalho* de Jorge Figueira Machado foi apresentado por Gustavo Lessa na 105ª Reunião do Conselho Diretor da ABE, realizada em abril de 1929. Todavia, esse parecer não foi discutido, pois, de acordo com os regimentos, ele deveria ser incluído na ordem do dia da Sessão seguinte do referido Conselho. A reunião seguinte, a 106ª Sessão do Conselho Diretor da ABE, foi aquela na qual Gustavo Lessa propôs, sem sucesso, que a Seção de Educação Física e Higiene fosse subdividida nas duas partes que a constituíam.[132] Parece haver alguma relação entre a divisão da Seção e a elaboração do parecer.

Como anunciado no capítulo anterior, a iniciativa de subdivisão da SEPH pode expressar que, no campo educacional, começava a ganhar legitimidade um processo de diferenciação e autonomização entre a "higiene" e a "educação física". Esta pode ter sido, até mesmo, uma solução negociada entre os participantes da própria Seção, composta por médicos sanitaristas, como o próprio Dr. Lessa, e por professores e professoras envolvidos com o ensino escolar de Educação Física. Essa divisão, ressaltando as "especializações", poderia qualificar o trabalho "técnico". Essa me parece a principal justificativa. De todo modo, permanece também a suposição de uma luta de representações, caso existisse na própria Seção de Educação Física e Higiene, ou da direção da ABE, adesões ao anteprojeto do Ministério da Guerra. Ou, ainda, um tensionamento interno, provocado pelos diferentes olhares (mentalidades) sobre a temática. A ata da 106ª reunião do Conselho Diretor assim estabelece sobre o primeiro exercício de produção de um parecer:

> O parecer da Seção de Educação Física e Higiene vem assinado pelas seguintes pessoas: Gustavo Lessa, presidente, Ambrósio Torres, Margarida Fryer e Consuelo Pinheiro. É lida e posta a votos a segunda parte do parecer

---

história corrente induz pensar. Ao tomar sua sugestão como pista, busquei novos documentos que possibilitaram a construção de uma outra configuração, mais rica em detalhes.

132. Atas do Conselho Diretor. Livro IV, de 30 de janeiro de 1929 a 26 de julho de 1929.

propondo que 'a ABE envie sem demora um questionário sobre as mesmas soluções a todos que no Brasil se tem dedicado ao assunto, bem como às diversas autoridades técnicas residentes em países que tiveram de defrontar dificuldades idênticas às nossas'. Esta proposta é aprovada unanimemente. O Sr. Edgar Süssekind de Mendonça propõe que, em aditamento à proposta da Seção de Educação Física e Higiene, a ABE envie um ofício ao Sr. Ministro da Guerra congratulando-o por vê-lo empenhado na educação física do soldado brasileiro. A proposta é aprovada sem discussão unanimemente. Depois de encerrada a discussão usa a palavra o prof. Jorge Figueira Machado, que presta alguns esclarecimentos sobre o seu trabalho, seguindo-lhe na tribuna o Dr. Gustavo Lessa que justifica o parecer de sua Seção. Como houvesse início de discussão, o prof. Melo Leitão pede a palavra pela ordem para relembrar que essa discussão só teria cabi-....[133]

Esse registro é interrompido. Existe uma mudança de página no livro de atas e, na sequência, o assunto não tem continuidade — nem mesmo a palavra cabi-(mento?) — passando o texto a tratar de outro ponto de pauta. A fonte produz, assim, um silêncio, provavelmente estabelecido por quem passou a ata "a limpo".[134] Não foi possível saber o teor da discussão, tampouco argumentos de Melo Leitão para dizer que ali o assunto não cabia. Os documentos disponíveis também não dão clareza às justificativas apresentadas para a não-separação da Seção de Educação Física e Higiene. Operar com esses silêncios — com essas coisas sem cabimento — implicou tecer a trama reunindo pistas em outros lugares. Em um jornal da imprensa periódica, a 106ª Reunião do Conselho Diretor da ABE foi assim divulgada:

> O Conselho Diretor da Associação Brasileira de Educação, em sua última sessão, aprovou o seguinte parecer da seção de educação física e higiene:
> A Seção de Educação Física e Higiene foi presente a indicação apresentada a 8 deste mês, pelo Dr. Jorge Figueira Machado, para que a Associação Brasileira de Educação adote um vasto plano, pelo nosso consócio idealizado, com o

---

133. Atas do Conselho Diretor, 1929. Cabe registrar que os associados citados nessa ata eram membros efetivamente participantes da Seção de Educação Física e Higiene.

134. Pela disposição do texto, fica evidente que essa ata não foi redigida no momento da reunião e sim "passada a limpo" em um momento posterior à reunião.

intuito de solver o problema de educação física no país. Esse plano, como era natural sugere providências que dependem de apresentação de projeto no Congresso Nacional, bem como outras, sob a alçada das administrações federais, estaduais e municipais.

Claro está que a ABE, cujo fim precípuo é, ao nosso ver, o estudo acurado dos problemas educacionais no país, não poderá se pronunciar de súbito sobre um plano de reformas com tão vastas ramificações. As seguintes preliminares, porém, parecem estar assentes no espírito de todos os que tem refletido sobre essa questão:

a) A nossa maior necessidade é a criação de um instituto de educação física onde se realiza o ensino integral das ciências fundamentais e das técnicas especializadas.

b) O contrato no país ou no estrangeiro de competência reconhecida, para serem os primeiros professores deste instituto deve ser a preocupação inicial de qualquer projeto sobre o assunto.

Pende da deliberação da Câmara, desde 1927, o projeto Jorge de Morais, que procura atender a estas necessidades básicas. Sem entrar no exame detalhado de suas disposições, essa Seção acha que o mesmo poderá servir de base à discussão posterior. O Dr. Figueira Machado que tem hoje o inegável mérito de haver, com a sua palavra entusiasta, focalizado o assunto perante a ABE, não deixará sem dúvida de prosseguir na elucidação desse grande problema educacional. Com o mesmo intuito, propomos desde já: a) que a seção de educação física e higiene seja desdobrada em duas a fim de possibilitar um estudo intenso e autorizado das soluções até hoje aventadas; b) que a ABE envie sem demora um questionário sobre as mesmas soluções a todos que no Brasil se tem dedicado ao assunto bem como a diversas autoridades técnicas residentes em países que tiveram de defrontar dificuldades idênticas às nossas.

Gustavo Lessa — Presidente, Ambrósio Torres, Margarida Freyer, Consuelo Pinheiro.[135]

A mesma nota de jornal também registrava o teor do ofício enviado pela ABE ao Ministro da Guerra:

---

135. Acervo da ABE. Coleção de recortes de jornais (1929). Recorte de jornal encontrado no conjunto documental intitulado "Notícias das Seções". Sem data e sem o nome do jornal.

Tenho a honra de legar ao conhecimento de V. Ex. que o Conselho Diretor da Associação Brasileira de Educação, resolvendo sobre sugestões apresentadas à sua consideração pelo Prof. Jorge Figueira Machado, deliberou congratular-se com V. Ex. por ver o Ministério da Guerra empenhado na educação física do soldado brasileiro.

Aproveito a oportunidade para expressar a V. Ex. os protestos de mui distinta consideração.[136]

Nesses apontamentos, o professor Jorge de Figueira Machado é anunciado como consócio da ABE e idealizador do projeto. Também é ressaltado o seu mérito em trazer o documento-proposta à ABE. Mas a posição da SEPH não é de adesão, e sim de compromisso com um estudo aprofundado do tema, para posterior posicionamento. Note-se que o pedido de subdivisão da Seção é justificado pela necessidade de um "estudo intenso e autorizado das soluções até hoje aventadas". Outro fator a ser considerado é que um início de debate com os militares já estava em curso. Mesmo que o documento apreciado não tenha sido exatamente o anteprojeto enviado pelo Ministro da Guerra ao Congresso Nacional, mas sim uma versão preliminar, elaborado por Figueira Machado, fica evidente, pelas apreciações, o vínculo e a presença militar. Talvez as resistências da ABE aos militares fossem menos pelo método e mais pelo protagonismo na formação profissional. Esse foi o foco problematizado na reunião da SEPH e sutilmente criticado por Edgar Süssekind de Mendonça ao propor congratulações ao Ministério por seu "empenho na educação física *do soldado* brasileiro".[137]

---

136. Acervo da ABE. Coleção de recortes de jornais (1929).

137. Acervo da ABE. Coleção de recortes de jornais (1929). Grifo meu. Sobre a posição de Süssekind de Mendonça, o estudo de Carvalho (1998), especialmente o 4º capítulo, ajuda na compreensão da trama. Este educador havia colaborado com Fernando de Azevedo na reforma do ensino do Distrito Federal e, como ele, provavelmente defenderia, por exemplo, os princípios de laicidade prescritos no anteprojeto. Essa foi uma de suas principais bandeiras no interior da ABE, motivo inclusive de grandes conflitos com o grupo católico. Mas defendia também uma concepção de "escola única" e duvidava da competência estatal na promoção de uma educação igualitária — nessa perspectiva poderia questionar o viés centralizador do projeto militar que, de alguma forma, se aproximava de posições defendidas pelo grupo dos *homens bandeirantes*. Sua aposta era na educação popular e na organização societária.

Todos esses detalhes e os variados deslocamentos realizados pelos diferentes sujeitos e grupos expressam exercícios políticos de "contenção dos excessos de poder", como proposto por Thompson.[138] Olhando por esse prisma, talvez seja plausível considerar que essas experiências em curso na ABE, suas idas e vindas, constituíram-se como tentativas de produção de uma *crítica radical*, traduzida no esforço em balizar o ensino escolar da Educação Física como uma prática educativa cuja responsabilidade, de concepção e realização, caberia aos educadores. Na produção de referências pedagógicas e culturais, um conjunto de dispositivos e de ações que dão a ver a dimensão política presente na produção da forma escolar moderna.

A temática do anteprojeto militar só retornou à reunião do Conselho Diretor da ABE em sua 137ª Sessão, realizada no dia 23 de dezembro de 1929.[139] Nesse ínterim, o pedido de subdivisão da SEPH também voltou à pauta. Gustavo Lessa reapresenta o pedido, apoiando-se em um documento com várias assinaturas, e desta vez a proposta foi aprovada.[140] No âmbito da Seção de Educação Física e Higiene (ou das duas Seções), o grupo levou adiante a consulta técnica a "todos que no Brasil se tem dedicado ao assunto bem como a diversas autoridades técnicas residentes em países que tiveram de defrontar dificuldades idênticas às nossas", conforme anunciado no primeiro parecer.[141]

A partir de maio de 1929, os "técnicos em educação física" da ACM começam a frequentar com mais regularidade as reuniões da SEPH. Tecendo considerações sobre o ensino escolar da Educação Física, J. H. Sims ponderou que "a ABE deve tomar a si a organização de um plano geral que abranja e sistematize todos os aspectos da questão". Disse também que a Seção deveria promover uma "reunião de técnicos no assunto" e que estava disposto a colaborar neste estudo "assim como os seus com-

---

138. Cf. Thompson, 1987.

139. Atas do Conselho Diretor. Livro IV (de 30 de janeiro de 1929 a 26 de julho de 1929) e Livro V (de 29 de julho de 1929 a 21 de julho de 1930).

140. Atas do Conselho Diretor. Livro V (de 29 de julho de 1929 a 21 de julho de 1930). Ata da 127ª sessão do Conselho Diretor, realizada em 23 de setembro de 1929.

141. Atas da Seção de Educação Física e Higiene. 25ª e 26ª reuniões, junho e julho de 1929.

panheiros da ACM". O professor Mário de Brito, ocupando o cargo de presidente da ABE e presente à reunião daquele dia, prometeu seu apoio às resoluções que fossem construídas pela SEPH. No diálogo com a ACM, esse assunto se alternava ou se entrelaçava com um outro, aquele referente à construção dos parques ou "campos de jogos", os "play-grounds".[142]

A tônica da contribuição oriunda da ACM era o preparo técnico do professorado e a criação de campos de jogos. Eles possuíam e disponibilizavam uma proposta para o ensino escolar da Educação Física. Aliás, o curso de aperfeiçoamento ministrado por Miss Helen Paulinson estava sendo realizado desde março, acontecendo uma vez por semana no Club de Regatas do Flamengo, estendendo-se por alguns meses.[143] Mas além do espírito *men sana in corpore sano* da ACM, outras ênfases também estavam em circulação. Na reunião da SEPH, realizada a 13 de junho, a presença do Dr. Jorge de Moraes anunciava preocupações de ordem médico-pedagógicas:

> Sob a presidência do Dr. Gustavo Lessa reuniu-se a Seção de Higiene e Educação Física. O Sr. Presidente deu a palavra ao Dr. Jorge de Morais, autor de um projeto na Câmara criando a escola de educação física para militares e civis.
>
> O Dr. Jorge de Morais leu um parecer sobre o projeto do Ministro da Guerra, dando aos sargentos o encargo de preparar os futuros instrutores das escolas primárias. Mostrou os erros fundamentais dessa instrução. O instrutor de educação física deve ter conhecimentos de anatomia, fisiologia e pedagogia. Portanto, não poderá ser nunca um sargento. Citou para dar mais peso às suas afirmações, opiniões de diversos autores que corroboram a sua.
>
> O Sr. Presidente comunicou que o Rotary Club receberá muito breve o Dr. Jorge de Moraes que ali irá expor o seu ponto de vista a respeito e nada mais havendo a tratar foi suspensa a sessão.[144]

O ponto de consenso era o de que os sargentos não eram as pessoas mais adequadas para preparar "instrutores" de educação física, como no

---

142. Atas da Seção de Educação Física e Higiene. 20ª reunião, 2 de maio de 1929.

143. Acervo da ABE. Coleção de recortes de jornais (1929). No dia 8 de agosto, o *Jornal do Comércio* também noticia o referido curso, evidenciando que este aconteceu ao longo de 1929.

144. Atas da Seção de Educação Física e Higiene. 24ª reunião, em 13 de junho de 1929.

seu pronunciamento de 1927, no qual ressaltou as conexões que reconhecia entre a anatomia, a fisiologia e a pedagogia. Para Jorge de Moraes eram os médicos, e não os técnicos, os profissionais em melhores condições para atuar na formação profissional. De todo modo, o envolvimento do Dr. Jorge de Moraes com o Rotary Club configura-se uma aproximação com a ACM, mesmo que entre eles houvessem pontos de divergência.

Nesse conjunto de contribuições, estabelecido a partir das redes de trocas e debate, a SEPH leva a termo a realização de um inquérito cuja responsabilidade de organização foi delegada ao professor Ambrósio Torres.[145] Após o debate relativo às bases que orientariam a consulta, "resolveu-se que este questionário seria enviado aos técnicos no assunto [...] não somente aqui, no Brasil, mas também em outros países da América".[146] O questionário final constava de quatro perguntas, que objetivavam tópicos distintos: o método, a identidade do professor, a formação profissional e as responsabilidades governamentais com a questão. Eram elas:

> 1ª — Quais os métodos de Educação Física que julgais aconselháveis nas escolas primárias e secundárias?
>
> 2ª — Deverá a Educação física nas escolas primárias ser ministrada por uma professora que lecione também outras disciplinas, ou por um membro do magistério especializado, *ou por outros*?
>
> 3ª — Em que espécie de instituição devem ser preparados os professores de educação física destinados às escolas primárias e secundárias? Achais aconselháveis para tal fim escolas de Educação Física no tipo do Instituto Central de Estocolmo ou da Escola de Grand ou da Escola de Joinvile-le-Pont?
>
> 4ª — Qual deve ser a ação respectiva dos *governos*, federal e estaduais, na solução do problema?[147]

---

145. Atas da Seção de Educação Física e Higiene. 25ª reunião, em 20 de junho de 1929.

146. Atas da Seção de Educação Física e Higiene. 26ª reunião, em 27 de junho de 1929.

147. Foi possível aferir essas quatro questões a partir de quatro fontes distintas: a ata da 26ª sessão da SEPH, o ofício-consulta enviado por Gustavo Lessa aos especialistas, os registros de Marinho (1952, p. 213) sobre o tema e as respostas à consulta que foram recebidas pela ABE. As duas palavras por mim grifadas na citação são aquelas que apresentam variações conforme o documento. A expressão "ou por outros" aparece apenas na ata da SEPH. Nos demais documentos consta "ou

Inezil Penna Marinho informa que esse questionário foi respondido por: Alfredo Wood (Porto Alegre), Oswaldo Diniz Magalhães (São Paulo), Ambrósio Torres (Rio de Janeiro) James Summer e Ciro Morais (Montevidéu), Alberto Regina (Buenos Aires), Emílio Chapella (Montevidéu), Faustino Esponzel (Rio de Janeiro) e Artur Azevedo Filho (Rio de Janeiro).[148] No acervo da ABE, além das respostas acima citadas, foram encontradas também opiniões de H. P. Clark (Rio de Janeiro), Frederico Dickens (Buenos Aires) e Guilherme Gaelzer (Porto Alegre). Nesse conjunto de especialistas que se dispuseram a apresentar suas opiniões, com exceção do professor Ambrósio Torres e do Dr. Faustino Esponzel, os demais possuíam vínculos diretos com as Associações Cristãs de Moços — ou por serem seus diretores técnicos ou por terem realizado nesta instituição a sua formação. Tal fato poderia levar à suposição de que a SEPH dirigiu a um público muito específico as suas indagações. Todavia, entre os documentos relativos ao inquérito, consta no acervo da ABE uma lista datilografada, datada de 7 de novembro de 1929, cujo título é: "Lista das pessoas que ainda não enviaram resposta do inquérito da seção de educação física". Nessa lista de 16 nomes, além de técnicos vinculados às ACMs, contavam também: os Srs. Fernando de Azevedo e Mário Cardin (da Diretoria de Instrução Pública), o Dr. J. P. Fontenelle (médico e ex-presidente da SEPH), a professora Margarida Fryer (da Escola Normal), o Tenente Jair Ribeiro (do Gabinete do Ministro da Guerra), o tenente Ignácio Rolim (da Escola de Sargentos da Vila Militar), o comandante Jair de Albuquerque (do Club Naval) e os Srs. Roberto Fowler e Giovanni Abbitta (da Escola de Educação Física da Marinha — Ilha das Enxadas).[149] Nesses termos, a consulta parece ter sido bastante ampliada, incluindo até mesmo signatários do próprio anteprojeto. Todavia, as respostas desses

---

por ambos". Na última questão a pergunta versa sobre a ação dos "governos". No texto estabelecido por Marinho a palavra "governos" foi substituída por "professores". Sutis modificações que alteram substantivamente a natureza das perguntas.

148. Marinho, 1952, p. 213-214.

149. Os outros sete nomes constantes na lista eram: Faustino Esponzel, Arthur Azevedo e H. P. Clark (já citados como respondentes ao inquérito), Silas Raeder, Octacílio Braga e H. J. Sims (da ACM do Rio) e, por fim, Renato Eloy de Andrade (da Inspetoria de Educação Física de Minas Gerais, formado pelas ACMs do Rio e de Montevidéu).

outros sujeitos ou grupos não constam no acervo documental relativo ao inquérito.[150]

As quatro questões propostas guardavam estreita relação com os pontos polêmicos presentes no anteprojeto e é possível inferir que o inquérito contribuiu na produção do parecer, no mínimo, fazendo circular o debate. Note-se também o investimento em um diálogo internacional que teve pronta resposta daqueles diretores técnicos de institutos responsáveis por formação profissional, especialmente os do Uruguai e da Argentina.

As doze respostas ao inquérito e outros itens correlatos conformam um importante conjunto documental para os estudos relativos à história das disciplinas escolares, no caso específico, da Educação Física brasileira. Todavia, tal análise, em todos os seus detalhes e possibilidades, extrapolaria o objeto deste estudo. Assim, apurei o olhar sobre os textos em uma busca específica: os sentidos conferidos à presença ou à ausência de prescrições relativas à escolarização do esporte. Esse recorte, embora específico, não deixa de ser, também, uma forma preponderante de expressão do processo de negociação de conteúdos e práticas sociais que conferem legitimidade à constituição escolar da disciplina curricular Educação Física. Em outra configuração, aqui opero novamente com aquela ideia benjaminiana do acontecimento total — no caso a Educação Física — visto na estrutura do pequeno comentário — o esporte.

O inquérito mostra que, nesse debate de 1929, o esporte se apresentou como um relevante mediador cultural e também como um molde disciplinar específico na conformação e no estabelecimento do componente curricular Educação Física. A realização de inquéritos locais, nacionais ou internacionais sobre temas de interesse educacional era prática recorrente na ABE, estratégia de construção e de legitimação de suas posições. Ao operacionalizar tais procedimentos, a ABE fazia circular suas representações (impregnadas nas questões que formulava), ao mesmo tempo em que se apropriava daquelas representações que chegavam como contribuições, reconstruindo-as. Assim, considero fundamental destacar que o propósito

---

150. Não foi possível saber se eles não responderam ao inquérito da ABE ou se, tendo respondido, suas cartas-resposta não foram preservadas como as demais.

de fazer um inquérito sobre a Educação Física já circulava na SEPH da ABE desde 1927. Logo, não aconteceu apenas como reação ao anteprojeto.[151]

4.3 O segundo parecer. Aquele que foi considerado uma "severa crítica" ao poder militar

Na reunião da SEPH do dia 14 de novembro de 1929, o presidente, Dr. Gustavo Lessa, mencionou o fato de que notas em jornais informavam a apresentação na Câmara dos Deputados de um projeto relativo à Educação Física. Ao que tudo indica, tratava-se do documento convencionalmente chamado de anteprojeto militar. A ata dessa reunião registra também a ausência de Jorge de Moraes, embora no processo de subdivisão da Seção, ele houvesse assumido a presidência da parte relativa à Educação Física. Gustavo Lessa solicita a opinião "dos técnicos presentes, Sr. J. H. Sims e Ambrósio Torres e, depois de ouvi-los, resolveu encarrega-los de estudar a maneira de introduzir as emendas necessárias ao referido projeto".[152] Outra reunião foi agendada para a semana seguinte com o propósito de dar continuidade ao assunto. Mais uma vez, Jorge de Moraes não compareceu e Gustavo Lessa coordenou os trabalhos. Parte da ata dessa reunião consta na epígrafe deste capítulo. Ela explicita o propósito da ABE de se posicionar criticamente diante do anteprojeto, especialmente para "impedir que a Educação Física seja ministrada às crianças pelos sargentos". No decorrer dessa segunda reunião, foi constituída uma comissão encarregada de estudar o projeto e "trazer na próxima sexta-feira um parecer que será entregue ao Conselho diretor da ABE que o enviará ao Congresso". Os nomes dos "técnicos" incumbidos de elaborar o parecer não constam no corpo da ata. De todo modo, estiveram presentes nessa reunião os Srs. Octacílio Braga, Silas Raeder e Artur Azevedo que, posteriormente, assinariam como os relatores do parecer.[153]

---

151. Atas da Seção de Educação Física e Higiene. Especialmente a 8ª Reunião em 20 de julho de 1927, a 9ª Reunião em 29 de julho de 1927 e a 10ª reunião em 14 de dezembro de 1928.

152. Atas da Seção de Educação Física e Higiene. 31ª reunião, 14 de novembro de 1929.

153. Atas da Seção de Educação Física e Higiene. 32ª reunião, 22 de novembro de 1929. No corpo da ata, há um espaço em branco onde deveria estar escrita a composição da comissão encarregada de estudar o projeto. Mais um silêncio das fontes.

Fica evidente que Jorge de Moraes não assumiu efetivamente a condução do processo de elaboração do parecer. Ele compareceu à reunião seguinte, a última do ano de 1929, e foi apresentado aos presentes como "o novo presidente da Seção de Educação Física". Nessa reunião, também presidida por Gustavo Lessa, o parecer não foi discutido. O assunto em pauta foi "o papel do médico no estudo da Educação Física". Se esse era o assunto de interesse de Jorge de Moraes, não foi, em absoluto, o eixo central de análise que orientou o parecer que ele assinou como "presidente". Ao que tudo indica, a discussão e a elaboração técnica do parecer foram sustentadas por aqueles que aparecem como "relatores". Mesmo não sendo aprovado no âmbito da SEPH,[154] o documento construído foi submetido à aprovação do Conselho Diretor da ABE em reunião realizada em 23 de dezembro, no apagar das luzes do agitado ano de 1929 e na antevéspera da deposição de Washington Luis. Nessa reunião, Jorge de Moraes representou a Seção de Educação Física.

> Terceiro ponto de pauta da ordem do dia: discussão e votação do parecer do Presidente da Seção de Educação Física: antes de dar a palavra ao Dr. Jorge de Morais, o Presidente consulta o Conselho sobre se deve ser lido o parecer na íntegra ou apenas as suas conclusões. O Conselho Diretor manifesta-se pela leitura das conclusões. Uma vez terminada, usa da palavra o professor Salvador Fróes, que indaga se as conclusões que acabaram de ser lida são a base do parecer da Seção de Educação Física do Departamento do Rio de Janeiro. Fez a seguir considerações em torno do projeto contra o qual se manifesta e termina dizendo que, em sua opinião, o parecer deve atender exclusivamente à Educação Física da infância. Fala o Dr. Jorge de Moraes que diz estar de acordo com o orador que o precedeu. Estende-se longamente sobre o projeto em curso no Congresso, combatendo-o sob vários pontos de vista. O professor Venâncio Filho propõe que sejam mimeografadas as conclusões para que possam ser mais detidamente estudadas pelos membros do Conselho. O Dr. Jorge de Morais acha não ser isso necessário, visto estarem as suas conclusões redigidas com suficiente clareza. O Presidente sugere que se leia de novo, e uma por uma, as conclusões, sendo aprovada a sua sugestão. Uma vez terminada a leitura destacada das conclusões, o

---

154. Nas Atas da SEPH não constam registros de sessão de aprovação do documento elaborado.

Professor Edgar Mendonça diz que o projeto em questão pode acarretar a implantação do militarismo que é, a seu ver, tudo quanto há de mais deseducativo nessas condições. A ABE que, na obra que procura realizar, não pode admitir nada que destoe do conjunto, não podendo, portanto, deixar de ser contra o projeto. Fala D. Armanda Álvaro Alberto. O presidente pede ao Conselho Diretor que resolva se quer ouvir o parecer na íntegra, para discutir e votar. O Conselho Diretor, por 7 contra 4 resolve votar apenas nas conclusões. O presidente submete à votação sucessivamente as conclusões, sendo todas aprovadas por unanimidade.[155]

Com a aprovação do Conselho Diretor, o parecer, que recebeu o título de "A Educação Física no Brasil", foi encaminhado ao Congresso Nacional, publicado em jornal da imprensa periódica e divulgado na *Revista Schola* em março de 1930. É o mesmo texto apresentado por Inezil Penna Marinho como a "grande crítica da ABE".[156] Esse documento vem formalmente assinado pelo Dr. Jorge Moraes (presidente), Octacílio Braga, Silas Raeder, Artur Azevedo (relatores) e Cecília Muniz (secretária).

Os professores Octacílio Braga e Silas Raeder, diplomados pelo Instituto Técnico da ACM eram à época, técnicos atuantes no Departamento de Educação Física da seção carioca desta Associação.[157] São eles, juntamente com Artur Azevedo, do Fluminense Futebol Club, os relatores do texto de 12 páginas, assim apresentado:

> A Seção de Educação Física da A. B. E. (Departamento do Rio de Janeiro), examinando o ante-projeto elaborado no Ministério da Guerra, relativo ao assunto da educação física no Brasil, lavrou o seguinte parecer cujas sugestões finais foram aprovadas pelo Conselho Diretor do Referido Departamento.[158]

Note-se que no nome da Seção já não contém a "Higiene". Esse, entre outros pequenos detalhes relativos ao processo de elaboração do parecer,

---

155. Atas do Conselho Diretor. Ata da 137ª sessão do Conselho Diretor, 23 de dezembro de 1929.
156. *Revista Schola*, ano 1, n. 3, mar. 1930; Marinho, 1952, p. 204-213.
157. Cf. Schneider, 2003. Apêndice C.
158. *Revista Schola*, n. 3, p. 78.

aos sujeitos envolvidos, aos destaques e tramas em circulação, possibilitou ampliar o olhar sobre o conteúdo e a forma do documento "A Educação Física no Brasil". Um texto basilar, diagnóstico e problematizador das questões colocadas para e pelos educadores envolvidos direta ou indiretamente com a Educação Física no final da década de 1920. O parágrafo inicial do documento é um apelo para que o assunto não fosse tratado apenas no Ministério da Guerra:

> Depois de examinar o anteprojeto sobre educação física organizado no Ministério da Guerra, devemos aplaudir a iniciativa de se agitar essa importantíssima questão no parlamento e fazemos um voto preliminar para que o assunto, seja longa e refletidamente estudado, ouvindo-se a opinião de todas as corporações do país interessadas no magno problema, antes que se faça a lei.[159]

Na sequência, são apontadas as quatro grandes falhas encontradas no anteprojeto. A primeira diz respeito à proposição feita por "um organismo burocrático da União" de adotar um único método em todo o País, como forma de "resolver um problema educativo nacional". Ao criticar a iniciativa, alega que tal prática "seria o mesmo que fixar um método de ensinar ciências naturais. Os métodos pedagógicos estão em contínuo progresso nos países mais cultos do mundo". A segunda falha apontada guarda relação com a primeira. No parecer alega-se que a história da educação física comprova que esta já abandonou suas "feições militares", dado o "desenvolvimento extraordinário da pedagogia".[160] Afirma como impropriedade entregar "a cultura física de crianças a pessoas que se especializaram no adestramento de adultos, sujeitos a uma disciplina de grupo especial e providos de características fisiológicas e mentais muito diversas".[161] Nesse item, o parecer critica não só o centralismo no Ministério da Guerra em assunto educacional, mas também a escolha do denominado método francês, inspirado na Escola Militar de Joinville-le-Pont.

---

159. *Revista Schola*, n. 3, p. 78.
160. *Revista Schola*, n. 3, p. 78-79.
161. *Revista Schola*, n. 3, p. 79.

A terceira falha apontada relaciona-se à formação profissional. Reconhece que existe no Brasil "uma grande carência de verdadeiros técnicos" e também a proposição do anteprojeto de criar uma Escola Nacional Superior de Educação Física, mas ressalta com veemência e crítica os cursos provisórios da Escola de Sargentos. "Ora, esse Centro além de fornecer atualmente um curso rápido de seis meses, padece, do ponto de vista da aplicação às crianças, dos graves defeitos apontados no item anterior".[162] A quarta e última falha apontada guarda estreita relação com o esporte e questiona a intenção do Ministério da Guerra de centralizar seu desenvolvimento, bem como sua competência para tal iniciativa:

> O movimento esportivo no Brasil tem sido uma causa inegável do nosso reerguimento físico. Esse movimento se tem processado principalmente graças à iniciativa particular, orientada por técnicos contratados. Como irá agora a administração manieta-lo nas correntes de um regulamentarismo minucioso, quando ela própria não está armada ainda da orientação profissional adequada? [163]

Apresentadas as quatro falhas, o texto do parecer prossegue fundamentando as críticas. Na produção dos argumentos, recorre às referências estrangeiras, aquelas estabelecidas "nos países mais cultos do mundo", em especial, nos Estados Unidos e na Inglaterra. Também fica evidente a estreita interlocução com o Uruguai e a Argentina, o que indica a possibilidade de o inquérito ter subsidiado os relatores na elaboração do parecer.

O higienista e educador americano Thomas Wood é acionado para a argumentação sobre a inconveniência de se transplantar para um país métodos de educação física organizados segundo as "necessidades políticas e sociais duma nação estrangeira", seja ela qual for.[164] Nesses termos, no parecer afirma-se que o Método Francês foi elaborado a partir das contingências e das necessidades militares da França, tendo sido aplicado também nas escolas daquele país com o propósito de preparar crianças

---

162. *Revista Schola*, n. 3, p. 79.
163. *Revista Schola*, n. 3, p. 79.
164. *Revista Schola*, n. 3, p. 80.

e adolescentes para um estado de guerra quase permanente. "Ante à indiferença dos educadores e levado por uma injunção da defesa nacional, o militar invadiu a escola e avocou a si a orientação da educação física infantil".[165]

A crítica ao Método Francês é referendada pelos argumentos do Dr. R. Hoper, da Inglaterra. Ao citar o referido especialista de educação física, reforça-se o argumento de que é um erro educacional a militarização da infância, uma prática que poderia, até mesmo, ameaçar a paz internacional.

> A condenação que essa autoridade, refletindo a opinião geral dos educadores, lança sobre o ensino militar da educação física das escolas públicas, anomalia de que hoje já se libertaram as nações que caminham à frente do moderno movimento educacional, deve pesar nas cogitações daqueles que quiserem fazer obra estável e produtiva no Brasil.[166]

Engrossando o coro da crítica, o parecer recorre também a especialistas franceses que questionam a militarização da educação física em seu próprio país. O Dr. P. Tissié e o general Coupillaud são chamados para fundamentar o argumento de que a eficácia da Escola Militar de Joinville-le-Pont deveria restringir-se à preparação de soldados e oficiais. Gotteland, autor de *Pour l'Education Integrale* é citado como um autor que deveria ser lido por quem se interessa pelo problema da educação física nacional e por quem compreende que a moderna doutrina pedagógica assegura um "desenvolvimento físico em harmonia com o desenvolvimento intelectual e moral. Separá-los seria um erro pedagógico".[167] O argumento da educação integral é fortemente explorado. A partir dele é que se justifica a necessidade de autonomia da educação física em relação ao seu caráter utilitário de preparação militar. A educação física é representada como um assunto pedagógico, relacionada à "cultura completa" e à educação dos indivíduos para que possam "viver, trabalhar e tornar-se, na coletividade,

---

165. *Revista Schola*, n. 3, p. 80.
166. *Revista Schola*, n. 3, p. 81.
167. *Revista Schola*, n. 3, p. 83.

um agente social eficiente". O inglês Leslie Mackenzie é também citado como crítico da fórmula francesa de transferir para a escola o treino físico do exército: "um erro cardeal".[168]

Todos esses argumentos, bem como a forma de apresentá-los, insinuavam uma incompetência militar para tratar de questões relativas à pedagogia científica e moderna. Mas, como já comentado, nem só de militares era composta a comissão responsável pela elaboração do anteprojeto. Então, ao fechar o item que busca revelar a inadequação do método francês, o parecer assume uma posição tática, uma vez que abranda, de certa forma, as provocações que registrou.

> Congregue-se a colaboração indispensável, espontânea e livre dos educadores, dos militares, dos médicos, dos especialistas e da administração do país para estudar o problema da educação física no Brasil. Só depois que essa colaboração for real e efetiva, estude-se o sistema de educação física que nos convenha, atendendo-se às necessidades nacionais, militares ou civis, políticas e sociais, *mas, de acordo sempre com as leis fundamentais da educação*.[169]

Se por um lado isso significa suavizar a crítica, por outro expressa uma afirmação dos propósitos da ABE de tratar o assunto como um tema fundamentalmente educacional e de realizá-lo a partir de um amplo debate, espontâneo e livre.

No item relativo à formação profissional para a educação física, o texto do parecer utilizou com grande regularidade a expressão "técnicos de educação física", em vez de "professores", "instrutores" ou "monitores", expressões adotadas no anteprojeto. Essa escolha revela a referência principal: o Instituto Técnico Internacional de Educação Física, situado em Springfield, o Instituto de Chicago e seus similares na América do Sul. Todos mantidos pela ACM. Nesses institutos, a formação de "técnicos de educação física" era organizada em cursos com duração de quatro anos. Anunciando com detalhes tais experiências, o parecer confere-lhes um lugar de modelo a ser seguido.

---

168. *Revista Schola*, n. 3, p. 83.
169. *Revista Schola*, n. 3, p. 83, grifo meu.

Tal ancoragem remete a outra. Ao tratar a formação profissional por essa perspectiva, o parecer estreita a relação entre a educação física e o esporte. As ACMs aparecem, também no parecer, como um lugar de mediação cultural no processo de esportivização das práticas corporais. Sobre isso, o parecer é explícito:

> No Brasil, o campo mais vasto de educação física tem sido até agora o dos esportes. O interesse por eles é crescente. O futebol já está devidamente nacionalizado. Também vão sendo vigorosamente praticados, embora com menos intensidade, o tênis, o atletismo, o basquetebol e o voleibol. Os esportes aquáticos, tais como o remo e a natação, vão sendo promissoramente expandidos ao longo da costa, pois encontram nas condições físicas e climáticas do país um estímulo para o seu desenvolvimento.
>
> Embora diminuto o número dos que realmente praticam os esportes, é inegável que estes já estão influindo na reforma dos hábitos da população, prestigiando extraordinariamente o ideal da vida sadia.
>
> No que diz respeito propriamente à orientação técnica, devemos referir que no Rio o Fluminense Football Club e o Club de Regatas do Flamengo contrataram por muitos anos os serviços do Dr. F. Brown e do Sr. Roberto Fowler, aquele diplomado no Instituto de Educação Física de Chicago. Esses dois técnicos vão formando escola nos estabelecimentos a que servem. Foi por intermédio da Associação Cristã de Moços do Rio de Janeiro que eles foram contratados para o Brasil.[170]

Além de ressaltar as contribuições dos técnicos americanos e das seções da ACM no Brasil, o parecer detalha as experiências em curso no Uruguai, na Argentina e no Chile, sempre mostrando que a "preparação técnica" é "questão básica" para o bom desenvolvimento da educação física. Citando o Uruguai e o Chile, o parecer ressalta que nesses países existem condições especiais e também uma organização política que permite "enfeixar numa autoridade central todas as diretrizes da Educação física" e "fiscalizar o movimento educativo com certa eficiência", mas que esse não é o caso do Brasil.[171]

---

170. *Revista Schola*, n. 3, p. 86-87.
171. *Revista Schola*, n. 3, p. 83.

Para os signatários do parecer, os principais critérios de eficiência a serem estabelecidos para a Educação Física seriam a "contratação de técnicos" e a "criação de institutos" e não a constituição de "organismos burocráticos". Nesse ponto — combinando liberdade com eficiência — torna-se aberta a crítica ao centralismo proposto pelos militares:

> No Uruguai, por exemplo, que é dos países da América do Sul aquele em que há maior progresso no assunto foi criada, como todos sabem, em 1911, uma Comissão Nacional de Educação Física, composta dos membros honorários e predestinada a amplos e variados objetivos. Diga-se desde já que essa Comissão não ficou subordinada às pastas militares e sim ao Poder Executivo em geral.
>
> A sua atividade mais profícua tem sido a de promover a fundação dos 'campos de recreio', lá chamados de 'praças de esporte', que hoje constituem o mais notável título de orgulho do Uruguai em educação física.[172]

Ao longo do parecer, confirma-se a hipótese de que o conteúdo em disputa parece ser mais o centralismo do que o militarismo. Talvez a crítica ao anteprojeto não fosse tão contundente se este não inviabilizasse ou restringisse a autonomia das organizações esportivas, em suas ações de preparação profissional e desenvolvimento técnico. O parecer também confirma que a regulamentação da "Educação Física Post-Escolar" e da formação profissional incomodou mais do que o prescrito para a "Educação Física Escolar". O parecer lembra, ainda, que muitos brasileiros eram formados pelo Instituto Técnico da ACM, por meio de um curso realizado durante dois anos no Brasil e complementado por dois anos em Montevidéu. São citados: Renato Eloy de Andrade (inspetor de Educação Física do Estado de Minas Gerais), Oswaldo de Magalhães (diretor do Departamento de Educação Física da ACM de São Paulo), Emílio Guilherme Gaelzer (inspetor-geral de Educação Física do Rio Grande do Sul), Silas Raeder (diretor da Seção de Menores do Rio de Janeiro), H. P. Clarck (ex-secretário geral da ACM) e Ciro Moraes (diretor auxiliar de Educação Física da ACM do Rio de Janeiro).[173] Ao defender um modelo de formação promovido pelos institutos vinculados à ACM, o texto ainda

---

172. *Revista Schola*, n. 3, p. 84.
173. *Revista Schola*, n. 3, p. 87-88.

provoca: "Não julgamos, porém, que ele [o Instituto] seja suficiente para as necessidades brasileiras. Daí a sugestão que adiante fazemos sobre a criação de uma Escola Oficial".[174]

Comentando a formação fornecida pelas corporações militares, o parecer avalia sua insuficiência e revela também diferenças entre a orientação da Marinha e a do Exército. Ao colocar luz sobre essas diferenças internas às Forças Armadas, o propósito é também o de ressaltar a contribuição técnica da ACM à Marinha. Diversidades internas às Forças Armadas que não foram explicitadas no anteprojeto.

> Quanto à instrução física militar, ela é ministrada pela Escola de Educação Física da Marinha e pela Escola de Sargentos do Exército. A primeira é orientada tecnicamente pelo Sr. Roberto Fowler, a que anteriormente nos referimos, e pelo professor Giovani Abbitta. O curso é de dois anos.
>
> A segunda é orientada por alguns esforçados oficiais do nosso Exército, que não se graduaram em institutos de educação física. Mas assimilaram a técnica francesa como verdadeiros autodidatas. A duração do curso é de seis meses.[175]

Estabelecidas todas essas justificativas e argumentações, o texto caminha para as conclusões afirmando que qualquer tentativa de organizar a educação física dependeria de um "alicerce": o estímulo à "preparação técnica". Cita o projeto apresentado por Jorge de Moraes à Câmara dos Deputados em 1927 como inspirador desse ponto de vista. Como já comentado, o "alicerce" do referido deputado era a instituição médica. Assim, esse ajuste de interesses parece ter sido um ponto de vitoriosa negociação. A ênfase médica foi secundada pela ênfase técnica, ou incorporada a ela como mais uma ciência e/ou tecnologia de suporte. Estabelecidos os consensos, na sequência, a conclusão do parecer comportava a apresentação de cinco sugestões:

> 1°) Convém ser criado, pelo Governo Federal, um Instituto de Educação Física, tendo, entre outros objetivos, o fim precípuo de preparar instrutores

---

174. *Revista Schola*, n. 3, p. 88.
175. *Revista Schola*, n. 3, p. 88.

civis destinados às escolas primárias, secundárias e normais do país, conforme acordo que se fará com os governos dos Estados.

2º) Este instituto será anexo à Universidade do Rio de Janeiro.

3º) Como ele ainda tardará a fornecer os instrutores necessários, o Governo Federal deve ficar autorizado desde já a contratar técnicos e a pô-los, sem ônus, à disposição dos Estados de menor recurso. Esses técnicos se incumbirão de neles orientar a educação física, junto às respectivas Diretorias de Instrução Pública.

4º) Tanto os professores do Instituto acima projetado como os técnicos a que se refere a sugestão anterior serão escolhidos dentre indivíduos nacionais ou estrangeiros, que tenham sido diplomados em institutos de educação física de reputação mundial.

5º) Para a regulamentação do Instituto em projeto e para a indicação dos estabelecimentos onde devem ser buscados os técnicos necessários, convém ser criada uma Comissão de Educação Física, subordinada ao Ministério do Interior, e composta de membros honorários representando os educadores, os médicos e os especialistas em educação física.[176]

Trazer a educação física para o campo da educação, disciplinando-a pedagogicamente a partir do *ethos* esportivo e com a colaboração científica da medicina parece ter sido uma configuração de peso nas intenções do parecer. Essa acomodação de interesses anuncia particularidades ao processo de escolarização do esporte pelos dispositivos disciplinares que mobiliza. Como uma produção cultural da ABE, essa combinação entre mentalidade esportiva e mentalidade médico-pedagógica consolida-se como uma referência científica ancorada no primado da eficiência e, como tal, capaz de sustentar a crítica ao autodidatismo dos esforçados oficiais do Exército Brasileiro.

4.4 Para pensar o esporte diante das "verdadeiras realidades do poder"

Todas essas idas e vindas permitem argumentar que um dos principais elementos orientadores do parecer — e também um fator mobilizador

---

176. *Revista Schola*, n. 3, p. 89.

das ações da Seção de Educação Física da ABE em 1929 — foi a construção de sentidos pedagógicos e de prescrições disciplinares para o ensino técnico dos esportes. Essas práticas culturais são aqui identificadas como partes, fragmentos, de um processo histórico de produção de uma forma escolar para o esporte.

A crítica da ABE à iniciativa militar apontava uma incapacidade pedagógica e científica dos militares em realizar a contento uma formação profissional adequada ao sistema escolar. Dialogando com Ferreira Neto, talvez pudéssemos argumentar que os militares incorporaram essas críticas como sugestões, pois como veremos adiante, no pós-1930, se empenharão em pedagogizar o seu projeto, estabelecendo parcerias com educadores e médicos sem, no entanto, abrir mão de suas "unidades de doutrina".[177]

Outra intencionalidade expressa no parecer da ABE foi a defesa da pluralidade e da diversidade, em contraposição aos modelos únicos de formação docente e de método pedagógico. Debates dessa natureza estiveram presentes na ABE desde sua fundação. Constituir um sistema educacional de abrangência nacional e, ao mesmo tempo, atentar para as especificidades e as experiências regionais, para a diversidade urbano x rural ou para a autonomia dos Estados eram questões sempre a provocar polêmicas. Nas respostas ao inquérito sobre a melhor maneira de realizar a educação física as sugestões que apontavam diversidade de métodos e escolas apareceram com regularidade. No anteprojeto, um método único era proposto e, além de único, importado, gerando, então, um questionamento relativo à sua adequação à realidade brasileira. Esse assunto, e a polêmica que o engendra, se estenderam também para a década de 1930.

Um último aspecto do parecer que merece destaque é a composição entre a ABE e a ACM. No projeto cultural representado nas ACMs, o esporte traduz um ideário norte-americano de matizes liberais e protestantes no qual o princípio do *self-government*, da educação centrada na autonomia do aluno, na livre iniciativa e na responsabilidade individual eram pontos de destaque. Todavia, tais referências em circulação na ABE

---

177. Cf. Ferreira Neto; Maia; Bermond, 2003.

poderiam ser, para os militares, ponto de preocupação, como também o eram para muitos educadores que, no âmbito da entidade, expressavam algumas restrições aos princípios da escola ativa e do escolanovismo de inspiração norte-americana, principalmente o seguimento católico. Modernização pedagógica, sim, mas com alguma ressalva. Nessa vereda, alguns educadores e alguns militares, provavelmente, se encontrariam.

Assim, a polêmica em torno do anteprojeto parece também acompanhar algumas cisões que vinham se exacerbando na ABE ao longo da década de 1920. Esse episódio, fortemente marcado pela interferência do esporte, é expressão de um embate entre projetos disciplinadores distintos. Se, por um lado, a doutrina militar engessava a educação para a autonomia, princípio pedagógico caro a alguns educadores, por outro, compunha, de bom tom, o projeto de nacionalização e de conformação de um ideário de saúde e formação moral e patriótica.

Ao longo da década de 1920, o esporte ajudou a compor um modelo de escola referenciado no "primado da eficiência dos gestos", operando a crítica ao modelo calcado no "primado da correção dos corpos".[178] Resta saber qual a composição e os arranjos que daí decorreram e o lugar que a eficiência esportiva passa a ocupar. Já em 11 de janeiro de 1930, começava a funcionar, na Fortaleza de São João, no Rio de Janeiro, o Centro Militar de Educação Física (CMEF), em substituição ao Curso Provisório da Escola de Sargentos. No mesmo ano, centros similares são criados em Minas Gerais e em São Paulo. Em 1931, o "Regulamento n. 7 de Educação Física" ou "Método Francês" foi adotado como método oficial e tornado obrigatório em todo o território nacional. Em 1933, o CMEF é transformado em Escola de Educação Física do Exército (EsEFEx).[179]

As críticas da ABE, de certa forma, acabaram acelerando e intensificando o projeto pedagógico que os militares tinham para a Educação Física. E mais, muitas das prescrições pedagógicas e esportivas estabelecidas pelos educadores foram rapidamente incorporadas ao modo militar de fazer educação física no Brasil. Os educadores da ABE e os militares

---

178. Cf. Carvalho, 1997; Vago, 2002.
179. Cf. Ferreira Neto, 1999; Goelnner, 1996.

continuaram, então, a se encontrar. Em 1933 e 1934 experimentaram a negociação de um *Projeto para a Educação Física Nacional*, e em 1935 realizaram, juntos, o *VII Congresso Nacional de Educação*, tendo como presidente da Comissão Executiva, o coronel Newton Cavalcanti, patrono da EsEFEx. Este é o próximo capítulo.

O caráter polemológico investido nesse episódio de produção de uma legislação permitiu refletir com Thompson sobre as práticas culturais que muitas vezes disfarçam "as verdadeiras realidades do poder" e, "ao mesmo tempo, podem refrear esse poder e conter seus excessos". Tal possibilidade interpretativa aproxima-se também dos itinerários argumentativos anunciados por Michel de Certeau, quando argumenta que a tática "tem constantemente que jogar com os acontecimentos para os transformar em 'ocasiões'. Sem cessar, o fraco deve tirar partido de forças que lhe são estranhas".[180] Tanto no grupo militar quanto no grupo reunido na ABE, centrar o debate na formação profissional comportava uma importante dimensão estratégica, bastante impregnada daquela premissa em circulação de que a preparação das elites era fator primordial à regeneração social. Mas cada um dos dois grupos tinha um projeto distinto. A partir dessa problemática, reunir Thompson e Certeau contribuiu para a compreensão de que o episódio anteprojeto militar x parecer da ABE comportou um processo complexo e sutil de anulação de algumas forças políticas e culturais em tensionamento e, ao mesmo tempo, de apropriação de novas referências, aparentemente "estranhas". Nessa configuração, mais uma vez, o esporte foi tocado como força a ser disciplinada e, ao mesmo tempo, como molde disciplinador.

Tais ancoragens reflexivas, juntamente com alertas estabelecidos por Marta Carvalho, contribuíram para que o estudo do período subsequente a este não embarcasse na ideia azevediana de ajustes diante de uma "zona de pensamento perigoso". Ao interpretar o período que se segue à "Revolução de 30", Fernando de Azevedo tende (mais uma vez) a esvaziar o embate político colocando em seu lugar o argumento da produção de uma "política de compromissos, adaptação e equilíbrio". Dilui, assim,

---

180. Certeau, 1998, p. 47.

os pontos de divergência e também as escolhas que os sujeitos tentaram produzir diante das polêmicas.[181]

Jogando com tais palavras, poderíamos talvez supor que o setor esportivo, na sua indisciplina, na sua busca de resultados e formas de poder e paradoxalmente, na sua inventividade, apresentava-se como uma "zona perigosa" cujo poder precisaria ser taticamente contido por um projeto regenerador estratégico, como a forma escolar de socialização, por exemplo! Em que medida isso foi explicitado ou disfarçado pelo discurso da coesão é o que busquei compreender.

Dito de outra forma, ao longo da década de 1930, muitos educadores foram convidados a contribuir com o projeto militar e aceitaram o convite. Também os militares passam a frequentar a ABE, especialmente a sua SEPH. Talvez o ideário cívico-nacionalista tenha sido o elemento estratégico promotor dessa mediação política e cultural. Mas a confirmação de tal hipótese implica, ainda, o exercício de tentar compreender como e por que alguns projetos renovadores foram melancolicamente silenciados em outros "combates jamais ganhos e sempre recomeçados".[182]

---

181. Cf. com maior rigor de detalhes a análise de Carvalho (2003) sobre as interpretações que Fernando de Azevedo faz da década de 1930 em *A Cultura Brasileira*.

182. Gruzinski, 2001, p. 320.

Capítulo 5

Nacionalismo e melancolia... as vicissitudes da "energização do caráter"

Aberta a sessão, o Sr. Presidente, Dr. Renato Pacheco, depois de apresentar algumas considerações com referência aos trabalhos da Seção de Educação Física e Higiene, sob a sua presidência, solicita a indicação de um substituto. Os presentes discordam do Sr. Presidente, manifestando a grande simpatia e confiança que os componentes da seção têm pelo ilustre membro que brilhantemente vem dirigindo a Seção de Educação Física. O Dr. Renato Pacheco lembra que os esforços que têm dedicado à Seção não têm sido devidamente apreciados pelos poderes públicos, assim sendo decidiu solicitar a sua demissão do cargo de Presidente, a fim de dar maiores possibilidades de êxito à Seção de Educação Física e Higiene. Novos protestos são apresentados pelos presentes. Dizem todos que as dificuldades sempre existiram, que o Dr. Renato Pacheco não pode se responsabilizar pela indiferença dos responsáveis, que se prossiga lutando e cumprindo as atribuições da Seção (Ata da SEPH, de 20 de agosto de 1935).

O que encontra a 'elite intelectual', ao confrontar-se com esse inventário dos seus sentimentos? Esses mesmos sentimentos? Eles já foram vendidos, a preço de ocasião. Ficaram apenas os lugares vazios, em empoeirados corações de veludo, em que outrora estiveram guardados tais sentimentos — a natureza e o amor, o entusiasmo e a humanidade. Hoje as pessoas afagam essas formas ocas, com um gesto distraído (Benjamin, 1994c).

O eufórico e propositivo ano de 1929 vivido na Seção de Educação Física foi sucedido por uma fase um pouco diferente. Durante 1930 foram realizadas apenas três reuniões e nelas, assuntos genéricos sobre estratégias para o bom funcionamento das Seções. Depois disso, um hiato até 3 de junho de 1933, quando os trabalhos da SEPH foram retomados em reunião especialmente convocada para posse de um novo presidente.[1] Esse vazio de proposições no âmbito da Seção coincide com um período no qual a fronteira entre a Associação Brasileira de Educação e o Governo Provisório pós-1930 encontrava-se pouco demarcada.[2] Além das ambivalências decorrentes desse envolvimento com o governo federal acirravam-se, no âmbito do Conselho Diretor da ABE, os debates e confrontos entre diferentes grupos de educadores. Em 1932, uma exacerbação na polarização entre o grupo de Fernando de Magalhães, Barbosa de Oliveira e outros (defensores de um projeto de "modernização" da educação orientado pela moral católica) e o grupo especialmente representado por Edgar Süssekind de Mendonça, Venâncio Filho e Armanda Álvaro Alberto (defensores da escola laica, ativa e vinculada ao mundo do trabalho) culminou na saída de todo o grupo católico da ABE.[3] Para além desse conflito de grandes proporções, outras polêmicas permaneceram, como aquela relativa ao tema centralismo x federalismo, assunto que acabaria por balizar a relação da entidade com o projeto marcadamente centralizador do Governo Vargas. Esses elementos contextuais reverberaram no âmbito da *Seção de Educação Física e Higiene* que, voltando às suas atividades em 1933, voltou também a conjugar *educação física e higiene*.

---

1. Ao afirmar este hiato, refiro-me prioritariamente ao Livro de Atas da Seção de Educação Física e Higiene. Nele, o último registro de 1930 contém apenas um título — 36ª sessão em 19 de setembro — seguido de cinco assinaturas: Cecília Muniz, Octacílio Braga, Gustavo Lessa, Silas Raeder e Consuelo Pinheiro. O resto da página está em branco, não constando ata da sessão. Na sequência do livro, depois de duas páginas em branco, os registros da 37ª sessão datam de 1933. Se ocorreram reuniões nesse intervalo, por algum motivo, não foram as mesmas registradas no Livro de Atas.

2. Esta afirmação encontra-se referenciada em estudos relativos ao assunto. Ao comentar sobre o processo de organização da *IV Conferência Nacional de Educação*, Carvalho (1998, p. 377) assim afirma: "A ata da sessão do Conselho Diretor, de 6 de julho de 1931, informa que o temário da conferência ia ser submetido à aprovação prévia do Ministério da Educação. Teixeira de Freitas, do Ministério, é mesmo apontado por Fernando de Magalhães como o principal organizador do evento".

3. Carvalho, 1998, especialmente o capítulo IV.

Representando a Diretoria da ABE, a Sra. Armanda Álvaro Alberto presidiu a 37ª sessão da SEPH e deu posse ao Dr. Renato Pacheco no cargo de Presidente da Seção em 3 de junho de 1933.[4] O novo presidente, médico e também presidente da Confederação Brasileira de Desportos (CBD) no período de 13/10/1927 à 23/9/1933, "prometeu envidar o melhor de seus esforços para o exato cumprimento do mandato que lhe é conferido".[5] Talvez pelo perfil de pertencimento esportivo do novo presidente, também estiveram presentes à reunião de reerguimento da SEPH outros novos personagens que, na ata, são "tidos todos com longa fé de ofício nos desportos do Brasil e capazes de cooperar eficientemente nas ações designadas na Seção de Educação Física e Higiene da ABE".[6]

O Dr. Edgar Süssekind de Mendonça e o Dr. Gustavo Lessa, membros do Conselho Diretor da ABE, também compareceram à reunião e recomendaram a pronta nomeação de "comissões de acordo com as especialidades" para que os trabalhos da Seção fossem retomados. Como de outras vezes, foram, então, estabelecidas uma comissão para a educação física e outra para a higiene. Para a comissão de higiene, o Dr. Renato Pacheco nomeou o Dr. Gustavo Lessa e o Dr. Raul Pontual, convidando também outro médico, Dr. Arnald Bretas, por ele considerado "velho companheiro nos desportos".[7] Para a comissão de educação física foram propostos quatro nomes, sendo que dois deles participaram

---

4. O nome de Renato Pacheco foi proposto por Edgar Süssekind de Mendonça em reunião do Conselho Diretor da ABE realizada no dia 29 de maio de 1933. Nessa mesma reunião, foi agendada para o sábado seguinte, 3 de junho, a reunião eleitoral para restabelecimento da SEPH (Atas do Conselho Diretor de 29 de maio de 1933).

5. Atas da Seção de Educação Física e Higiene. Sessão de 3 de junho de 1933. Convém lembrar que o Dr. Renato Pacheco foi um dos membros da comissão de elaboração do Anteprojeto Militar. Sua atuação como presidente da CBD é anunciada em um artigo de sua autoria, publicado no primeiro número da *Revista Educação Physica* (1932, p. 95). Neste artigo, tratando da presença da modalidade esportiva "Bola ao Cesto", um comentário por ele realizado é digno de nota: "não concordo com os que dizem ser o basket ball um jogo impróprio para latinos, por ser extraordinariamente movimentado, alguma coisa violento e permitindo o encontro repetido dos praticantes corpo a corpo, porque, desde que haja educação esportiva, os competidores hão de se respeitar, jamais infringindo as rígidas regras do interessante desporto".

6. Atas da Seção de Educação Física e Higiene. Sessão de 3 de junho de 1933.

7. Atas da Seção de Educação Física e Higiene. Sessão de 3 de junho de 1933.

mais efetivamente das ações: Orlando Eduardo da Silva e Oswaldo Diniz Magalhães.[8]

O professor Orlando Eduardo da Silva era capitão do Exército Brasileiro e presidente da Confederação Brasileira de Atletismo. Posteriormente, participou também como membro da Divisão de Educação Física do Ministério da Educação e Saúde.[9] O Dr. Oswaldo Diniz Magalhães formou-se em Educação Física pelo Instituto Técnico das Associações Cristãs. Frequentou o curso técnico realizado durante dois anos no Rio de Janeiro e dois anos em Montevidéu. Em 1929, trabalhando na ACM de São Paulo, foi um dos respondentes ao inquérito promovido pela SEPH sobre Educação Física. A partir de 1932 iniciou pela Rádio Educadora Paulista o programa diário "Hora da Ginástica". Mudando-se para o Rio de Janeiro, continuou e ampliou o programa pela Rádio Mayrink Veiga tendo como parceiro seu colega de ACM, professor Silas Raeder.[10]

Numa grande inconstância de lugares e personagens, esse período pós-1933 acolheu na SEPH tanto os esportistas defensores de uma formação técnica quanto os militares, com seus métodos ginásticos e suas peculiares formas de adesão ao esporte. Assim a Seção de Educação Física e Higiene da ABE passava a ser lugar de embates relativos à Educação Física que, com muita regularidade, extrapolavam as questões de ordem escolar, ao mesmo tempo em que almejavam estender ao não escolar as premissas educativas próprias ao "modo escolar de socialização". Novos personagens entraram em cena trazendo a sua "longa fé de ofício nos desportos do Brasil" e esses novos fatos parecem explicitar que a SEPH da ABE foi, mais uma vez, produzida como um lugar de práticas discursivas e de proposições que envolviam o esporte e a educação. Pelo visto, perdiam relevo na ABE aquelas ideias de Carlos Süssekind de Mendonça

---

8. Os outros dois nomes citados são do capitão Ciro R. Resende e de um tenente cujo nome encontra-se ilegível na atas.

9. A Divisão de Educação Física do Ministério da Educação e Saúde foi criada em 1937 e teve como primeiro diretor o major João Barbosa Leite (Horta, 1994, p. 69). Outras informações sobre o capitão Orlando Silva em Schneider (2003, Apêndice C).

10. Sobre Oswaldo Diniz Magalhães e o programa "Hora da Ginástica" cuja transmissão e retransmissão radiofônica perdurou por exatos 40 anos, cf. o trabalho de Carvalho (1994).

de que o esporte era um mau fator de educação da mocidade, e as de seu irmão Edgar de que a ação educativa dos militares deveria se restringir à formação dos soldados. Na Associação, o esporte estava na "ordem do dia" e "a serviço da Pátria". Era "unidade" e "doutrina". Essas dentre outras configurações e acomodações de interesses fizeram com que os debates educacionais fossem fortemente influenciados pelo contexto político e, principalmente, pelo mote do nacionalismo que tomava, nesse período, variadas proporções. Comprometidos desde a fundação com o desafio da regeneração nacional pela educação, os educadores da ABE viam, então, seus anseios de nacionalização se embaraçarem com outros não necessariamente similares aos deles.

"Nunca ninguém se acomodou tão confortavelmente numa situação tão inconfortável". Este é um pequeno comentário de Walter Benjamin ao analisar o que ele chamou de "melancolia de esquerda", referindo-se a certa intelectualidade europeia da década de 1930.[11] Tomei-o neste capítulo como pista, uma vez que suas ideias suscitam possibilidades interpretativas e pontos de afinidade com a percepção de Marta Carvalho sobre o VII Congresso Nacional de Educação de 1935, "que, prenunciando o Estado Novo, tinha, melancolicamente, como único tema de debate a Educação Física".[12] Chegaremos lá! Mas, antes, convém conhecer algumas balizas que ajudam a compreender a composição estabelecida para este VII Congresso.

5.1 Na SEPH, os dilemas de um Projeto de Educação Física Nacional

Desde a posse de Renato Pacheco, em junho de 1933, até outubro de 1934, as reuniões se intensificaram na SEPH da ABE e os debates giraram especialmente em torno da produção de um documento intitulado "Projeto de Educação Física Nacional".[13] Para a elaboração desse projeto

---

11. Benjamin, 1994c, p. 75.
12. Carvalho, 1998, p. 30.
13. Cf. no Anexo o quadro de frequência das reuniões da Seção. Durante esse período, os meses sem reuniões (agosto de 1933 a fevereiro de 1934) foram aqueles que coincidiram com um afastamento de Renato Pacheco por motivos de saúde. Mesmo deixando eleito como novo presidente o capitão

foram solicitadas versões iniciais à Comissão de Educação Física. O professor Oswaldo Diniz Magalhães e o capitão Orlando Silva assumiram separadamente esta tarefa, mas o Capitão quis antes saber: "Vamos agir em todo o território nacional ou iremos ter nossa ação limitada à capital federal?".[14] Na 39ª reunião da Seção,

> O Sr. presidente deu a palavra ao Sr. Oswaldo Diniz Magalhães para apresentar o seu plano por escrito, conforme havia sido resolvido na reunião anterior, o qual se referia a um processo simples de se iniciar um trabalho de educação física, por meio da ABE. O Capitão Orlando Silva tendo igual atribuição apresentou em seguida o seu trabalho. Por sugestão do Sr. Presidente foi unanimemente resolvido que os Srs. Capitão Orlando Silva e Sr. Diniz Magalhães preparassem um relatório baseado nos dois planos apresentados e o apresentassem o mais breve possível para os devidos estudos. O relatório deverá ser mimeografado a fim de ser distribuído aos membros da comissão. Depois de aprovado pela comissão, o plano será então apresentado aos membros da Seção de Higiene e Educação Física na próxima reunião geral a fim de ser aprovado e aceito como um plano da Associação Brasileira de Educação.[15]

A partir desse momento, muitas foram as reuniões que tentaram discutir o documento conciliado entre ambos. Em várias delas, e por justificativas diversas, ora um estava presente, ora o outro. As análises aconteciam, mas as tomadas de decisão eram sempre sutilmente adiadas. Na pauta das reuniões da SEPH esse projeto ficou em negociação até outubro de 1934.[16] Entre uma versão e outra do documento, também compareciam às reuniões diferentes contribuições trazidas por associados ou por convidados. No dia 19 de julho de 1933 foi a vez do professor Octacílio Braga, da ACM, recém-chegado de uma viagem técnica. Sua

---

Ciro Respondense de Resende (reunião de novembro de 1933), este não levou adiante os trabalhos da Seção. Em março de 1934, Dr. Renato retoma os trabalhos.

14. Atas da Seção de Educação Física e Higiene. 38ª reunião, em 7 de junho de 1933.

15. Atas da Seção de Educação Física e Higiene. 39ª reunião, em 14 de julho de 1933.

16. Dentre os documentos levantados no Acervo da ABE pude encontrar sete diferentes versões do documento intitulado *Projeto de Educação Física Nacional*. Algumas com registro de datas (3), outras não (4). Versões assinadas (3) e versões cuja autoria ou representatividade foi impossível confirmar (4). Alguns textos manuscritos/rascunhos (2), outros formalmente estabelecidos e datilografados (5).

participação na reunião foi assim registrada: "O Sr. Octacílio Braga declarou que nos Estados Unidos a recreação é aplicada tanto aos menores como aos maiores, que as atividades formais estão cedendo terreno aos jogos recreativos e esportivos".[17] No dia 8 de agosto do mesmo ano, as proposições foram as do major Francisco Dutra que

> pediu a palavra para apresentar a sua opinião sobre a Educação Física em geral. Mencionou o que tem feito desde 1924 no Paraná, Mato Grosso e Rio de Janeiro, entre as tropas militares onde tem atuado. Expôs detalhadamente suas idéias sobre métodos de Educação Física existentes na França e na Alemanha. Criticou certas tendências. Demonstrou as vantagens da Educação Física nas escolas, clubes e quartéis e etc. e sua aplicação às crianças e adultos de ambos os sexos. Leu o resumo de alguns artigos que publicou há tempos, sobre a cultura esportiva. Lembrou que muitos monitores deveriam ser preparados para ministrar a Educação Física em toda a parte.[18]

Nesse dia, a Seção não tratou de outro assunto. Além de ocupar todo o tempo da reunião o major Dutra ainda solicitou, na reunião seguinte, retificações na ata que havia sido secretariada por Oswaldo Diniz Magalhães: "1911, e não 1924, foi o ano em que iniciou suas atividades em prol da Educação Física [...] Em substituição ao termo monitores deve-se aplicar educadores físicos".[19] As diferentes sugestões em circulação põem em evidência a pluralidade de propostas que a Seção acolhia e dava voz, constituindo a ABE como lugar de mediação cultural e de negociação permanente de sentidos e significados. Contudo, as atas nem sempre trazem explícitas as polaridades ou os tensionamentos daí decorrentes, parecendo indicar que os secretários designados preferiam estabelecer textos mais amenos. E, ainda assim, eram corrigidos.[20]

---

17. Atas da Seção de Educação Física e Higiene. 39ª reunião, em 19 de julho de 1933.
18. Atas da Seção de Educação Física e Higiene. 44ª reunião, em 22 de agosto de 1933.
19. Atas da Seção de Educação Física e Higiene. 45ª reunião, em 29 de agosto de 1933.
20. Para a abordagem das condições de produção desse "Projeto Nacional de Educação Física" não foi possível realizar um cruzamento de fontes e informações. Penso que, para estudos futuros, as atas da SEPH poderão ser confrontadas com notícias em circulação na imprensa periódica do Rio de Janeiro. Quanto às atas do Conselho Diretor da ABE, estas também não fazem menção a tais polarizações.

Incluindo as intervenções que, de algum modo, tendiam a criticar "certas tendências", o projeto foi negociado em seus detalhes. Várias reuniões com debates sobre pormenores que acabavam por expressar pontos de vista: priorizar expressões como "dirigir" e "estabelecer", em vez de "controlar" ou adotar a nomenclatura "Entidade Máxima Nacional do Esporte" em vez da já existente "Confederação Brasileira de Desportos-CBD". Na estrutura desses pequenos comentários, o que estava em questão era a constituição de um sistema nacional de educação física, com o estabelecimento de órgãos de gestão em âmbitos federal e estadual e uma compreensão sobre a direção e a normatização da educação física que extrapolava, em muito, a dimensão escolar. O Projeto referia-se a diferentes lugares de práticas: penitenciárias e casas correcionais, abrigos e patronatos, campos de recreação, fábricas e centros industriais, estabelecimentos de ensino e instrução, clubes e associações esportivas. Além desses, um lugar curiosamente denominado de Educação Física "de populares", sem maiores explicitações sobre o termo.

Similar ao discutido quando da análise do Anteprojeto de 1929, aqui também pareceu possível inferir que regular e controlar o *extraescolar* — leia-se: o esporte — era prioritário no projeto em relação ao ensino escolar da Educação Física. Nas várias versões do documento, quando a expressão "Educação Física" foi anunciada ela veio com um complemento: "a Educação Física, aí compreendidas as práticas esportivas" ou "orientar tecnicamente a Educação Física, aí compreendidos os esportes". No único item do projeto que aborda de forma específica a Educação Física escolar, o esporte aparece como conteúdo e como prática social e pedagógica:

> Os programas e regulamentos de Educação Física, nas escolas primárias, secundárias, normais e superiores, tendo por base as idades fisiológica e mental dos alunos, invés da idade cronológica, e estabelecerá as atividades físicas, visando principalmente a educação e a recreação, consoante às leis psico-pedagógicas, e procurando obter dos jogos, da ginástica e dos esportes, o máximo de suas incontestáveis propriedades educativas, social, física e moral.[21]

---

21. Acervo da ABE. Projeto de Educação Física Nacional. Versão de 22 de outubro de 1934.

Esses eram pontos relativamente consensuais nas várias versões, daí poder-se concluir que dá a ver que o Projeto da ABE não defendia um método único de ensino, mas, sim, uma diversidade de possibilidades, nas quais o esporte estava bastante presente, estava "aí compreendido". Se os militares participantes cederam nesse ponto, não insistindo com a imposição do *Regulamento n. 7* como método único, isso não significa que tenham cedido no que tange ao controle centralizado das ações. Em maio de 1934, uma versão do Projeto aprovada na SEPH estabelecia a criação, no Ministério da Educação e Saúde Pública, de um "Departamento Nacional de Educação Física" ao qual ficariam subordinados os "Departamentos Estaduais de Educação Física" e também o "Instituto Nacional de Educação Física". Esse último, proposto como órgão destinado à formação de professores e técnicos e "ao estudo e pesquisa da prática científica dos exercícios físicos do brasileiro". Apesar das várias negociações, um caráter centralizador estava explícito na proposta da SEPH e a Educação Física parecia instância descolada do campo educacional.

Tal versão foi apresentada por Renato Pacheco em reunião do Conselho Diretor da ABE realizada no dia 28 de maio de 1934.[22] Na reunião seguinte, o projeto entrou novamente em pauta e, no debate, o Dr. Celso Kelly, membro do Conselho Diretor da ABE, fez consideração sobre a necessidade de o referido projeto integrar-se mais ao plano geral da Associação. Diante de tais ponderações, D. Branca Fialho, que presidia a reunião, solicitou ao Dr. Kelly que fizesse um estudo sobre o tema.[23] Em 19 de junho de 1934, Celso Kelly enviou carta manuscrita de sete páginas a Renato Pacheco apresentando suas análises sobre o *Projeto de Educação Física Nacional*:

> Meu caro Dr. Renato Pacheco,
>
> Formulo aqui as dúvidas que me permiti levantar com referência ao projeto de educação física nacional, apresentado pela Seção a que o ilustre amigo brilhantemente preside.
>
> As dúvidas que tenho não são evidentemente relativas à educação física em si. Nesse setor acato, com o devido respeito, quanto ali se deixou escrito,

---

22. Atas do Conselho Diretor, 28 de maio de 1934.
23. Atas do Conselho Diretor, 4 de junho de 1934.

merecendo minha particular simpatia a extensão da esfera coordenadora do poder público, encarregado da educação física, até toda a atividade desportiva.

Minhas dúvidas estão noutro terreno: por isso, deis (sic) formular as seguintes preliminares:

1ª preliminar:

a) em face do problema da educação integral, que papel ocupa a educação física?

Resposta: há duas teorias a respeito:

I) a dos que entendem que a educação física é autônoma, absolutamente independente do processo educativo geral, e, segundo alguns, articulada com o serviço militar, integrando-se, mesmo, nas atividades de exercício (corre, portanto, ao longo da pedagogia comum); e

II) a dos que entendem que a saúde, o desenvolvimento físico, o desenvolvimento intelectual, a formação moral, a aquisição de conhecimentos gerais e profissionais constituem parte de um só e grande problema: o problema da educação integral, para a plena formação do homem, em todos os seus domínios. Partes de um mesmo problema estão intimamente entrelaçadas. Sendo o educando um só indivíduo e devendo receber educação em todos os sentidos, é necessário que os agentes educativos emanem de uma só direção e visem o mesmo alvo. A educação só é eficiente quando dada em função do indivíduo. As suas partes só são eficientes quando não se contradizem entre si, mas, ao contrário, complementam-se, harmonizam-se.

Conclusão: ficamos, logicamente, com a segunda corrente. Em conseqüência: deverá haver nos departamentos estaduais de educação inspetorias especializadas em educação física, bem como de outros ramos que se façam necessários.[24]

Nesses termos, Celso Kelly colocava em questionamento o processo de autonomização da Educação Física em relação ao sistema educacional, além de apontar a instituição militar como possível defensora de tal construção. Em seus argumentos, fazia retornar o propósito de que a educação física deveria ser pensada e inspecionada como parte do que ele chamou

---

24. Acervo da ABE. Cartas manuscritas. Carta enviada por Celso Kelly a Renato Pacheco. Rio de Janeiro, 19 de junho de 1934, grifos do autor.

de "processo educativo geral", e não de forma paralela a ele. Além dessa "preliminar", o Dr. Kelly também apresentou considerações sobre o tema da centralização, convidando a SEPH a agir em consonância com a ação política em curso na ABE. Na continuidade da carta...

> 2ª preliminar:
> b) em face do conhecido ponto de vista em torno da <u>centralização e descentralização</u> em matéria de ensino, que função atribuir aos órgãos federais e aos órgãos locais?
> Peço considerar cronologicamente:
> I) em 1932, publicava-se o manifesto dos pioneiros, muitos dos quais, membros da ABE,
> II) em 1933, a 5ª Conf. Nac. de Educação, promovida pela ABE, elaborava um esboço de organização nacional,
> III) em 1934, a ABE, pelo Conselho Diretor do Departamento do Rio, pleiteava, junto à constituinte, as reivindicações mais necessárias quanto à reorganização do país.
> Qual o ponto comum, a idéia diretora nessas diversas fases?
> A da descentralização administrativa, permitindo aos Estados que organizem os seus sistemas educacionais, contrariamente à regulamentação imperativa e inútil da União com relação aos ensinos secundário e superior. Os fundamentos desta orientação doutrinária encontramos no Manifesto, na justificação do esboço da 5ª Conferência, nos debates da ABE, em algumas de suas publicações.
> Mas daí se concluirá pela ausência de <u>ação nacional</u>? Certo que não. Todas aquelas manifestações acima citadas, no sentido da descentralização, admitem como necessário, um plano <u>nacional</u> de educação, coordenador da atividade educacional no país.
> A Constituição já aprovada consagrou essas duas idéias:
> a) competência da União para traçar o plano nacional de educação;
> b) competência dos Estados para organizar os sistemas estaduais de educação.
> Diante dessa expectativa, quase realidade, como se considerar o plano sobre educação física?
> Suas idéias gerais devem integrar-se ao plano nacional de educação, que só deverá ser de princípios gerais.

Com referência à competência local, estará em função da organização dos sistemas estaduais.

Sendo assim, parece-me que, por coerência, qualquer trabalho apresentado pela ABE não pode ter tendência centralizadora excessiva, apenas coordenadora.

Si, acaso, se desejar qualquer outro informe de minha parte, inteiramente à sua disposição.

Afetuoso abraço,

do Celso Kelly

19/6/34.[25]

Analisando esse segundo aspecto, Celso Kelly fazia novamente um apelo para que a SEPH pensasse a ação nacional como dimensão coordenadora e não como centralização de poder. De forma não simples, a ABE tentava defender princípios como descentralização e laicidade nos vários fóruns onde se ventilava a constituição de um sistema nacional e público de educação. Tarefa hercúlea para um momento político que aquecia debates impregnados de temas polêmicos e nos quais os educadores representantes da ABE deparavam com uma variedade de forças opositoras.[26]

A carta do Dr. Celso Kelly causou desconforto na Seção e alguns membros ponderaram que uma comissão liderada por Renato Pacheco deveria conversar com o Dr. Kelly e, posteriormente, processar os ajustes que se fizessem necessários ao projeto.[27] De acordo com os registros existentes

---

25. Acervo da ABE. Cartas manuscritas. Carta enviada por Celso Kelly a Renato Pacheco. Rio de Janeiro, 19 de junho de 1934, grifos do autor.

26. Vale lembrar que em fevereiro de 1934 havia acontecido no Ceará a VI Conferência Nacional de Educação e nela um tenso episódio entre os setores integralistas que defendiam o ensino religioso e o grupo liderado por Edgar Süssekind de Mendonça que, depois de tal momento, passa a ser sistematicamente perseguido como comunista. Comentando tal evento, Diana Vidal (2002, p. 288) assim analisa: "Em virtude de sua posição contrária à proposta efetuada por Ciro Vieira da Cunha, após conferência do Padre Hélder Câmara, de remessa de um telegrama à Assembleia Constituinte, solicitando a instituição do ensino religioso facultativo nas escolas públicas, Süssekind foi atacado fisicamente por católicos integralistas, recebendo murros e cadeiradas. Os debates em torno do ensino religioso extrapolaram os limites do fórum da VI Conferência gerando manifestações em jornais cearenses que incitaram o atentado [...] Foram acusações como esta que, em 4 de dezembro de 1935, levariam Edgar à prisão".

27. Atas da Seção de Educação Física e Higiene. 56ª reunião, em 26 de junho de 1934.

no Livro de Atas da SEPH, que inclui também suas lacunas, o documento não retornou à Seção para uma aprovação final, embora na ata do dia 15 de outubro haja comentários sobre uma "redação definitiva".[28] De todo modo, a versão assinada por Renato Pacheco em 22 de outubro de 1934 já era diferente daquela encaminhada ao Conselho Diretor no mês de maio e parecia incorporar algumas das sugestões do Dr. Kelly. A nova proposta anunciava a criação de uma "Inspetoria de Educação Física" subordinada ao Ministério da Educação e Saúde e articulada "com as demais inspetorias federais de ensino, para a conjunção de esforços comuns e com a diretoria nacional de Saúde Pública, no que concerne ao auxílio da Assistência Médica". No âmbito estadual, "uma Inspetoria Especializada de Educação Física, parte integrante dos Departamentos de Educação dos Estados, e articulada com as respectivas Diretorias de Saúde".[29]

Mais *escolarizado* — ou seja, mais integrado à rede de instituições que organizava a educação escolar —, o novo formato do projeto parecia, no entanto, não atender às expectativas de muitos. Esses ajustes e negociações finais aproximaram as ações da SEPH dos propósitos políticos e educacionais em curso na ABE, mas, ao mesmo tempo, promoveram o afastamento de alguns personagens. Nessa etapa pós-março de 1934, os representantes do segmento militar não compareceram às reuniões da Seção. Nesse ano, os frequentadores regulares das reuniões da SEPH foram Renato Pacheco e Oswaldo Diniz Magalhães, presidindo e secretariando as sessões. Em algumas, só os dois compareciam. Também os professores Ambrósio Torres e Gabriel Skinner, associados de presença regular ao longo de todos os anos de existência da Seção, apareceram com certa frequência. Mais espaçadamente, Cyro Morais e Octacílio Braga, da ACM, e as professoras Déia Simões Mendes, Marina Corimbaba e Lois Marietta Williams, todas com participação ativa na ABE nesse período.

Essa temática do "Projeto Nacional de Educação Física" constou pela última vez nas atas da SEPH em janeiro de 1935, quando, em uma reunião com a presença de Moreira de Souza e Alberto Carneiro Leão, foi feita

---

28. Atas da Seção de Educação Física e Higiene. 47ª reunião, em 15 de outubro de 1934.
29. Acervo da ABE. Projeto de Educação Física Nacional. Versão de 22 de outubro de 1934.

uma sugestão de que o documento preparado fosse enviado ao Ministro da Educação.[30] Nas reuniões do Conselho Diretor, o tema não retornou. Todos os silêncios, de antes e depois, permitem supor que o documento pode ter sido "engavetado", pois, no Ministério da Educação e Saúde, a "ordem do dia" parecia também ser outra.

Enquanto ausentes nas reuniões da ABE, os militares podiam ser encontrados em outros lugares. Em julho de 1934 havia sido criada, por decreto, no Ministério da Educação e Saúde, uma Inspetoria Geral de Ensino Emendativo, encarregada de várias atividades, dentre as quais a da Educação Física, assunto por meio do qual estreitava acordos entre o Ministério da Educação e o Ministério da Guerra. José Silvério Baia Horta comentou que essa Inspetoria nem chegou a ser instalada, deixando de existir legalmente na reforma ministerial de 1937. Mas o decreto, segundo ele, foi uma espécie de "brecha aberta para a entrada dos militares como professores de educação física nas escolas e como orientadores da formação de professores desta disciplina para o sistema de ensino".[31]

Também nas brechas os educadores da ABE foram se acomodando confortavelmente às situações *inconfortáveis*. O desenrolar do "Projeto de Educação Física Nacional" não teve maiores consequências, mas o assunto que ele trazia à baila — a nacionalização da educação física, "aí compreendidos os esportes" — tornava-se cada vez mais relevante em outros lugares de poder que modelavam a ambiência cultural da Capital Federal, cada vez mais impregnada de signos cívico-nacionalistas.

5.2 Sinergia e disciplina na Fortaleza de São João

Desde 1930, na privilegiada paisagem da Fortaleza de São João, o Centro Militar de Educação Física (CMEF) dava sequência ao seu propósito de formar monitores e instrutores militares e civis. Os professores do Centro, todos de formação militar e sendo alguns deles também médicos,

---

30. Atas da Seção de Educação Física e Higiene. 62ª reunião, em 15 de janeiro de 1935.
31. Horta, 1994, p. 68.

eram considerados "os grandes colaboradores da feitura da raça".³² Sob sua responsabilidade estavam as "especialidades" relacionadas à pedagogia geral, à história, ao direito, à biometria-morfologia-ortopedia, à anatomia-fisiologia, dentre outras. Também estavam incluídas especialidades esportivas tais como: "desportos coletivos terrestres", "desportos coletivos náuticos", "traumatologia esportiva" etc.³³

Complementando as ações de formação profissional, o Centro passou a editar, a partir de maio de 1932, a *Revista de Educação Física*. Um periódico de tiragem regular que acolhia em suas páginas textos relativos a uma infinidade de assuntos e de interesses.³⁴ Além de uma divulgação sistemática das ações do Centro e de inúmeros artigos de orientação pedagógica direcionados tanto para a educação física militar quanto para a educação física escolar, a revista também se apresentava como lugar de expressão e posicionamento político. Nela uma defesa permanente e destacada da ideia de que o país não se faria sem a colaboração dos militares.

Em um artigo intitulado "O exército e o 5º Congresso de Educação", e assinado por João Ribeiro Pinheiro, há um explícito posicionamento sobre as ações da ABE. O autor não cita o nome da entidade em nenhum momento, mas, na construção dos argumentos, a ABE é duramente criticada por suas "mistificações", "doutrinas de importação" e falta de "objetivos práticos", enquanto o Exército é exaltado como referência e modelo de educação nacional. O texto merece ser conhecido na íntegra:

> Realiza-se em setembro próximo, em Recife, o 5º Congresso de Educação. Nos congressos precedentes não foi convidado o exército, no entanto, nenhuma obra completa pode-se fazer em matéria de educação nacional sem a colaboração dele. Esquecê-lo é prova de ignorância da grande obra que o Exército realiza silenciosamente, através das escolas regimentais. Por essas escolas passam, como num crivo, em geral, o elemento mais avesso ao en-

---

32. Revista de Educação Física, ano 1, n. 1, maio de 1932.
33. Revista de Educação Física, ano 1, n. 1, maio de 1932.
34. Um estudo apurado da Revista de Educação Física, como objeto e como fonte, foi realizado por Ferreira Neto, Maia e Bermond (2003a e 2003b). O mesmo estudo será aqui tomado como referência em meu propósito específico de identificar conexões entre a produção discursiva em circulação na revista e as práticas institucionais da ABE.

sino, e, por força da sanção que o Exército tem em si mesmo, esse elemento deixa a caserna alfabetizado, queira ou não queira. Esse elemento é muitas vezes colhido no sertão mais rude e devolvido a ele como uma centelha de luz no cérebro, então vazio. No terreno da instrução secundária nada há na Federação que se compare à organização sólida e homogenia dos colégios militares. Nenhuma escola superior pode ser comparada, pedagogicamente, no sentido de educação integral, com a Escola Militar. E, finalmente, no meio civil não existe estabelecimento da alta cultura que seja confrontável com a Escola do Estado Maior.

Por certo que no próximo Congresso se irá tratar do problema da Educação Física e, sem a colaboração do Exército, pelo seu órgão natural, o C.M.E.F., nada se poderá realizar com êxito no Brasil neste assunto.

Pesa dizer que os Congressos anteriores foram uma mistificação. Ainda o último, apesar da boa vontade do Ministro da Educação, continuou a ser uma assembleia sem objetivo prático. As vozes sadias foram abafadas, por ser minoria e querer trabalhar, saindo do campo das doutrinas de importação, inadaptáveis entre nós. Oxalá, que neste ano, a direção do Congresso seja dada à inteligência moças e brasileiras, que possam produzir e saibam avaliar a colaboração profícua e indispensável do Exército.[35]

Essa contundente provocação parece apontar que a *Revista de Educação Física* constituía-se um instrumento privilegiado por meio do qual os militares apresentavam suas propostas para a educação. Mas esse posicionamento militar não se fez apenas desse lugar estratégico. Poucos meses antes, ele se fez realizar diretamente em reunião do Conselho Diretor da ABE. Em abril de 1932, o marechal Marques da Cunha questionou

---

35. Revista de Educação Física, ano 1, n. 2, jun. 1932. Além desse artigo, João Ribeiro Pinheiro assinou outros textos na revista sobre temas como a alegria, onde discute a relação entre saúde e recreação (*Revista de Educação Física*, n. 3, jul. 1932) ou sobre a pedagogia e o interesse, artigo no qual comenta, inspirado em John Dewey, que "a escola é a experiência pela qual a sociedade transmite a sua experiência. A escola é uma 'reconstrução da experiência'. Assim, na Escola de Educação Física do Exército se vai 'reconstruir a experiência' da Escola de Joinville" (*Revista de Educação Física*, n. 6, mar. 1933). Como compreender tais enunciações à luz dos argumentos de "mistificações" e "doutrinas de importação"? A crítica e a apropriação parecem constituir faces de uma mesma ação estratégica. Vale ainda comentar que o major João Ribeiro Pinheiro foi um dos militares mortos no Regimento de Infantaria da Praia Vermelha, no Rio de Janeiro, ao resistir na noite de 27/11/1935 a um dos levantes do episódio denominado de Intentona Comunista. Disponível em: <www.midiasemmascara.com.br/artigo.php>.

o Conselho sobre o fato de os militares não terem sido convidados para a IV Conferência, realizada em Niterói. Lamentou também que a corporação não tivesse "representantes na ABE e propõe a essa associação que convide os professores militares para fazer parte dela".[36] Todavia, como registra a ata, houve resposta imediata à sua crítica. De pronto,

> o Dr. Melo Leitão explica ao Marechal Marques da Cunha que sua proposta não pode ser inteiramente aceita porque não é dos hábitos da casa aumentar o quadro social enviando convites a quem quer que seja; mas a ABE aceitará jubilosamente a colaboração do magistério militar na V Conferência Nacional de Educação a realizar-se no corrente ano em Pernambuco, para a qual será oportunamente convidado o Dr. Otávio de Souza. Apoiado nas palavras do Marechal Marques da Cunha confirma a da senhora Secretária Geral, declarando ter o Diretor do Colégio Militar recebido o convite da ABE. O Sr. Presidente, Dr. Anísio Teixeira, que comparecera depois de iniciada a sessão e assumira imediatamente a presidência, reforça as palavras do Dr. Melo Leitão e assegura ao Marechal Marques da Cunha que o Conselho diretor empenhar-se-á junto à comissão executiva da V Conferência no sentido de ser o magistério militar chamado a se fazer representar.[37]

A citada V CNE nem chegou a acontecer no Recife como comentado anteriormente nos dois documentos. Sua realização foi transferida para o Rio de Janeiro e levada a termo em 1932. Esses exercícios de ocupação de espaços e construção de representações aconteciam em meio a uma ambiência político-cultural complexa. Não se pode perder de vista que, nesse momento, estava em curso a Revolução Constitucionalista e que o *Manifesto dos Pioneiros da Educação Nova* havia sido divulgado em março desse mesmo ano, provocando debates e tomadas de posição entre diferentes segmentos que, direta ou indiretamente, se consideravam envolvidos com o campo educacional.

Esse diálogo entre a ABE e os militares, ao mesmo tempo em que põe em evidência pontos polêmicos e divergentes, por vezes se apresenta como um exercício de afinidade e parceria, permitindo aqui a consideração de

---

36. Atas do Conselho Diretor. 221ª sessão, em 4 de abril de 1932.
37. Atas do Conselho Diretor. 221ª sessão, em 4 de abril de 1932.

que deslocamento e fluidez eram práticas multilaterais.[38] Nem sempre, porém, foi possível compreender se as ações partilhadas aconteciam por convicção ou por tolerância contingencial. Ao tentar conhecer esses jogos, não se pode também perder de vista que nem entre os militares e nem no âmbito da ABE os propósitos e interesses pedagógicos e políticos eram monolíticos.

Voltando à *Revista de Educação Física*, nela são encontrados educadores da ABE e algumas de suas propostas *escolanovistas*. Ruth Gouveia, Lourenço Filho, Lois Marietta Williams, dentre outros nomes do quadro de associados da ABE, escreveram na revista entre 1932 e 1935. No artigo de Ruth Gouveia, ênfases nos argumentos de que a educação física deve ser compreendida como uma "situação total". A professora afirma que as brincadeiras, os jogos e as danças, quando praticadas pelas crianças, aumentam suas experiências "no campo físico, moral-social e intelectual". Ressalta também o jogo como uma prática que evolui para as "formas superiores do trabalho".[39] Os argumentos que apresenta como teorização da Educação Física guardam relação e coerência com o projeto educacional em curso no Distrito Federal. No texto de Lois Marietta Williams também um destaque para a importância dos jogos e dos recreios "na vida e na educação".[40] Segundo a professora, mais do que divertimento, o brinquedo é uma forma de satisfação das necessidades humanas e deve ser sempre bem orientado e dirigido de modo que possibilite "a aquisição pelo grupo e pelo indivíduo, de bons hábitos e boas atitudes". Realça também que

> não há lugar nenhum, nesse plano, para castigos, nem para recompensas, fora daqueles que saem do próprio jogo. A criança aprende a jogar pelo prazer de jogar. Joga para vencer obstáculos, para ganhar, mas para ganhar corretamente. Aprende a reconhecer que a vitória obtida por meio de tra-

---

38. É possível supor que esses fatos ocorridos em 1932 tenham motivado a presença dos militares na SEPH no ano seguinte, conforme comentado no item anterior relativo ao "Projeto de Educação Física Nacional".

39. Revista de Educação Física, ano 2, n. 7, abr. 1933.

40. Revista de Educação Física, ano 2, n. 12, p. 42, nov. 1933.

paças não é vitória, e que o perder e o ganhar são tão importantes como o próprio jogo.[41]

Demarcando os lugares pedagógicos dos jogos ressalta enfaticamente que os "campos de recreio" são os espaços apropriados onde os jogos deveriam acontecer de forma dirigida.

> Embora a lama da rua se preste muito bem para a edificação de castelos ou a confecção de bolos, devemos substituí-la pela areia, material mais desejável. A bola, com alvo legítimo onde atirá-la, deve tomar o lugar da pedrada ao pássaro ou à janela. O 'campo de recreio' [...] será melhor que a rua, com sua influência de valor mais que duvidoso.[42]

Esses exercícios de produção de uma *forma escolar* para os jogos — bastante coerentes com as abordagens conceituais da escola ativa, da disciplina voluntária, do professor orientador da liberdade e dos espaços educativos — coabitaram a *Revista de Educação Física* com outros enunciados não necessariamente tão *psicopedagógicos*. Muitos outros autores, capitães e tenentes do próprio Centro Militar, também escreveram sobre o ensino de educação física e, em seus artigos, maior ênfase na divulgação e afirmação do método regulamentado pelo exército — o chamado *Método Francês* — com suas "Lições" a comportar, cronometricamente, as sessões "a) preparatória", "b) propriamente dita" e "c) volta à calma" orientadas por suas "Unidades de Doutrina" que tinha como eixos balizadores a hierarquia, a ordem e a disciplina.[43]

---

41. Revista de Educação Física, ano 2, n. 12, p. 45, nov. 1933.

42. Revista de Educação Física, ano 2, n. 12, p. 45, nov. 1933. A professora Lois Marietta Williams também trabalhou com Anísio Teixeira no Distrito Federal e participou ativamente das ações da ABE. Foi membro do Conselho Diretor da entidade em 1932 e em 1934. Foi uma das principais colaboradoras na modelagem educativa dos *playgrounds* no Rio de Janeiro.

43. Analisando os elementos que compõem às seções de "Unidade de Doutrina" e "Lições de Educação Física" da Revista de Educação Física, Ferreira Neto, Maia e Bermond (2003, p. 104-105) afirmam que os princípios de continuidade, alternância, graduação, atração e disciplina constituem os orientadores na formulação e execução das lições: "Considerados base para a fundamentação das lições e eixos pedagógicos específicos para a aplicação na Educação Física, devem estar presentes na execução de todas as aulas de educação física, sejam elas ministradas em escolas militares, sejam em escolas civis. Esses princípios apresentam-se subordinados aos eixos doutrinários existentes no Exército, os quais orientam toda a doutrina institucional, são eles: a hierarquia, a ordem e a disciplina".

Já o artigo assinado por Lourenço Filho e publicado pela *Revista de Educação Física*, em abril de 1933, foi estabelecido a partir de uma palestra por ele realizada no próprio CMEF, na condição de diretor do Instituto de Educação. Nesse texto exalta a importância da Educação Física na educação moderna, enfatizando as dimensões biológica, psicológica e moral presentes na cultura física. Seus argumentos se aproximam muito dos de Fernando de Azevedo que é, inclusive, citado como uma de suas referências. Segundo Lourenço Filho, "a cultura física de modo algum se apresenta desligada dos problemas gerais da educação, mas, ao contrário, toda ela se envolve dos mesmos ideais de desenvolvimento da adaptação social e de aperfeiçoamento". Explicitando, assim, sua concepção de educação, passa, então, a exaltar o Centro Militar, "uma instituição nascente que necessita expandir-se por todo o país para o benefício de nossa raça". Valorizando a participação das Forças Armadas na "obra da educação integral" o diretor do Instituto de Educação produz, com seu discurso, uma legitimação no Centro Militar como o lugar de formação de professores de educação física:

> Em todos os países onde a educação física se apresenta difundida, respeitada e como um serviço social, começou-se por estabelecer centros de formação de instrutores da especialidade, de verdadeiros educadores, não apenas de ginastas mais ou menos hábeis. E o exemplo desses mesmos países tem demonstrado também quanto pode ser precioso o contingente das Forças Armadas, já devotadas, pelo seu mister, ao cultivo da saúde, da coragem, da decisão pronta, da disciplina. No Brasil, a nenhuma instituição se entregaria melhor esta causa; e, dentro dela, a este grupo valoroso que, silenciosamente, mas convictamente e perseverantemente, aqui vem trabalhando as bases da reconstrução futura de nossa raça.[44]

Uma educação integral feita de forma separada! A ideia ganha lastro, pois, em outubro deste mesmo ano de 1933, o *Centro Militar de Educação Física* é transformado, por decreto do Chefe do Governo Provisório, em *Escola de Educação Física do Exército*, diretamente subordinada ao Estado Maior do Exército. O feito é comemorado na revista como um grande in-

---

44. Revista de Educação Física, ano 2, n. 7, p. 7, abr. 1933.

centivo ao trabalho realizado "em prol da elevação do nível eugênico da nossa gente, pois que um mundo de novas e maravilhosas expectativas nos traz esse importante dispositivo legal que encerra uma providência em bem dos destinos da nossa nacionalidade".[45]

Eugenia social, mais que biológica, e nacionalismo, compreendido como uma "cruzada cívica", foram temas anunciados na revista de forma recorrente nos anos seguintes, em artigos escritos pelos próprios militares e por convidados. Azevedo do Amaral, por exemplo, referiu-se ao trabalho pedagógico dos militares como "a verdadeira frente revolucionária", numa análise perspicaz e comparativa à Revolução Russa de 1917, por ele denominada de "episódio moscovita", assunto em ampla circulação nos debates políticos do momento.[46] Também Porto Carreiro escreveu na revista. "Considerando o indivíduo um repositório de energia, cujo potencial há de manter-se em determinado grau ótimo" enfatizou a importância do exercício físico para o equilíbrio social, pois ele "dá sublimação aos impulsos sexuais e aos impulsos agressivos: cultivando os desportos, aumenta-se a capacidade para a reprodução da espécie e deriva-se, de maneira útil, atividade agressiva".[47]

Já afastado da ABE, Fernando Magalhães escreveu na primeira página da revista, em janeiro de 1934, ressaltando preceitos de ordem e disciplina:

> Na educação física, há um conjunto de especiais atributos que o seguimento de suas regras tira milagrosamente do corpo e da alma dos homens. A forma, culto dessa educação, compõe o indivíduo organizado na simetria e na proporção. Verdadeiro trabalho de arte. Arte viva. Orgulha-se o criador do que é, ascende a criatura para o que deseja ser. Nos traços da simetria e da proporção, ressalta a inspiração de uma doutrina capaz de confeiçoar grandes realizações. A simetria representa a disciplina; a proporção é a síntese da conformidade. Desta maneira, manipula-se caracteres e virtudes.

---

45. Revista de Educação Física, ano 2, n. 12, p. 2-3, nov. 1933.
46. Revista de Educação Física, ano 2, n. 8, p. 1, maio 1933.
47. Revista de Educação Física, ano 3, n. 16, p. 1, jul. 1934.

O fundamento da educação física está na observância das boas normas de obediência. O corpo humano é uma sinergia. Sinergia é a colaboração solidária de esforços. Chegando a sociedade ao cumprimento natural de seus deveres, como o organismo reproduz a sua concordância funcional, o mundo será a variedade feliz dentro da tranqüilidade consoladora.[48]

Fernando Magalhães representa, na *Revista de Educação Física*, um ideário que, na ABE, não lhe foi possível levar adiante. Esse recurso às metáforas orgânicas como referências sinérgicas e harmônicas, combinadas à exaltação da obediência e da disciplina, parecem conferir um acréscimo fortemente doutrinário àquela ideia da "energização do caráter" e ao primado da eficiência. Na revista do exército, Magalhães pôde distanciar-se do modelo pedagógico que relacionava educação e eficiência, priorizava o ensino ativo, a eficácia fabril e febril, os preceitos do autogoverno e da liberdade de ação.

Buscando modernizar o seu discurso, o Exército trazia para as páginas da revista textos e autores vinculados ao pensamento escolanovista tentando ajustá-los aos seus propósitos cívicos. Nesse amálgama "inconfortável", foi possível perceber um incremento operado por artigos que relacionam raça e eugenia ou raça e hegemonia. Em um artigo intitulado "Mussolini e a Educação Física" a revista homenageia a organização educacional promovida na Itália pelo estadista.[49] Em outro número, um editorial com título em alemão — "*Ich Rufe die Jugend der Welt!* (Eu chamo a mocidade do mundo!)" — um chamado para a Olimpíada a realizar-se em Berlim, em 1936.

> Soam em Berlim os clangores do sino germânico, convocando todos os jovens do mundo para mais uma aferição de qualidades raciais. Expressões atléticas de todas as partes da imensa orbe medirão seus valores em competições várias, na Capital Bavária. Aí, ante às vistas apreensivas de todas as Nações do Globo, se balancearão as capacidades físico-morais dos povos, representados por seus elementos seletos, no grandioso certamen, patrocinado por esse povo extraordinário que traz o mundo preso de cons-

---
48. Revista de Educação Física, ano 2, n. 14, sem paginação, jan. 1934.
49. Revista de Educação Física, ano 2, n. 13, p. 11-12, dez. 1933.

tante admiração ao seu gênio inigualável e às manifestações sem par de suas energias multiformes.

O Brasil, naturalmente, atenderá, por seus jovens, ao apelo do sino olímpico de Berlim. Já é tempo, portanto, para diligenciarmos, afim de que levemos à Alemanha uma representação condigna que mostre, ao menos, os anseios de perfeição de que se acha possuída a nossa gente, perfeição moral e física de que temos um exemplo impar no povo teuto. Ainda que não possamos afirmar vitoriosamente o nosso valor racial, por motivos bastante razoáveis, nos será possível, entretanto, atestar o espírito novo inspirador da atividade moça no Brasil, garantia da grandeza de seu progresso futuro, que se há de esteirar nas superiores qualidades de sua raça que já se vai aprimorando, ao influxo de preceitos educativos modernos auridos em fontes preciosas.[50]

Nesses termos, o esporte foi também reconfigurado pelo ideário nacionalista e pela aposta no poder "revolucionário" da ordem e da disciplina, como fatores de adaptação e desenvolvimento social. Neste período compreendido entre 1932 e 1935, os artigos da *Revista de Educação Física* que tratam singularmente do esporte situam-no como prática posterior e como desdobramento do esforço de formação e disciplinarização corporal e moral realizados pela educação física, muitas vezes tomada como sinônimo de ginástica. Américo Netto, chefe da Seção Técnica do Departamento de Educação de São Paulo, assim escreveu em um texto intitulado "Ginástica e Desporto": "Mostramos que uma precede o outro, para o qual prepara e apronta. E que o desporto precisa encontrar o caminho que a ginástica aparelhou, constituindo ele o curso secundário e superior da educação física, de que ela foi o primário".[51]

Atualiza-se, assim, a "mentalidade médico-pedagógica" e a ela agrega-se um novo componente relativo à responsabilidade do Estado e da escola na promoção de uma educação física capaz de consolidar o desenvolvimento esportivo da nação, e não só dos indivíduos. Silvio Padilha, atleta de natação que participou da Olimpíada de Los Angeles, em 1932, escreveu na revista, exaltando a dimensão educativa e civilizadora do esporte. Na produção de seus argumentos, comentava:

---

50. Revista de Educação Física, ano 2, n. 11, editorial, out. 1933.
51. Revista de Educação Física, ano 2, n. 9, p. 29, jun. 1933.

A última olimpíada é um atestado, é um exemplo do que é capaz um trabalho constante e proveitoso.

De um lado, a vitória esmagadora dos Estados Unidos no atletismo, onde o homem é acompanhado desde criança, no colégio, até a universidade, onde vai ser o campeão que terá a honra de representar o seu país! De outro lado, é o país do sol nascente deslumbrando o mundo na natação e nos saltos.

Ambos são fruto duma preparação e duma constância formidáveis: é a subvenção do governo (que nos falta); são as milhares de piscinas públicas, as praças de esporte espalhadas por toda parte, influindo poderosamente.

Ao par de tudo isso, procuram tirar nos mínimos detalhes o maior rendimento possível: o japonês, por exemplo, vai buscar nos colegiais os seus melhores nadadores [...] Eis pois a minha opinião: tudo é fruto de um treinamento, mas, para isso, necessitamos de educação física.[52]

Nessa perspectiva, os indícios relativos à escolarização do esporte não mais priorizavam aquele propósito de levar à experiência escolar o "espírito e a audácia esportiva".[53] Em nova conformação, escolarizar o esporte é inserir a escola, e sua Educação Física, na base de um progresso esportivo linear, cumulativo e hierárquico de produção do "campeão que terá a honra de representar o seu país!".

Como afirmou Fernando Magalhães, "passa o pelotão dos atletas. Homens talhados para a pureza das linhas. Homens plasmados para a grandeza dos tempos".[54] Para esses homens esportivos, sensibilidades diferentes daquelas anunciadas pelo *sportman* Jacques Pedreira, de João do Rio, ou pelo *homem bandeirante* de Ferdinando Labouriau. Em vez de uma pluralidade de indivíduos eficientes e audazes, a construção de uma nação "campeã", um todo orgânico e, como tal, hierárquico e sinérgico. Seria esse outro projeto cultural ou outra face de um mesmo turbilhão moderno? Turbilhão de paradoxos e contradições no qual atração e repúdio, celebração e combate, fascínio e temor constituíam

---

52. Revista de Educação Física, ano 2, n. 6, sem paginação, mar. 1933.
53. Conforme aquele "mandamento" do Club dos Bandeirantes do Brasil.
54. Revista de Educação Física, ano 2, n. 14, sem paginação, jan. 1934.

dimensões a exigir reordenamentos permanentes de ideias, interesses e sensibilidades.⁵⁵

5.3 O VII Congresso Nacional de Educação

Conforme decisões tomadas no Ceará durante a polêmica *VI Conferência Nacional de Educação*, o congresso seguinte seria realizado em janeiro de 1935, no Estado da Bahia. No âmbito do Conselho Diretor da ABE, o debate sobre o VII Congresso começou em outubro de 1934, com uma solicitação do Interventor da Bahia pedindo o adiamento do evento para o mês de junho, em razão de "lutas políticas". Ao debater o assunto, o Conselho Diretor concluiu mesmo pelo adiamento, já que, há menos de três meses da data prevista, nada havia sido preparado.⁵⁶

Concomitante às decisões relativas ao VII CNE, o Conselho Diretor também discutia a possibilidade de a ABE realizar um evento que abordasse os problemas da Educação Física. Tal proposta foi encaminhada por Renato Pacheco em reunião realizada no dia 21 de janeiro de 1935 e o seu intuito era melhor preparar o debate sobre Educação Física para o congresso da Bahia. Participando da reunião, o Dr. Gustavo Lessa sugeriu inclusive que Renato Pacheco e Renato Eloy de Andrade, respectivamente presidente e vice-presidente da Sessão de Educação Física da ABE Nacional, organizassem uma reunião específica sobre o assunto nesse evento na Bahia e sua sugestão tornou-se assunto comentado por vários outros participantes da reunião. O Dr. Renato Pacheco insistia que um estudo e uma preparação prévia eram necessários enquanto o Dr. Lafayete Cortes ressaltava a importância do tema diante da deficiência da educação física no curso secundário. Em sua opinião, era mesmo importante realizar um evento no Rio de Janeiro convidando estados, associações e outros participantes, e que o mesmo tivesse grande campanha na imprensa. O debate toma corpo com o argumento de Gustavo Lessa sobre a necessi-

---

55. Cf. Berman, 1986. Pesavento (1997) e Taborda de Oliveira (2005) também operam com a ideia de "turbilhão" proposta por Marshall Berman para pensar a modernidade.

56. Atas do Conselho Diretor, sessão de 8 de outubro de 1934.

dade do VII Congresso possuir, de fato, um caráter "acadêmico". A partir desse raciocínio afirmava que "talvez fosse mais interessante focalizar no próximo a educação física, nas diferentes sessões assim reunidas". A proposta do Dr. Lessa indicava uma preocupação com a politização dos debates — conforme ocorrido no Ceará — e, diante de tal probabilidade, ele defendia, como alternativa, o que chamou de "acadêmico". Caberia, assim, à Educação Física ocupar, no próximo evento nacional da entidade, o lugar de um tema academicamente capaz de suplantar os tensionamentos políticos. O assunto foi ainda discutido com intensidade por Renato Pacheco, Gustavo Lessa, Arthur Moses, Meneses de Oliveira, Lafayete Cortes e, a partir daí, "resolve-se que o próximo congresso seja, na sua parte principal, dedicado ao estudo de higiene e educação física". Esse encaminhamento deveria ser levado à ABE Nacional, instância responsável pela resolução final.[57]

Na reunião seguinte, falando em nome de Afrânio Peixoto, presidente em exercício na ABE Nacional, Gustavo Lessa reafirmou a "Educação Física e Higiene" como temática principal do VII Congresso. Além disso, "sugere a realização do congresso na capital em vez da Bahia como estava planejado e pede para isso informação ao Conselho Diretor". A proposta é aprovada unanimemente, ficando a data prevista para a segunda quinzena de junho. Tais decisões fizeram com que a reunião seguinte da Seção de Educação Física e Higiene acontecesse com um grande número de pessoas e ideias a serem encaminhadas.

> Aberta a sessão foi lida e aprovada a ata da reunião anterior. Na falta do secretário, foi indicada a professora Marina Corimbaba para secretariar *ad hoc*. O Sr. Presidente regozija-se com a presença do Dr. Euzébio de Oliveira, presidente da ABE. O Dr. Renato Pacheco apresenta então ao ilustre assistente os últimos passos dados pela Seção de Educação Física, justificando assim o entusiasmo reinante e o muito que temos de conseguir. Referiu-se à Sétima Conferência Nacional de Educação e o lugar da Educação Física nesse congresso.

---

57. Atas do Conselho Diretor, sessão de 21 de janeiro de 1935.

O professor Gabriel Skinner anunciou então a adesão dos Escoteiros do Brasil, representados pela sua entidade. Vários membros trocaram idéias sobre este importante assunto. O Dr. Gustavo Lessa sugeriu um dia só para as escolas federais e particulares, o Dr. Moreira de Souza lembra a inclusão de Educação Física da idade pré-escolar e entre os anormais. Lembra também a conveniência de um inquérito que deveria ser feito às Diretorias de Educação, sobre o que há com referência à Educação Física nos respectivos Estados.

Aprovada essa última sugestão o Sr. Presidente designou os Srs. Dr. Moreira de Souza, Prof. Gabriel Skinner e prof. Mário Queiroz Rodrigues para organizarem os itens do referido inquérito. Não havendo outro assunto a ser atendido o Sr. Presidente encerrou a reunião da qual lavro a presente ata. Oswaldo Diniz Magalhães. Secretário[58]

Inicia-se, assim, o processo de preparação do *VII Congresso Nacional de Educação*. Sua temática central foi a educação física, ficando secundada a higiene, sem que nos documentos fosse possível encontrar justificativa. Os temas e atividades das sessões do congresso foram estabelecidos pelos grupos de trabalho organizados e o inquérito comentado na ata acima foi, de fato, levado a termo, embora não tenha se apresentado como pré-requisito para a construção da programação, pois, na reunião seguinte, do dia 28 de fevereiro, uma primeira programação do congresso já foi apresentada.[59] Diferentemente das conferências anteriores, nesta sétima (chamada de congresso e não mais de conferência) os trabalhos apresentados aconteceram a partir de convites da comissão organizadora e não por livre iniciativa dos educadores associados à ABE.[60] No processo de organização de grupos e tarefas, surgiu a iniciativa de convidar os militares

---

58. Atas da Seção de Educação Física e Higiene, 63ª sessão de 19 de fevereiro de 1935.

59. Na pasta relativa ao VII CNE constam várias versões do inquérito. Uma delas, estruturada como um cuidadoso e detalhado questionário composto por 51 perguntas. Outra versão, com reagrupamento das 51 questões em 24 blocos, incluía orientações para estabelecimento das respostas. Para algumas delas, os estados respondentes deveriam enviar documentação comprobatória. No mesmo conjunto documental, consta apenas um dossiê que pode ser caracterizado como resposta ao Inquérito, produzido pelo Estado do Espírito Santo.

60. Na Pasta do VII CNE, no arquivo "Correspondências Recebidas", constam ofícios de agradecimentos de vários convidados.

para compor a Comissão Executiva do evento, sob responsabilidade do Coronel Newton Cavalcanti, da Escola de Educação Física do Exército.[61]

Uma primeira versão do "Regulamento Interno do 7º CNE" parece ter sido estabelecido por essa Comissão Executiva com o propósito de formalizar o desenvolvimento dos trabalhos. Nele são apresentados os fins do congresso e as várias comissões organizadas com suas respectivas subdivisões. Nesse documento, a *maneira de fazer* expressa-se com um alto grau de detalhamento, controle e hierarquização de atribuições. Em uma das cópias disponíveis consta um registro manuscrito de Gustavo Lessa no alto da primeira página: "Entregue a mim pelo Cel. Cavalcanti em 26-4-1935. G. Lessa. Ponderei divergências com o Regimento da ABE".[62] Na leitura desses documentos a sensação de que as situações "inconfortáveis" só atualizavam o repertório.

Nesse Regulamento, as finalidades estabelecidas para o evento foram:

1. Mostrar a importância da Educação Física como elemento preponderante na questão racial;
2. Ressaltar a necessidade da Educação Física e o seu papel nas nações civilizadas;
3. Estudar as necessidades da Educação Física e a complexidade que o problema envolve;

---

61. Sobre essa indicação, o único documento encontrado é assinado por Enéas Martins Filho. Com data de 13 de abril de 1935, o documento intitulado *Sétimo Congresso Nacional de Educação* é uma espécie de síntese das decisões tomadas pela ABE até aquela data. Nele fica claro que os temas das sessões temáticas seriam desenvolvidos por relatores previamente convidados e que "uma grande comissão destinada a extrair dos relatórios as conclusões" seria constituída pelos relatores e pelos presidentes das Seções da ABE envolvidas no assunto. Neste documento, Enéas Martins Filho também propôs a constituição de uma Comissão Executiva para o congresso, tendo o coronel Newton Cavalcante como presidente, o Dr. Affonso Penna Júnior como vice-presidente, o Dr. Renato Pacheco como tesoureiro, o Dr. Gustavo Lessa como 1º secretário e o capitão Ignácio Rolim como 2º secretário. De todos os nomes estabelecidos, apenas Gustavo Lessa parece não ter assumido o cargo proposto, ficando mais envolvido com a Comissão Central do Evento (Pasta do VII CNE. Documentos internos de preparação do Congresso, 13/4/1935).

62. Pasta do VII CNE. Documentos internos de preparação do Congresso. Regulamento Interno do 7º CNE, [s.d.].

4. Mostrar como a Educação Física pode influir no aperfeiçoamento físico dos indivíduos;
5. Mostrar a intersecção da ciência dos métodos da Educação Física, realçando o que se tem feito nesse particular;
6. Colher elementos para a organização do histórico da Educação Física nacional;
7. Interessar todas as classes, principalmente a dos educadores, focalizando a sua atenção para esse problema de interesse nacional;
8. Estudar a Educação Física no estrangeiro e, principalmente, no Continente Americano;
9. Estabilizar as bases para a realização do 1º Congresso Pan-Americano de Educação Física;
10. Assentar as bases da organização da Educação Física como complemento da educação integral.
11. Promover a nacionalização da Educação Física e dos esportes.[63]

Vale notar que muitos dos itens estabelecidos são uma atualização de temas propostos no "Plano Nacional de Educação Física", por exemplo, essa intenção de "nacionalização da Educação Física e dos Esportes". Também merece ressalva a ideia de que a Educação Física é um "complemento" da educação integral. Uma novidade é o vínculo com a questão racial, que passa a aparecer com mais recorrência do que em momentos anteriores.

Todas essas intenções, bem como os arranjos e composição, desenharam o VII CNE de forma bastante singular, se analisada em contraste com os *costumes* estabelecidos ao longo dos dez anos de existência da ABE. Há de se perguntar se também aí se processava uma "reforma de costumes" e, mais do que isso, buscar entender as motivações e interesses capazes de justificar esses novos balizamentos. Para tal, as fontes ofereceram muitos indícios.

Em meio a toda a preparação do VII CNE, nos termos até aqui anunciados, destaca-se, porque destoa, um pronunciamento de Paschoal

---

63. Pasta do VII CNE. Documentos internos de preparação do Congresso. Regulamento Interno do 7º CNE, [s.d.].

Lemme em reunião do Conselho Diretor realizada em 11 de março de 1935. Inicialmente, o professor pediu desculpas por suas ausências como membro do Conselho durante o período das férias escolares, alegando que nesses períodos intensificavam-se as tarefas de avaliação e planejamento na Inspetoria de Instrução Pública onde atuava. Após justificar ausência, solicitou que constasse em ata a proposição que trazia. Embora longo, o texto de Paschoal Lemme merece aqui lugar de apurada relevância, como se suas palavras escovassem a contrapelo a ambiência cultural, marcadamente cívico-nacionalista, de preparação do VII Congresso. Ele apelou para que a ABE se posicionasse politicamente contra a arbitrariedade da Lei de Segurança Nacional e este seu movimento contrastou, sobremaneira, com aquele do VII Congresso que escolhia como lema "pátria forte quer filhos fortes" (Figura 5). Paschoal Lemme reivindicava de forma contundente uma ABE que talvez já se encaminhasse, melancolicamente, para uma ausência:

> Senhores, a gravidade da situação do país é por demais evidente para que se insista sobre ela aqui. Um dos índices mais alarmantes dessa situação é a atitude dos homens do poder forçando a decretação de uma lei denominada segurança nacional, cujos dispositivos já em segunda discussão na câmara legislativa nacional vêm despertando os mais veementes protestos, verdadeiramente expressivos, de todos os recantos do País. Todos os presentes já se interaram, com certeza, da extensão e do caráter das medidas consubstanciadas nesse projeto sendo, pois, desnecessário analisá-lo aqui. A Associação Brasileira de Educação que tem mantido, como uma das características fundamentais da sua ação, promover e permitir o debate amplo de ideais e a discussão irrestrita de pontos de vista para que no campo de sua atividade, a educação, tudo se processe com a segurança da orientação convenientemente amadurecida. A Associação Brasileira de Educação que, com sua autoridade de maior agremiação de educadores do País vem com essa atitude influindo de modo bastante nítido na propagada ampliação das conquistas que o nosso século trouxe para a educação, cujo postulado fundamental é, sem dúvida, de que se deve dar aos indivíduos as maiores oportunidades de afirmação livre de suas personalidades. A Associação Brasileira de Educação que como qualquer núcleo onde a cultura é a própria razão de sua existência deixaria praticamente de existir se fosse impe-

dida em suas necessidades vitais de debate de livres ideias. A Associação Brasileira de Educação que prestou sensíveis homenagens a membros da câmara legislativa quando julgou que eles haviam praticado atos que os tornavam credores de reconhecimento. A Associação Brasileira de Educação, senhores membros do Conselho Diretor, está agora no dever de juntar os seus protestos veementes aos de tantas outras agremiações intelectuais, de todas as atividade, de todos os pontos da País, contra o atentado que se pretende cometer contra a consciência individual e coletiva com a execução da chamada lei de segurança. Por todas as considerações proponho que o Conselho Diretor telegrafe imediatamente ao senhor Presidente da Câmara Federal, fazendo-lhe ver, com a autoridade incontestável da Associação Brasileira de Educação, toda a extensão dos prejuízos que advirão para o País se o referido projeto for transformado em lei.[64]

Os presentes à reunião do Conselho discutiram a proposta e sugeriram a constituição de um comitê para estudar o assunto, embora alguns membros, especialmente Celso Kelly, considerassem inútil qualquer tipo de protesto. Paschoal Lemme solicitou urgência no posicionamento, mas, na reunião seguinte, dois dias depois, foi lida uma carta na qual pedia demissão de seu cargo no Conselho Diretor da ABE.[65] As atas subsequentes indicam que o comitê constituído elaborou um posicionamento que foi encaminhado ao Legislativo. Embora não conste nos registros o teor do documento produzido, é possível perceber que foram priorizados apenas os aspectos que tocavam mais diretamente o campo educacional.[66]

Nesse clima de grandes polêmicas, em curso desde 1932, alguns projetos e personagens vão sendo sutilmente eclipsados no âmbito da ABE e outros, talvez mais distantes do projeto cultural da entidade, vão ganhando a cena. As novas configurações por vezes aparecem como uma

---

64. Atas do Conselho Diretor, sessão de 11 de março de 1935.

65. Atas do Conselho Diretor, sessão de 13 de março de 1935. Como Edgar Süsschkind, Paschoal Lemme também foi preso em 1936, acusado de envolvimento com o comunismo e de conspiração contra o Governo Vargas. Sobre a trajetória desse educador, cf. Brandão (2002).

66. Cf. as atas relativas às reuniões do Conselho Diretor realizadas nos dias 15 e 27 de março de 1935.

Figura 5 — Cerimônia de abertura do VII Congresso Nacional de Educação (1935)

Fonte: Acervo da ABE.

espécie de alegoria, como algo que ocupa um lugar esvaziado, uma "forma fantasmagórica da realidade", como sugere pensar Sandra Pesavento em diálogo com Walter Benjamin.[67] As escolhas e as práticas que modelaram a realização do VII CNE animam essa possibilidade interpretativa. Os organizadores do Congresso representaram como "júbilo", "alvoroço" e "perspectivas estupendas" o formato estabelecido para o evento. Essa maneira de ver estava expressa em correspondência redigida por Afrânio Peixoto a Lourenço Filho. Este último, temporariamente afastado de seu cargo de presidente da ABE por motivo de viagem aos Estados Unidos recebeu, por carta, as notícias de que o VII CNE havia sido transferido para o Rio e que teria como tema central a Educação Física:

> O Anísio acolheu com júbilo ambas as idéias e prometeu obter inteiro apoio e cooperação do governo municipal. Os diferentes grupos dos *sportmen*, dos escoteiros, dos profissionais de educação física estão alvoroçados e há

---

67. Pesavento, 1997, p. 33-34.

perspectivas de estupendas paradas e demonstrações. O Lessa está colhendo sugestões de todas as partes para a confecção de um esboço de programa, que será lido hoje perante a Comissão Executiva do Congresso: a este você terá de presidir de começo ao fim.[68]

De fato, o professor Anísio Teixeira, na condição de diretor de Instrução Pública do Distrito Federal, apostou no Congresso como forma de dar visibilidade nacional às realizações e inovações em curso na Capital da República. Mas as sugestões e propostas vinham também de outras partes, pois os mais diferentes segmentos envolvidos com a Educação Física foram convidados a apresentar propostas e, principalmente, a demonstrar os seus feitos. Essa foi uma particularidade do VII CNE que, do dia 23 de junho ao dia 7 de julho de 1935, incluiu em sua programação um vasto conjunto de exposições, visitas, paradas, desfiles, passeios, espetáculos musicais e outras *demonstrações,* tornando até questionável aquele caráter *acadêmico* reivindicado por Gustavo Lessa. Foi criada uma Comissão de Demonstração que, subordinada à Comissão Executiva, recebia desta última um conjunto de "instruções e diretivas" a serem cumpridas. Dentre elas, ressaltava-se o argumento de que o Congresso precisaria produzir repercussão no meio popular e entre os congressistas. As demonstrações tinham o propósito de "mostrar à nossa gente o valor da Educação Física, instruindo-a ao mesmo tempo". Tudo que possível deveria ser demonstrado: o papel do médico, os gráficos e mapas com os progressos já alcançados, os aparelhos e instrumentos utilizados na educação física, as prescrições esportivas, as especificidades dos exercícios para as mulheres, o escotismo e etc.[69]

Durante os dias do evento, foram realizadas 15 diferentes excursões ou recepções: visita à ACM e à Associação Cristã Feminina; excursão à Baía da Guanabara; visita à Escola de Educação Física do Exército; à liga de Esportes da Marinha (Figura 6); à Casa de Correção; ao Ginásio Vera Cruz; aos novos prédios escolares do Departamento de Educação do

---

68. Pasta do VII CNE. Correspondência enviada. Rio de Janeiro, 28 de fevereiro de 1935.
69. Pasta do VII CNE. Documentos internos de preparação do Congresso. "Ao Sr. Presidente do Departamento de Demonstrações", [s.d.].

Distrito Federal; às escolas experimentais do Departamento de Educação do Distrito Federal; ao Instituto de Pesquisas Educacionais; às escolas técnicas secundárias do Departamento de Educação do Distrito Federal; recepção pelo Departamento do Rio de Janeiro da ABE; ao Instituto de Educação; ao Colégio Militar; ao ginásio do Instituto La-Fayette; e, no último dia, recepção aos representantes dos Estados pelo prefeito do Distrito Federal.[70]

Além dessas, outras 21 atividades que, nos termos descritos na programação do congresso, poderiam ser classificadas como demonstrações práticas de *como fazer* educação física. Também os espetáculos planejados para produzir uma grande adesão e visibilidade pública como "a grande parada esportiva em que tomaram parte 15.000 atletas" e a "grande demonstração orfeônica no *stadium* do Clube de Regatas Vasco da Gama, por cerca de 20 mil alunos das escolas públicas do Distrito Federal, sob a regência do Maestro Villa-Lobos".[71] Na Figura 7 a chegada de Getúlio Vargas, Anísio Teixeira e outras autoridades ao estádio lotado.

---

70. VII CNE. Anais..., 1935, p. 13-16.

71. Na programação geral constavam as seguintes atividades: dia 23/6 — noite: projeção de filmes sobre educação física e prática esportiva; dia 24/6 — noite: orfeão de alunos das Escolas Orsina da Fonseca, João Alfredo e Visconde de Cairu e demonstração de Esgrima por atiradores da Federação Carioca de Esgrima; dia 25/6 — noite: demonstração de levantamento de pesos e halteres por atletas do Clube de Regatas do Flamengo; dia 26/6 — noite: demonstração do Orfeão de Professores, dirigida pelo Maestro Villa-Lobos, demonstração de box, savate e luta livre pela Escola de Educação Física do Exército e demonstração de Jiu-jítsu pela Liga de Esportes da Marinha; dia 27/6 — noite: sessão cinematográfica, demonstração de danças rítmicas e regionais com a parte de exercícios preparatórios, pelas alunas da profa. Naruna Sutherland e demonstração de Educação Física da Associação Cristã de Moços; dia 28/6 — noite: canto orfeônico pelas escolas técnicas secundárias da prefeitura do Distrito Federal, sob a regência do maestro José Brandão, demonstração de educação física feminina por alunas do Colégio Bennett, sob direção da professora Polly Wettel e demonstração de ginástica do Clube Alemão; dia 29/6 — noite: demonstração vocal e instrumental pela Superintendência de Educação Musical e Artística, regida pelo maestro Villa-Lobos, programa de marchas e evoluções rítmicas, exercícios de plástica estética feminina e danças infantis e cênicas, sob direção dos professores Pierre Michailowsky e Vera Grabinska e demonstração de Educação Física pelos atletas da Polícia Especial; dia 30/6 — tarde: grande parada esportiva em que tomaram parte 15 mil atletas filiados às corporações e escolas militares, às entidades esportivas, aos estabelecimentos de ensino públicos e particulares, às associações escoteiras, à polícia especial e à polícia municipal. A organização técnica do desfile esteve a cargo do Capitão Orlando Eduardo Silva; dia 5/7 — manhã e tarde: demonstração de educação física por alunos das escolas secundárias, federais e particulares, no *stadium* do Fluminense Foot-Ball Clube, sob direção do professor Ambrósio Torres e demonstração de educação física por cerca de 3 mil alunos de escolas primárias do Departamento de Educação do Distrito Federal,

Essas práticas *demonstradas*, como uma espécie de feira de variedades ou uma galeria de amostras, colocam em evidência a ampla e eufórica adesão de diferentes grupos ao projeto proposto, donde se pode supor uma convicção na possibilidade de anunciar modelos e experiências. Ao mesmo tempo, revelam a ausência de uma coordenação da ABE para o tema central indicado. Fica, assim, manifesto que a ABE não pretendeu, nesse Congresso, apresentar um projeto para a Educação Física, preferindo apostar nessa demonstração de variedades. Nessa perspectiva, as inovações educacionais do Distrito Federal, por exemplo, ficaram diluídas em um conjunto amplo e heterogêneo que comportava, inclusive, modelos pedagógicos que poderiam ser considerados antagônicos a elas.

De todo modo, no acervo documental do VII CNE, uma infinidade de chamamentos à participação, bem como as cartas, de aceite e de "júbilo", enviadas por escolas, colégios, grupos esportivos e escoteiros, forças policiais, ligas militares, setores artísticos, dentre outros. Nesse conjunto, uma única recusa, em correspondência assinada por Maria Olenewa, diretora da Escola de Dança do Teatro Municipal.

> Apresso-me em responder, agradecendo a honra do convite que, todavia, vejo-me privada de aceitar.
>
> A Escola de Dança do Municipal cuida especialmente e exclusivamente da educação artística, isto é, da dança encarada não como exercício físico, mas como expressão de arte.
>
> A inclusão de demonstrações coreográficas no referido Congresso ficariam deslocadas, deixando de satisfazer aos fins que o mesmo tem em mira...[72]

Resta saber se os demais concordaram com os "fins em mira" ou se lá estiveram movidos por outros tantos e possíveis interesses. De todo

---

no *stadium* do Fluminense Foot-Ball Clube, sob direção da professora Lois Marietta Williams; dia 6/7 — tarde: demonstração de Educação Física pelos alunos das escolas secundárias técnicas municipais, do *stadium* do América Foot-Ball Clube, sob direção do Professor Mário de Queiroz Rodrigues e dia 7/7 — tarde: grande demonstração orfeônica no *stadium* do Clube de Regatas Vasco da Gama, por cerca da 20 mil alunos das escolas públicas do Distrito Federal, sob a regência do maestro Villa-Lobos e com a cooperação de cerca de 1 mil músicos de bandas militares, regidos pelo 2º tenente Antônio Pinto Júnior, maestro da Banda do Corpo de Bombeiros.

72. Pasta da VII CNE. Correspondência recebida. Rio de Janeiro, 26 de abril de 1935.

Figura 6 — Visita à Liga de Esportes da Marinha durante o
VII Congresso Nacional de Educação (1935)

Fonte: Acervo da ABE.

Figura 7 — Demonstração Orfeônica no campo do Vasco da Gama
durante o *VII Congresso Nacional de Educação* (1935)

Fonte: Acervo da ABE.

modo, os espaços deixados vazios pela ABE iam sendo ocupados por seus parceiros de organização do VII Congresso e, algumas vezes, os conteúdos anunciados se assemelhavam às alegorias surgidas para "encantar a humanidade".[73] Na imprensa periódica, os principais destaques eram para as demonstrações e espetáculos. Para o propagandeado desfile realizado no dia 30 de junho, o presidente da Comissão Executiva, coronel Newton Cavalcante, traçou claramente as suas diretrizes:

> A PARADA DE EDUCAÇÃO FÍSICA E DESPORTIVA pela sua natureza será a demonstração destinada mais diretamente ao público e deve em conseqüência ter um cunho de intensa vibração patriótica. Todos os meios devem ser postos em prática para que a ela concorram todas as classes sociais. Será deste modo o primeiro passo para a celebração do dia da raça, onde na mesma hora a população de todos os municípios do Brasil irá assistir o desfilar da mocidade de amanhã, cheia de esperança no futuro do Brasil. Será o dia da redenção dos ideais patrióticos, iluminado pelo sol ardente da mocidade no delírio estonteante da fazer um Brasil melhor, mais forte e mais sadio.

Será o dia da aurora da liberdade da ordem e do progresso que integrará o Brasil no conceito das nações civilizadas.[74]

A grande expectativa era transformar o evento em algo permanente e disseminado pelo País como celebração do "Dia da Raça", com toda a ênfase e "vibração patriótica", sinérgica e harmônica que compunha o discurso nacionalista. Em alguma medida, esse discurso militar em muito se apropriou taticamente daquele discurso da regeneração social pela educação que orientava a própria ABE. Operação similar parece ter acontecido com os conteúdos e os sujeitos esportivos diluídos nessa cruzada cívica. Assim continuavam as "diretivas" militares:

> Todas as classes sociais que se fizerem representar na parada devem ser precedidas da bandeira nacional, tendo ao lado o estandarte do club ou

---

73. Pesavento, 1997, p. 35.
74. Pasta do VII CNE. Documentos internos de preparação do congresso. "Ao Sr. Presidente da S/C da Parada", [s.d.].

associação a que pertençam. Os componentes da cada uma delas devem ser portadores de galhardetes com as cores nacionais.

Outro objetivo imediato a ser atingido é a mobilização de toda a população nos diversos clubes esportivos interessando assim todos, sem distinção de classe, melhorando o seu estado físico e fazendo-os cooperadores dessa cruzada de regeneração da raça que se propôs a ABE.[75]

Na produção desse espetáculo, o principal intuito foi a incorporação de um grande contingente populacional tanto para desfilar — 15 mil atletas — quanto para assistir à parada nas ruas da cidade. O Rio de Janeiro não possuía, à época, esse número de "atletas", por isso outros personagens foram, provavelmente, in(corpo)rados nessa representação. Expressa-se aí uma pretensão de fabricação de uma sensibilidade corporal e, ao mesmo tempo, coletiva. Tornar-se atleta e demonstrar-se atleta para uma grande assistência. Nessa fabricação, também sua faceta coercitiva. Em nota publicada na imprensa periódica, o diretor do Colégio Pedro II comunicava aos alunos do internato a obrigatoriedade da participação na "Grande Parada Esportiva", esclarecendo que o não-comparecimento seria considerado "infração disciplinar".[76]

As "Instruções e Diretivas" traçadas pela Comissão Executiva e dirigidas aos presidentes da Comissão Administrativa e do Departamento de Demonstrações também põem em evidência uma dimensão coercitiva de natureza mais sutil. Nos dois documentos, uma ênfase na ideia de que o objetivo principal do evento era "a mais ampla propaganda".[77] Especialmente para as demonstrações, a ressalva de que elas fossem "o resultado real do nosso trabalho nesse particular, nada de falseamentos da realidade". Mas esse discurso contrário às artificialidades vem sucedido de inúmeras e detalhadas "diretivas" que podem ser interpretadas como uma tentativa de controle e persuasão, chegando até mesmo a instruções minuciosas

---

75. Pasta do VII CNE, Documentos internos de preparação do Congresso. "Ao Sr. Presidente da S/C da Parada", [s./d.].

76. *Jornal do Brasil*, 29 jun. Notas sociais, 1935.

77. Pasta do VII CNE. Documentos internos de preparação do Congresso. "Do Presidente da Comissão Executiva ao Presidente da Comissão Administrativa, Instruções e Diretivas", [s.d.] e "Ao Sr. Presidente do Departamento de Demonstrações, Instruções e Diretivas, [s.d.]".

sobre a "realidade" que deveria se "demonstrada". No item específico sobre o esporte, no documento afirma-se o propósito de "fazer ressaltar a tendência da atual juventude para o esporte, a faca de dois gumes, que dará as mais ricas e preciosas qualidades morais, quando bem praticado, e deformará essas mesmas qualidades, quando mal orientado". Assim, era um propósito para o Congresso "salientar que a massa, a grande maioria da nossa população desportiva, está deformada pela falta de observação desse princípio vital" que é a "preparação física e moral". Indica também a "necessidade de organização bem-feita dos esportes escolares", pois "é por meio da educação física e esportiva que se imuniza a mocidade das tentações modernas que levam as gerações ao verdadeiro caos e destroem a civilização".[78] E tudo isso deveria ser, de algum modo, *demonstrado*.

Em meio a essa efervescência de regras, orientações e diretrizes, concorria também outro assunto que, não sendo assumido como temática central, estava presente na agenda do evento. A ABE pretendia realizar, durante o VII CNE, uma reunião com os diretores estaduais de instrução pública com o propósito de deliberar sobre a organização dos Conselhos e Departamentos Estaduais de Educação. De modo a viabilizar essa ação, foi designada uma comissão composta por Anísio Teixeira, Lourenço Filho e Celso Kelly para produção prévia de um relatório sobre o assunto. Essa comissão — denominada em uma correspondência como *The Big Three* — cumpriu a sua tarefa, e a reunião prevista, de fato, se realizou durante vários dias do Congresso e sob a presidência de Gustavo Capanema, Ministro da Educação.[79] Nos registros relativos às conclusões do VII CNE consta a informação de que Fernando de Azevedo também participou da comissão de elaboração do parecer inicial e que, no decorrer dos trabalhos, "para conciliar pontos de vista diversos, foi constituída uma subcomissão composta dos Drs. Almeida Júnior, Nóbrega da Cunha, Miguel Pernambuco Filho, Oswaldo Trigueiro e Luis Rego".[80] Embora uma

---

78. Pasta do VII CNE, Documentos internos de preparação do Congresso. "Ao Sr. Presidente do Departamento de Demonstrações, Instruções e Diretivas, [s.d.] p. 3.

79. Pasta do VII CNE. Arquivo de Correspondências Enviadas. Rio de Janeiro, 21/5/1935 e 19/6/1935.

80. VII CNE. *Anais...*, 1935, p. 259-260.

análise pormenorizada do documento produzido escape às especificidades desta pesquisa, vale ponderar que essa atividade tomou o formato de um congresso paralelo e para um público restrito de dirigentes estaduais. Tal constatação tende a reforçar o jogo de fabricação-ocultação que parece ter sido uma característica constitutiva do VII CNE. Na imprensa, em matéria intitulada *Reum Confitentem*, uma interpretação de que o ministro estava "usurpando as funções deferidas ao poder legislativo e o Conselho Nacional de Educação".[81]

Nesse complexo quadro de interesses e escolhas, a programação "acadêmica" propriamente dita parecia não possuir grande destaque. Não tinha o entusiasmo das visitas e demonstrações e nem o relevo político da reunião dos dirigentes estaduais com o ministro. As correspondências recebidas e enviadas durante a preparação do VII CNE, bem como as notas divulgadas na imprensa nos dias do evento, não ressaltam nenhuma grande tese ou proposições formuladas para a Educação Física.

As seis sessões ordinárias estabelecidas versaram sobre temas específicos: a Educação Física elementar, a organização de serviços administrativos de Educação Física, a escola e o escotismo, a organização de institutos de Educação Física, as bases científicas da Educação Física e a Educação Física nas escolas secundárias. Para cada uma delas, foram convidados três relatores e a maioria dos trabalhos apresentados consta nos *Anais do VII Congresso*.[82] Ao final de cada uma das sessões, aconteceram debates entre os convidados e o público, mas as atas relativas a cada reunião, todas de responsabilidade do Dr. Miguel Daddario, são absolutamente sucintas, quando não omissas, não permitindo reconhecer os pontos problematizados

---

81. *Jornal do Brasil*. Rio de Janeiro, 25 de junho de 1935.

82. Embora nem todos tenham comparecido, estes foram os convidados para apresentar suas teses nas Sessões Ordinárias: Primeira Sessão — A educação física elementar: Dr. Artur Ramos (RJ), Profa. Diumira Campos de Paiva (MG) e Profa. Dora Gouveia (RJ). Segunda Sessão — Organização de Serviços administrativos de Educação Física: Arne Enge (SP), José de Oliveira Gomes (PE) e Profa. Lois Marietta Willians (RJ). Terceira Sessão — Escola e Escotismo: Enéas Martins Filho (RJ), Helena Antipoff (MG). Quarta Sessão — A organização de institutos de Educação Física: Cyro de Morais (RJ), Ambrosio Torres (RJ) e Ruth Gouveia (RJ). Quinta Sessão — Bases científicas da Educação Física: Arauld Bretas (RJ) e Plínio Leite. Sexta Sessão — A Educação Física nas escolas secundárias: Mário de Queiroz Rodrigues (RJ).

ou as divergências explicitadas.[83] A isso se agrega o fato de que, em algumas sessões, por ausência dos convidados previstos, foram apresentados trabalhos que não versavam sobre o tema especificamente estabelecido.

O VII CNE acolheu também conferências de dois convidados estrangeiros. Para a vinda de ambos concorreu um empenho especial do Dr. Gustavo Lessa. A professora norte-americana Frey Warner foi convidada a apresentar um trabalho que abordou as "Tendências modernas na recreação". O que denominou e analisou como "recreação" pode ser considerado como sinônimo de jogo e esporte. Para ela, as habilidades necessárias aos esportes deveriam ser adquiridas pelos indivíduos gradualmente, por meio das atividades de "jogo e recreio".

> A ênfase atual é proporcionar esportes para todas as crianças e fazer com que haja uma criança em cada esporte de tal modo que, à proporção que o tempo de lazer vá aumentando, ela tenha divertimento sadio depois de uma experiência de jogos dirigidos [...] Temos visto, pois, país por país, abandonando o primeiro tipo de educação física militarista, sendo umas nações mais adiantadas do que outros, e adotando um programa recreativo de jogo que tem as crianças escolares como seu primordial interesse.
>
> Temos visto o mundo inteiro gastando milhões com equipamentos e diretrizes, e assim estamos convencidos que não é mania ou interesse passageiro mas um grande interesse universal; um dos motivos se é devido ao pensamento dos grandes educadores modernos, que atribuem aos jogos dirigidos valores sociológicos, psicológicos, fisiológicos e econômicos.[84]

O outro convidado estrangeiro foi o professor Júlio Rodriguez, que abordou o tema "A Educação Física no Uruguai", confirmando em sua exposição a existência de um sistema nacional de educação física já consolidado em seu país. Versando sobre o funcionamento desse sistema destacou, dentre outros pontos, a abrangência das *Plazas de Deportes*, por ele consideradas "verdadeiros centros educacionais".[85] Referiu-se ao Dr. Renato Pacheco

---

83. VII CNE. *Anais...*, 1935. As atas constam ao final dos itens destinados para cada uma das sessões ordinárias.

84. VII CNE. *Anais...*, 1935, p. 205.

85. VII CNE. *Anais...*, 1935, p. 209.

como o grande propulsor da educação física brasileira e como competente autoridade do desporto internacional e ao Dr. Gustavo Lessa atribuiu o êxito do evento e ressaltou o seu "amor pela causa da educação".[86]

Além das sessões ordinárias e das exposições dos convidados estrangeiros foram também realizadas conferências e palestras sobre outras tantas temáticas, sendo algumas delas complementares aos assuntos tratados nas sessões ordinárias.[87]

Nessa composição geral relativa à programação acadêmica do Congresso uma reapresentação daquelas temáticas já em debate na ABE, e em especial na sua SEPH, ao longo dos anos. Pode-se ressaltar os elementos de disputa entre a "mentalidade esportiva" e a "mentalidade médico-pedagógica", os prós e contras da adoção do "Regulamento n. 7" como método nacional único, a ênfase na recreação como justificativa para inclusão da educação física em um programa educativo considerado moderno, os embates pelo melhor modelo para formação de professores e o transbordamento da educação física para além da escola, pelos parques, pelo rádio, pelos espetáculos.

Em todos esses assuntos, indistintamente, o comparecimento do esporte. Ou, dito de outro modo, a presença de sinais capazes de revelar um crescente movimento de escolarização das práticas esportivas, mas uma presença que comportou deslocamentos e ambiguidades, mistos de celebração e repulsa ao fenômeno esportivo. Em um exercício de aceleração (e distanciamento) cultural o esporte foi anunciado como conteúdo curricular e/ou como método de ensino. Também como uma finalidade educacional e um conjunto de valores e atitudes a serem prescritos. Em outra vertente, foi problematizado como instituição educativa paralela e

---

86. VII CNE. *Anais*..., 1935, p. 206.

87. Nos *Anais* do VII CNE constam as seguintes conferências e palestras: conferência do Dr. Aníbal Bruno (PE): "As diretrizes educacionais em Pernambuco"; conferência do Prof. Roquette Pinto (RJ): "O rádio e a Educação Física"; conferência do Prof. Oswaldo Diniz Magalhães (RJ): "O valor da recreação na vida adulta"; palestra do General Pantaleão Pessoa: "As festas do Dia da Pátria"; conferência do Dr. Almeida Júnior (SP): "A Educação Rural"; palestra do professor Heitor Rossi Belache: "A Educação Física no Espírito Santo"; conferência do Dr. Affonso Penna Júnior: "Os fundamentos educacionais do escotismo" e palestra do Dr. Eucharío de Figueiredo sobre: "Os serviços de Educação Física do Estado de Mato Grosso".

concorrente à escola e como prática social impregnada de deformações a serem corrigidas na escola.

Todos esses aspectos e uma infinidade de outros pormenores compuseram o VII Congresso da ABE.[88] O documento final do congresso incluiu algumas propostas gestadas na SEPH ao longo dos anos anteriores. Elaborado por uma comissão composta por relatores de temas e presidentes de seções, esse documento de conclusões foi subdividido em quatro conjuntos temáticos. Presidida por Renato Pacheco, essa comissão elaborou o documento, que foi lido em plenário na sessão de encerramento do Congresso, sem debates, problematizações ou votações.[89]

O primeiro conjunto temático abordou o ensino escolar de Educação Física indicando que, nas escolas, este deveria adotar "um caráter acentuadamente recreativo". Com grande ênfase em estudos de biotipologia, a comissão também indicou que as turmas de escolares deveriam ser agrupadas e homogeneizadas a partir do "tríplice aspecto morfológico, temperamental e psicológico". Na esteira dessa cientificidade, o intento de conferir modernização pedagógica ao discurso sobre educação física. Pela proposta, essas sugestões deveriam ser encaminhadas e incluídas na elaboração do "Plano Nacional de Educação".

Um segundo conjunto de conclusões versava sobre os institutos e escolas de educação física. Nesse ponto, reaparece a proposta de criação de uma Escola Normal de Educação Física vinculada à Faculdade de Educação na Universidade do Rio de Janeiro.[90] Foi também sugerido que "o órgão federal competente" discutisse critérios para reconhecimento

---

88. Muitos elementos constitutivos do VII Congresso permanecem aguardando um estudo de maior verticalidade. Para o específico desta pesquisa escolhi apenas dialogar com os indícios relativos à escolarização do esporte e com os elementos contextuais que possibilitaram melhor compreender a ambiência cultural que embalou essa mediação entre esporte e escola.

89. Além de Renato Pacheco, tomaram parte na comissão: Arthur Ramos, Arne Enge, Max Barros Erhardt, Arnauld Bretas, Orlando Silva, Afonso Penna Júnior, Enéas Martins Filho, Helena Antipoff, Lois Marietta Williams, Ruth Gouveia, Dora Gouveia, Cap. Horácio Gonçalves, Jose de Oliveira Gomes, Ciro de Moraes, Ambrósio Torres, Mario Queiroz Rodrigues, Octacílio Braga, Heitor Rossi Bélache J. Menegale e Anfrísia Santiago. Também compareceram às reuniões de sistematização, os dois professores estrangeiros. (VII CNE. *Anais...*, 1935, p. 255-258)

90. Proposta anunciada pela ABE desde o parecer ao anteprojeto militar em 1929, essa primeira escola civil de formação de professores de Educação Física só viria acontecer em 1939.

de "outras escolas de educação física". Não fica claro qual seria esse órgão competente, mas fica evidente que essas outras escolas eram as militares.

No terceiro conjunto, estavam as propostas relativas à organização de serviços administrativos de educação física. Esse item constituiu uma espécie de reedição das estruturas propostas no "Plano Nacional de Educação Física", cujo núcleo principal era aconselhar a criação, pelo Ministério da Educação, de um órgão responsável por estudar e difundir a educação física no país, e que trabalhasse articulado com seus congêneres nos estados.

O quarto e último conjunto de conclusões tratou da relação entre escola e escotismo, defendendo o valor educativo de ambos e a necessidade de trabalharem complementarmente. Não aconselhavam a introdução do escotismo "no seio da Escola", mas, sim, um trabalho de perfeita colaboração com a mesma. Embora defendendo como positividade a autonomia organizativa e voluntária do movimento escoteiro prescreveram também a demanda de fomento dessas ações por parte dos governos.

Nessas conclusões, estão sintetizados alguns avanços almejados pela ABE para a Educação Física: ênfase na sua dimensão recreativa, participação no plano nacional de educação, formação civil de professores e não-aparelhamento da escola pelo escotismo (ou por outra organização qualquer). Resta indagar qual a potencialidade desses avanços estabelecidos por uma pequena comissão acadêmica e não submetidos à aprovação plenária. Acrescenta-se a isso o fato de que foram as demonstrações e espetáculos os principais alvos de atenção durante as duas semanas do *VII Congresso Nacional de Educação* e não esses avanços "acadêmicos". Isso sem dizer das reuniões paralelas relativas à organização de conselhos e departamentos estaduais de educação.

5.4 Melancolia no pós-congresso

Passada a euforia do Congresso, no âmbito da Diretoria da ABE, operou-se um movimento de agradecimentos aos colaboradores do VII CNE.

Na Seção de Educação Física e Higiene, a primeira reunião pós-evento aconteceu no dia 20 de agosto de 1935, e nela o Dr. Renato Pacheco pediu para ser substituído como presidente. Solicitação idêntica foi feita por Oswaldo Diniz Magalhães de seu cargo de secretário. Como já apresentado na epígrafe deste capítulo, constatou Renato Pacheco: "Os esforços que tenho dedicado à seção não têm sido devidamente apreciados pelos poderes públicos".[91] Esse lamento parece adivinhar que a melancolia constitui a outra face da alegoria. Concluído o espetáculo das demonstrações, tornava-se mais evidente o vazio de possibilidades com o qual os educadores da ABE se defrontavam.[92] Assumir o projeto nacionalista do governo Vargas era colocar-se diante do risco de não ser mais aquela entidade de vanguarda descrita minuciosamente por Paschoal Lemme às vésperas de sua saída.

Mas Renato Pacheco, de fato, deixou a presidência da SEPH, que ficou inoperante por um ano. Em setembro de 1936 seu cargo foi assumido pelo capitão Ignácio Rolim, da Escola de Educação Física do Exército. Na primeira reunião presidida por ele, o tom era o das "instruções e diretivas".[93]

Dessa reunião em diante, assuntos "técnicos", como a eficiência da Alemanha durante as Olimpíadas de Berlim, os detalhes para a comemoração anual do "Dia da Raça", a organização administrativa da Educação Física nos Estados Unidos ou a organização do departamento médico da Escola de Educação Física do Exército. Nesse novo formato, Ignácio Rolim seguiu como presidente até abril de 1937, quando informou sua "partida para o sul da República, onde vai a serviço de sua profissão".[94] O major Felix Azambuja Brilhante foi indicado como substituto e referendado pelos presentes à reunião. O novo presidente coordenou uma única reunião da Seção, a última que constaria no Livro de Atas da SEPH. Nela, o professor

---

91. Atas da Seção de Educação Física e Higiene, 66ª sessão, 20 de agosto de 1935.

92. Dialogando com as pistas deixadas por Walter Benjamin, Konder (1989, p. 29) afirma que "somos melancólicos porque só alegoricamente conseguimos lidar com objetos cuja universalidade nos escapa".

93. Atas da Seção de Educação Física e Higiene, 68ª sessão, 17 de setembro de 1935.

94. Atas da Seção de Educação Física e Higiene, 74ª sessão, 19 de abril de 1935.

Jose Parodi, apresentou o trabalho que realizava como chefe de um Centro de Recreio Infantil em Buenos Aires.[95] Se esta última ata expressou o encerramento dos trabalhos da Seção de Educação Física e Higiene, ficou o curioso alento de que a conversa final foi sobre a recreação, tema caro para a maioria dos educadores da ABE.

Na Fortaleza de São João, a *Revista de Educação Física* também organizou notícias posteriores à realização do VII Congresso. Em uma espécie de relatório síntese, a revista afirma que as conclusões estabelecidas eram "motivo de orgulho para a E. E. F. E., pois concorda quase integralmente com o seu plano de ação". Mas esse "quase integralmente" não é explicitado. De todo modo, a Parada Atlética foi a atividade ressaltada como "a demonstração mais movimentada de todo o Congresso".

> Esta parada movimentou milhares e milhares de jovens que receberam neste momento a educação corporal. Se foi desprimoroso o aspecto de grande parte dos que desfilaram, por não apresentarem físico atlético, não seja isso motivo para desacoroçoamento. Ao invés, foi uma demonstração clara, patente, de que o Brasil precisa de educação física![96]

Para além do relatório-síntese, em outras páginas, mais para o final da Revista n. 24, de julho de 1935, estão registradas, na íntegra, as conclusões do VII Congresso. Na mesma página, um pequeno texto de autoria do engenheiro Nobre Guedes, intitulado "Lições de Patriotismo" abordava de forma peculiar o tema do esporte.

> O mundo inteiro está hoje submetido ao desporto, a juventude universal desenvolveu-se sob sua égide. O desporto esta em tudo. Ele é empregado como agente político pelos partidos opostos e sistemas contraditórios; agrupa e alimenta várias indústrias; tem um papel importante na escolha e na direção das profissões; influi profundamente na vida privada, transforma a educação dum modo tal, que é ao mesmo tempo salutar e perigoso. Não se pode, pois, passar sem ele. Forçoso é, portanto, auxiliá-lo, fiscalizá-lo e corrigi-lo, uma vez que é tão importante.

---

95. Atas da Seção de Educação Física e Higiene, 75ª sessão, 6 de maio de 1935.
96. Revista de Educação Física, ano 4, n. 24, p. 4, jul. 1935.

No desporto temos, portanto, o principal agente de ação a empregar. Não como meio exclusivo, mas sem dúvida como agente dominante, assistido de processos diretos de cultura doutrinária e de cultura artística.

A prática dos desportos, que constituem uma atração irresistível, pode contribuir poderosamente para a formação que devemos ambicionar.[97]

Assim, o engenheiro militar traduz, à sua maneira, os sentidos desse "agente dominante", dessa "atração irresistível", no clima cultural de seu tempo. Constata também a astúcia do encontro entre a escola e o esporte. Como tornar escolarizado algo que "transforma a educação", que é "ao mesmo tempo salutar e perigoso". Coisas que, de algum modo, tentei contar...

Minha narrativa termina aqui, mas nada disso deveria ser considerado concluído ou perdido para a história. Parece necessário continuar perseguindo esses rastros...

---

97. Revista de Educação Física, ano 4, n. 24, p. 30, jul. 1935.

Outras tramas

> Ora, quando se ouve, desprevenidamente, alguém falar de 'sports', fica-se sempre nessa dúvida do que se queira exprimir. Será o exercício? Será o fetiche? (Mendonça, 1921).

> Com efeito, como escrever uma história descontínua, como contar uma tradição esburacada, dizer a ruptura, a queda, o salto? (Gagnebin, 1999).

Esse livro chegou ao seu final, mas a trama que o engendrou continuará a provocar novas possibilidades investigativas, novas maneiras de "falar de *sports*". No recorte estabelecido, busquei compreender como e por que as práticas esportivas participaram de um projeto cultural que, nas décadas de 1920 e 1930, apostou na eficiência da escola como possibilidade de organização e disciplinarização da vida social. A partir da Associação Brasileira de Educação (ABE) foi possível apurar o olhar sobre o encontro entre o "surto dos *sports*" e o "movimento de renovação pedagógica" que, na mesma época, buscava constituir a escola como uma experiência moderna, ativa, eficiente, tecnológica e sintonizada com o mundo do trabalho urbano-industrial. Nessa conexão estreita entre o esporte e o projeto modernizador, muitas indagações, algumas sínteses provisórias e convite a novas tramas.

Ressalto que a temática pesquisada constituiu uma configuração complexa. Por um lado, o esporte se apresentava como um elemento educativo, um modelo pedagógico capaz de incrementar, dentre outras coisas, o sentido de coletividade e o aprendizado da vida social moderna.

Uma promessa de aperfeiçoamento do povo ou, dito de outra forma, de "energização do caráter" dos brasileiros, por vezes representados como "sem nenhum caráter". Como abordado ao longo dos capítulos, uma *aceleração cultural...*

Por outro lado, a escolarização das práticas esportivas apresentava-se também como medida corretora do curso civilizatório, pois o esporte praticado pelo povo era considerado repleto de vícios e deformações. Assim, a escola teria como responsabilidade civilizar os costumes esportivos existentes, tomando para si a tarefa de melhor apresentá-los às novas gerações. Nessa campanha, seria necessário não só moralizá-lo, mas também conferir eficiência pedagógica à sua aprendizagem e realização. Um *afastamento cultural ...*

A combinação entre essas duas dimensões aparentemente antagônicas apresentou-se como um desafio à pesquisa, exigindo apuro na maneira de olhar e interrogar as fontes. Por vezes foi difícil captar a forma como os personagens transitavam nesse universo. Conhecendo a rede de sociabilidade estabelecida pela ABE, foi possível identificar uma pluralidade de ideias, mentalidades e perspectivas que estiveram, muitas vezes, em confronto. Disputas e também acordos táticos foram frequentemente negociados como parte de um processo cultural de in(corpo)ração do *ethos sportivo* ao exercício de produção de uma "moderna" forma escolar de socialização.

As fontes mobilizadas e constituídas como *corpus* documental da pesquisa foram prioritariamente aquelas que compõem o acervo histórico da ABE e que, até então, não haviam sido mobilizados em estudos relativos à história da educação física. Nessas fontes, muitas surpresas, especialmente o encontro com educadores e intelectuais dedicados a pensar a educação do corpo e também o esporte como elementos de organização da cultura. Ressaltam-se também os diálogos interdisciplinares e os percursos realizados por alguns desses educadores comprometidos com a educação do povo. A educação física esteve bastante presente tanto no ordenamento institucional como no projeto pedagógico-cultural da ABE. Pude encontrá-la em uma variedade de arquivos e documentos. Além desse precioso acervo guardado na própria sede da ABE, no Rio de

Janeiro, outros arquivos visitados ajudaram na composição da trama e, a partir desses lugares de memória, uma rede de possibilidades foi tecida e outras tantas ainda poderão ser pensadas.

Também foi desafiador experimentar algumas familiaridades. Muitas atas de reuniões, tanto da Seção de Educação Física e Higiene quanto do Conselho Diretor da ABE, me fizeram perceber temas e práticas bastante similares aos que ainda hoje frequentam as reuniões realizadas no âmbito acadêmico da educação física brasileira. Continuamos a nos perguntar: De que esportes estão falando? Que esportes almejam? Quais as relações e os pontos de tensão entre o realizar corporal e o "fetiche" esportivo? Que modelo de pensamento deve orientar a formação de professores, a "mentalidade esportiva" ou a "mentalidade médico-pedagógica"? É relevante controlar o exercício profissional? Como e por quê? As professoras de classe devem ministrar aulas de Educação Física para as crianças?... Muitas dessas questões encontradas na ABE nas décadas de 1920 e 1930 pareciam saídas de uma pauta contemporânea.

Mas não considerei prudente tomar tais constatações como expressão de inércia ou mera reprodução histórico-cultural. Diferente disso, preferi pensá-las como uma confirmação de que é mesmo na longa duração que se opera o processo de produção de uma *forma escolar de socialização* e que esta incluiu o esporte como um de seus ingredientes modernos. Nesse movimento de idas e vindas, avanços e retrocessos, encontramos hoje, fora dos muros das escolas, as chamadas "escolinhas" esportivas colocando sob questionamento os sentidos curriculares da educação física escolar. Assim, a eficácia desse percurso de escolarização se mostra na medida em que o mesmo extrapola a própria escola. Conjecturas que escapam ao estudo realizado, mas que se apresentaram, todo o tempo, como pano de fundo e como dilemas do presente a interrogar o passado.

Além dessa questão, outras tantas possibilidades para novos estudos. Assim, outras tramas parecem derivar desta que tentei contar. Muitos documentos mobilizados merecem ser revisitados com maior vagar e amplitude de indagações. Refiro-me aos inquéritos sobre educação física realizados pela SEPH em 1929 e 1935, aos projetos e instalações dos campos de recreio e praças de esportes, ao Plano Nacional de Educação Física de 1933 e 1934 e ao próprio *VII Congresso Nacional de Educação*. Também ressalto que a Seção de Educação Física e Higiene da ABE mereceria ser interrogada como objeto de uma pesquisa singular. Compreendo nesses temas possibilidades para outras histórias a serem cotejadas pelos signos do urbano, da visibilidade pública, dos espetáculos, das demonstrações...

Ressalto também os sujeitos. Concluída essa pesquisa, posso dizer que a educação física brasileira tem em seu passado um grupo de intelectuais que, no silêncio dos arquivos, aguarda pacientemente por estudos capazes de iluminar suas trajetórias singulares de formação e suas maneiras próprias de construir sentido para o que faziam. Autores de várias teses, livros, orientações pedagógicas, pareceres e inquéritos que pouco conhecemos: Ambrosio Torres, Gabriel Skinner, Renato Pacheco, Lois Marietta Willians, Renato Eloy de Andrade, Oswaldo Diniz Magalhães, Dora Gouveia, Octacílio Braga, Consuelo Pinheiro, para citar alguns que aguçaram minha curiosidade. Sabemos pouco sobre esses homens e essas mulheres, mas parece que eles sabiam muito sobre a educação física que acontecia aqui e fora do Brasil. Valeria "entrevistá-los", como tanto já se fez com Fernando de Azevedo ou Inezil Pena Marinho, por exemplo.

Médicos, educadores e militares... Vozes e comandos, hábitos, rotinas e prescrições. Personagens dos pátios das escolas, das ruas e dos clubes, com seus apitos, filas, campeonatos, aconselhamentos, jogos, barulhos, prêmio, gargalhadas, torcidas, castigos e muito *espírito esportivo*. Penso, hoje, que se conseguirmos interrogar cada uma dessas "instruções e diretivas", compreendendo-as como signos culturais produzidos na história, talvez consigamos interpretar melhor as permanências. Nelas estão desenhados os pequenos detalhes e comentários que comportam grandiosidades capazes de fazer ver o descontínuo, a ruptura, os embates perdidos e sempre recomeçados. Ajudam a saber sobre os fetiches demonstrados e as experiências e sensibilidades por vezes silenciadas.

Referências bibliográficas

AGOSTINO, Gilberto. *Vencer ou morrer*: futebol, geopolítica e identidade nacional. Rio de Janeiro: Faperj/Mauad, 2002.

ANDRADE, Mario de. *Macunaíma*: o herói sem nenhum caráter. Belo Horizonte/Rio de Janeiro: Garnier, 2004.

ARNAUD, Pierre. Contribution a une histoire des disciplines d'enseignement: La mise en forme scolaire de l'education physique. *Revue Française de Pédagogie*, Paris, n. 89, p. 29-34, oct./nov. 1989.

_____. *Les athlètes de la république*: gymnastique, sport et idéologie républicaine (1870-1914). Toulouse: Bibliothèque Historique Privat, 1987.

ASSIS, Sávio. *Reinventando o esporte*: possibilidades da prática pedagógica. Campinas: Autores Associados, 2001.

AZEVEDO, Fernando de. *A poesia do corpo ou a gymnastica escolar*: sua história e seu valor. Belo Horizonte: Imprensa Oficial do Estado de Minas Gerais, 1915.

_____. *Da educação física*: o que ela é, o que tem sido e o que deveria ser. Obra ilustrada por Th. Rasmussen. São Paulo e Rio de Janeiro: Weiszflog Irmãos, 1920.

_____. Da educação física: o que ela é, o que tem sido e o que deveria ser. In: _____. *Obras completas*. 3. ed. São Paulo: Melhoramentos, 1960, v. I.

BENJAMIN, Walter. A obra de arte na era de sua reprodutibilidade técnica. In: _____. *Obras escolhidas*. 7. ed. São Paulo: Brasiliense, v. 1, p. 165-196, 1994a.

_____. Experiência e pobreza. In: _____. *Obras escolhidas*. 7. ed. São Paulo: Brasiliense, v. I, p. 114-119, 1994b.

_____. Melancolia de esquerda. A propósito do novo livro de poemas de Erich Kästner. In: _____. *Obras escolhidas*. 7. ed. São Paulo: Brasiliense, 1994c, v. 1, p. 73-77.

BENJAMIN, Walter. Sobre o conceito de história. In: _____. *Obras escolhidas*. 7. ed. São Paulo: Brasiliense, 1994d, v. 1, p. 222-232.

BERMAN, Marshall. *Tudo que é sólido desmancha no ar*: a aventura da modernidade. São Paulo: Companhia das Letras, 1986.

BETTI, Mauro. *Educação física e sociedade*. São Paulo: Movimento, 1991.

BITTENCOURT, Circe Maria Fernandes. Disciplinas escolares: história e pesquisa. In: TABORDA DE OLIVEIRA, Marcus Aurélio; RANZI, Selei Maria Ficher (Orgs.). *História das disciplinas escolares no Brasil*: contribuições para o debate. Bragança Paulista: Edusf, 2003.

BLOCH, Marc. *Apologia da história*, ou *O ofício do historiador*. Rio de Janeiro: Zahar, 2001.

BOBBIO, Norberto. *Thomas Hobbes*. Rio de Janeiro: Campus, 1991.

BOURDIEU, Pierre. Como é possível ser esportivo? In: _____. *Questões de sociologia*. Rio de Janeiro: Marco Zero, 1983.

_____. *A economia das trocas simbólicas*. 5. ed. São Paulo: Perspectiva, 1998.

_____; WACQUANT, Loic. Prefácio: sobre as artimanhas da razão imperialista. In: NOGUEIRA, Maria Alice; CATANI, Afrânio (Orgs.). *Escritos de educação*. Petrópolis: Vozes, 1998.

BRACHT, Valter. *Educação física e aprendizagem social*. Porto Alegre: Magister, 1992.

_____. *Sociologia crítica do esporte*: uma introdução. Vitória: UFES, 1997.

_____. A constituição das teorias pedagógicas em educação física. *Cadernos Cedes*, Campinas, ano XIX, n. 48, 1999.

_____. Esporte, história e cultura. In: PRONI, Marcelo; LUCENA, Ricardo (Orgs.). *Esporte, história e sociedade*. Campinas: Autores Associados, 2002.

_____; CRISÓRIO, Ricardo (Coords.). *A educação física no Brasil e na Argentina*: identidade, desafios e perspectivas. Campinas/Rio de Janeiro: Autores Associados/Prosul, 2003.

BRANDÃO, Zaia. Paschoal Lemme, marxista e pioneiro da educação nova. In: FREITAS, Marcos Cezar (Org.). *Memória intelectual da educação brasileira*. 2. ed. Bragança Paulista: EDUSF, 2002.

BRASIL. Congresso Nacional. *Annaes da Câmara dos Deputados*. Organisados pela Directoria da Tachygraphia. Rio de Janeiro: Imprensa Nacional. 1928. (v V: de 15 a 30 de junho de 1927).

BRASIL. Decreto-lei n. 3.199 de 14/4/1941, que estabelece as bases de organização dos desportos em todo o País. (*DOU* 15/4/1941)

_____. IPEA/MEC. *Diagnóstico de educação física/desportos no Brasil*. Rio de Janeiro, MEC/Fename, 1971.

BUCK-MORSS, Susan. *Dialética do olhar*: Walter Benjamin e o projeto das passagens. Belo Horizonte: Editora da UFMG; Chapecó/SC: Universitária Argo, 2002.

CALVINO, Ítalo. *As cidades invisíveis*. São Paulo: Companhia das Letras, 1990.

CANTARINO FILHO, Mário. Educação física no Estado Novo: história e doutrina. 1982. Dissertação (Mestrado em Educação) — Universidade de Brasília, Brasília, 1982.

_____. *A educação, a educação física e os desportos nas constituições brasileiras*: um estudo comparativo. Brasília: UnB. Impresso, 1988.

CARDOSO, Ciro Flamarion; VAIFAS Ronaldo (Orgs.). *Domínios da história*: ensaios de teoria e metodologia. Rio de Janeiro: Campus, 1997.

CARDOSO, Licínio. *O ensino que nos convém*. Rio de Janeiro: Anuário do Brasil, 1926.

CARVALHO, José Murilo de. As forças armadas na primeira república. In: _____. *História geral da civilização brasileira III*: o Brasil republicano 2 — Sociedades e instituições (1889-1930). Rio de Janeiro: Difel, 1977. p. 181-234.

_____. *Desenvolvimiento de la ciudadania no Brasil*. México: Fondo de Cultura Económica, 1995.

CARVALHO, Marta Maria Chagas de. Modernidade pedagógica e modelos de formação docente. *São Paulo em Perspectiva*, v. 14, n. 1, p. 111-120, jan./mar. 2000a.

_____. Reformas da instrução pública. In: LOPES; FARIA FILHO; VEIGA (Orgs.). *500 anos de educação no Brasil*. Belo Horizonte: Autêntica, 2000b.

_____. Quando a história da educação é a história da disciplina e da higienização das pessoas. In: FREITAS, Marcos Cezar (Org.). *História social da infância no Brasil*. São Paulo: Cortez, 1997.

_____. *Molde nacional e fôrma cívica*: higiene moral e trabalho no projeto da Associação Brasileira de Educação (1924-1931). Bragança Paulista: Edusf, 1998.

_____. *A escola e a república e outros ensaios*. Bragança Paulista: Edusf, 2003.

_____. O Manifesto e a Liga Internacional pela Educação Nova. In: XAVIER, Maria do Carmo (Org.). *Manifesto dos pioneiros da educação*: um legado educacional em debate. Rio de Janeiro: Editora FGV, 2004.

CARVALHO, Marta Maria Chagas de; NUNES, Clarice. Historiografia da educação e fontes. *Cadernos Anped*, Porto Alegre, n. 5, p. 7-64, set. 1993.

CARVALHO, Sérgio. *Hora da ginástica*: resgate da obra do professor Oswaldo Diniz Magalhães. Santa Maria: UFSM, 1994.

CASTRO, Celso. *Os militares e a república*: um estudo sobre cultura e ação política. Rio de Janeiro: Zahar, 1995.

_____. *In corpore sano*: os militares e a introdução da educação física no Brasil. *Antropolítica*, Niterói, Eduff, n. 1, 1º sem. 1997.

CERTEAU, Michel de. *A escrita da história*. Rio de Janeiro: Forense Universitária. 1982.

_____. *A invenção do cotidiano*: 1. Artes de fazer. Petrópolis: Vozes, 1994.

CHARTIER, Roger. *A história cultural*: entre práticas e representações. Lisboa/Rio de Janeiro: Difel/Bertrand do Brasil, 1990.

_____. O mundo como representação. *Estudos Avançados*, São Paulo, v. 5, n. 11, p. 173-191, jan./abr. 1991.

COSTA, Maria José; SHENA, Denílson; SCHMIDT, Maria Auxiliadora (Orgs.). I Conferência Nacional de Educação. Brasília: Inep, 1997.

COUTINHO, Carlos Nelson. Representação de interesses, formulação de políticas e hegemonia. In: TEIXEIRA, Sônia F. *Reforma sanitária*: em busca de uma teoria. São Paulo: Abrasco/Cortez, 1989.

CUNHA JÚNIOR, Carlos Fernando. A produção teórica brasileira sobre educação física/ginástica publicada no século XIX: autores, mercado e questões de gênero. In: FERREIRA NETO, Amarílio. *Pesquisa histórica na educação física*. Aracruz: Facha, v. 3, 1998.

CURY, Carlos Roberto Jamil. Um olhar sobre o manifesto dos pioneiros da educação nova de 1932. In: XAVIER, Maria do Carmo (Org.). *Manifesto dos pioneiros da educação*: um legado educacional em debate. Rio de Janeiro: Editora da Fundação Getúlio Vargas, 2004.

DAOLIO, Jocimar. Fenômeno social esporte na formação profissional em educação física. *Revista da Educação Física*, Maringá, UEM, v. 9, 1998.

_____. *Cultura*: educação física e futebol. Campinas: Editora Unicamp, 2003.

DEFRANCE, Jacques. *Sociologie du sport*. Paris: Édition la Découverte, 1995.

_____. O gosto pela violência. In: GARRIGOU, Alain; LACROIX, Bernard (Orgs.). *Nobert Elias*: a política e a história. São Paulo: Perspectiva, 2001.

DEL POZO, Miguel Piernavieja. Depuerto, deporte: protohistoria de una palabra. Madrid: Comitê Olímpico Español, 1966.

ELIAS, Nobert; DUNNING, Eric. *Desporto y ocio en el proceso de la civilización*. México: Fondo de Cultura Económica, 1992.

FARIA FILHO, Luciano Mendes. A legislação escolar como fonte para a história da educação: uma tentativa de interpretação. In: _____. (Org.). *Educação, modernidade e civilização*: fontes e perspectivas de análise para a história oitocentista. Belo Horizonte: Autêntica, 1998a.

_____. Cultura e práticas escolares: escrita, aluno e corporeidade. *Cadernos de Pesquisa*, n. 103, mar. 1998b.

_____. Instrução elementar no Século XIX. In: LOPES, Eliane Marta; FARIA FILHO, Luciano; VEIGA, Cynthia (Orgs.). *500 anos de educação no Brasil*. Belo Horizonte: Autêntica, 2000.

_____. Escolarização, culturas e práticas escolares no Brasil: elementos teórico-metodológicos de um programa de pesquisa. In: LOPES, Alice; MACEDO, Elizabeth. *Disciplinas e integração curricular*: histórias e políticas. Rio de Janeiro: DP&A, 2002.

_____. Fazer história da educação com E. P. Thompson: trajetórias de um aprendizado. In: _____. (Org.). *Pensadores sociais e história da educação*. Belo Horizonte: Autêntica, 2005a.

_____. *Escolarização e cultura escolar no Brasil*: reflexões em torno de alguns pressupostos e desafios. Belo Horizonte: Fae/UFMG, 2005b. No prelo.

_____; VIDAL, Diana; GONÇALVES Irlen; PAULILO, André. A *cultura escolar* como categoria e como campo de investigação na história da educação brasileira. *Educação e Pesquisa*, v. 30, n. 1, p. 139-160, jan./mar. 2004.

FAVERO, Maria de Lourdes; BRITTO, Jader de Medeiros. *Dicionário de educadores no Brasil*: da colônia aos dias atuais. 2. ed. Rio de Janeiro: Editora da UFRJ/MEC-Inep-Comped, 2002.

FERREIRA NETO, Amarílio. *A pedagogia no exército e na escola*: a educação física brasileira (1880-1950). Aracruz: Facha, 1999.

_____. *Catálogo de periódicos de educação física e esporte (1923-2000)*. Vitória: Proteoria, 2002.

_____; MAIA, Ediane. Revista de Educação Física: ciclo de vida. Seção Unidade de Doutrina e Lição de Educação Física (1932-2002). *Movimento*, Porto Alegre, v. 9, n. 1, p. 91-118, 2003b.

FERREIRA NETO, Amarílio; MAIA, Ediane; BERMOND, Magda. Revista de Educação Física. Seção Unidade de Doutrina e Lição de Educação Física. Congresso Brasileiro de Ciências do Esporte, XIII. *Anais...* Caxambu: CBCE, 2003a.

FONSECA, Thais Nívia de Lima. História da educação e história cultural. In: VEIGA, Cyntia; FONSECA, Thais (Orgs.). *História e historiografia da educação no Brasil.* Belo Horizonte: Autêntica, 2003.

FORQUIN, Jean-Claude. Saberes escolares, imperativos didáticos e dinâmicas sociais. *Teoria e Educação,* n. 5, p. 28-49, 1992.

_____. As abordagens sociológicas do currículo: orientações teóricas e perspectivas de pesquisa. *Educação e Realidade,* v. 21, n. 1, 1996.

FRAGA, Alex Branco. Anatomias emergentes e o Bug muscular: pedagogias do corpo no limiar do século XXI. In: SOARES, Carmen Lúcia (Org.). *Corpo e história.* Campinas: Autores Associados, 2001.

FRAGO, Antonio Viñao. Historia de la educación e historia cultural. *Revista Brasileira de Educação,* v. 1, n. 0, p. 63-82, 1995.

FREITAS, Marcus Cezar (Org.). *Memória Intelectual da educação brasileira.* Bragança Paulista: Edusf, 2002.

GAGNEBIN, Jeanne Marie. *História e narrativa em Walter Benjamin.* São Paulo: Perspectiva, 1999.

GARRIGOU, Alain; LACROIX, Bernard (Orgs.). *Nobert Elias:* a política e a história. São Paulo: Perspectiva, 2001.

GINZBURG, Carlo. *Mitos, emblemas e sinais:* morfologia e história. São Paulo: Companhia das Letras, 1989.

GOELLNER, Silvana Vidore. O método francês e a militarização da Educação Física na escola brasileira. In: FERREIRA NETO, Amarílio (Org.). *Pesquisa histórica na Educação física brasileira.* Vitória: UFES/Cefed, 1996.

_____. *Bela, materna e feminina:* imagens da mulher na Revista Educação Physica. 1999. Tese (Doutorado em Educação) — Faculdade de Educação da Unicamp, Campinas, 1999.

_____; MELO, Vitor. Educação física e história: a literatura e a imagem como fontes. In: CARVALHO, Yara Maria; RUBIO, Katia. *Educação física e ciências humanas.* São Paulo: Hucitec, 2001.

GOMES, Ângela de Castro. *Essa gente do Rio:* modernismo e nacionalismo. Rio de Janeiro: Fundação Getúlio Vargas, 1999.

GOMES, Ângela de Castro. *Capanema*: o ministro e seu ministério. Rio de Janeiro: Fundação Getúlio Vargas, 2000.

GRUNENNVALDT, José Tarcísio. O Estado, os sujeitos políticos e a criação da Escola Nacional de Educação Física e Desportos: a história de uma hegemonia. In: FERREIRA NETO, Amarílio (Org.). *Pesquisa histórica na educação física*. Aracruz: Facha, 1998. v. 3.

GRUZINSKI, Serge. *La colonización de lo imaginario*: sociedades indígenas e occidentalización en el México español. Siglos XVI-XVIII. México: Fondo de Cultura Económica, 1991.

_____. *O pensamento mestiço*. São Paulo: Companhia das Letras, 2001.

HERSCHMANN, Micael; LERNER, Kátia. *Lance de sorte*: o futebol e o jogo do bicho na Belle Époque carioca. Rio de Janeiro: Diadorim, 1993.

_____; PEREIRA, Carlos Alberto (Orgs.). *A invenção do Brasil moderno*: medicina, educação e engenharia nos anos 20-30. Rio de Janeiro: Rocco, 1994.

HOLANDA, Cristina Buarque de. O futebol no imaginário da intelectualidade brasileira de inícios do século XX: o embate teórico entre Lima Barreto e Coelho Netto. *Enfoques On Line,* Rio de Janeiro, v. 4, n. 1, p. 76-90, 2005.

HORTA, José Silvério Baia. *O hino, o sermão e a ordem do dia*: regime autoritário e a educação no Brasil. Rio de Janeiro: Editora UFRJ, 1994.

JULIA, Dominique. A cultura escolar como objeto histórico. *Revista Brasileira de História da Educação*, n. 1, p. 9-44, 2001.

_____. Disciplinas escolares: objetivos, ensino e apropriação. In: LOPES, Alice; MACEDO, Elizabeth (Orgs.). *Disciplina e integração curricular*: história e políticas. Rio de Janeiro: DP&A, 2002.

KONDER, Leandro. *Walter Benjamin*: o marxismo da melancolia. Rio de Janeiro: Campus, 1989.

KUNZ, Elenor. *Transformações didático-pedagógicas do esporte*. Ijuí: Unijuí, 1994.

LAMOURNIER, Bolívar. A inteligência brasileira na década de 30, à luz da perspectiva de 1980. In: *A revolução de 30*: seminário internacional — CPDOC/FGV. Brasília: Editora da UnB, 1983.

LE BRETON, David. *Adeus ao corpo*: antropologia e sociedade. Campinas: Papirus, 2003.

LE GOFF, Jacques. Documento/monumento. In: Enciclopédia Einauldi. Memória — História. Porto: Imprensa Nacional-Casa da Moeda, 1997, v. 1.

LE GOFF, Jacques. *Por amor às cidades*: conversações com Jean Lebrun. São Paulo: Fundação Editora da UNESP, 1998.

LENHARO, Alcir. *Sacralização da política*. Campinas: Papirus, 1986.

LIMA BARRETO. Como resposta. In: _____. *Marginália*. Disponível em: <www. vbookstore. com. br/nacional/limabarreto/marginalia.pdf.1922>.

LINHALES, Meily Assbú. *A trajetória política do Esporte no Brasil*: interesses envolvidos, setores excluídos. 1996. Dissertação (Mestrado em Ciência Política) — Programa de Pós-Graduação em Ciência Política. Belo Horizonte: DCP/FAFICH/UFMG, 1996.

_____. A educabilidade da infância: prescrições para a educação física elementar no VII Congresso Brasileiro de Educação (1935). *Anais do XIV Congresso Brasileiro de Ciências do Esporte*. Porto Alegre: ESEF/UFRGS-CBCE, 2005.

_____. A produção de uma forma escolar para o esporte: os projetos culturais da Associação Brasileira de Educação (1926-1935) como indícios para a historiografia da educação. In: TABORDA DE OLIVEIRA, Marcus Aurélio (Org.). *Educação do corpo na escola brasileira*. Campinas: Autores Associados, 2006.

LOPES, Eliane Marta; GALVÃO, Ana Maria. *História da educação*. Rio de Janeiro: DP&A, 2001.

LOPES, José Sérgio Leite. A vitória do futebol que incorporou a pelada. *Revista USP*, Dossiê futebol, São Paulo, n. 22, p. 64-83, 1994.

LOURENÇO FILHO, Manuel Bergström. *Introdução ao estudo da escola nova*: bases, sistemas e diretrizes da pedagogia contemporânea. 12. ed. São Paulo/Rio de Janeiro: Melhoramentos/Fundação Nacional de Material Escolar, 1978.

LUCENA, Ricardo. *O esporte na cidade*: aspectos do esforço civilizatório. Campinas: Autores Associados/CBCE, 2001.

MANHÃES, Eduardo Dias. *Política de esportes no Brasil*. Rio de Janeiro: Graal, 1986.

MARCUSE, Herbert. *A ideologia da sociedade industrial*. 4. ed. Rio de Janeiro: Zahar, 1973.

MARINHO, Inezil Penna. *Contribuição para a história da educação física no Brasil*: Brasil colônia, Brasil império e Brasil república. Rio de Janeiro: Imprensa Oficial, 1943.

_____. *História da educação física e dos desportos no Brasil*: Brasil colônia, Brasil império e Brasil república (documentário e bibliografia). Rio de Janeiro: Ministério da Educação e Saúde, 1952. v. II.

MAZONI, Tomás. *O esporte a serviço da pátria*. São Paulo: Olimpicus, 1941.

MELO, Vitor Andrade de. A educação física nas escolas brasileiras no século XIX: esporte ou ginástica? In: FERREIRA NETO, Amarílio. *Pesquisa histórica na educação física*. Aracruz: Facha, 1988. v. 3.

MELO, Vitor Andrade de. *Cidade "sportiva"*: primórdios do esporte no Rio de Janeiro. Rio de Janeiro: Relume-Dumará/Faperj, 2001.

MENDONÇA, Carlos Süssekind de. *O sport está deseducando a mocidade brasileira* — Carta aberta a Lima Barreto. Rio de Janeiro: Empreza Brasil, 1921.

MORENO, Andrea. *Corpo e ginástica num Rio de Janeiro*: mosaico de imagens e textos. 2001. Tese (Doutorado em Educação) — Faculdade de Educação da Unicamp, Campinas, 2001.

_____. Terpsícore ou. Da carne e da alma fluminense. In: SOARES, Carmen Lúcia Soares (Org.). *Corpo e história*. Campinas: Autores Associados, 2001.

NUNES, Clarice. A escola reinventa a cidade. In: HERSCHMANN, Micael; PEREIRA, Carlos Alberto (Org.). *A invenção do Brasil moderno*: medicina, educação e engenharia nos anos 20-30. Rio de Janeiro: Rocco, 1994.

_____. (Des)encantos da modernidade pedagógica. In: LOPES; FARIA FILHO; VEIGA (Orgs.). *500 anos de educação no Brasil*. Belo Horizonte: Autêntica, 2000.

_____. O Estado novo e o debate educacional nos anos 30. In: FREITAS, Marcus Cezar (Org.). *Memória intelectual da educação brasileira*. Bragança Paulista: EDUSF, 2002.

_____; CARVALHO, Marta M. C. Historiografia da educação e fontes. *Cadernos Anped*, Porto Alegre, n. 5, set. 1993.

OLIVEIRA, Marília Cruz. *Recreação, divertimentos infantis e educação nas teses da Primeira Conferência Nacional de Educação (1927)*. 2005. Monografia (Especialização em Lazer) — Escola de Educação Física da UFMG, Belo Horizonte, 2005.

PACHECO, Renato. Bola ao cesto. *Educação Physica*, Rio de Janeiro, ano 1, n. 1, p. 65, 1932.

PAGNI, Pedro Ângelo. *Fernando de Azevedo, educador do corpo (1916-1933)*. 1994. Dissertação (Mestrado em História e Filosofia da Educação) — PUC-SP, São Paulo, 1994.

PAIVA, Fernanda Simone Lopes de. *Relatório de pesquisa submetido ao exame de qualificação*. Belo Horizonte: Faculdade de Educação da UFMG, 2001.

_____. *Sobre o pensamento médico-higienista oitocentista e a escolarização*: condições de possibilidade para o engendramento do campo da Educação Física no Brasil. 2003. Tese (Doutorado em Educação) — Faculdade de Educação da UFMG, Belo Horizonte, 2003.

PEREIRA, Junia Sales. Juventude, "raça" e educação física em Belo Horizonte nos anos 30 e 40. In: FERREIRA NETO, Amarílio (Org.). *Pesquisa histórica na educação física*. Vitória: Proteoria, 2001. v. 6.

PEREIRA, Leonardo Affonso de Miranda. *Footballmania*: uma história social do futebol no Rio de Janeiro (1902-1938). Rio de Janeiro: Nova Fronteira, 2000.

_____. E o Rio dançou: Identidades e tensões nos clubes recreativos cariocas (1912-1922). In: CUNHA, Maria Clementina (Org.). *Carnavais e outras frestas*: ensaios de história social da cultura. Campinas: Editora da Unicamp/Cecult, 2002.

PEREZ GOMEZ, Angel. A aprendizagem escolar: da didática operatória à reconstrução da cultura na sala de aula. In: SACRISTAN Gimeno; PEREZ GOMEZ, Angel. *Comprender e transformar o ensino*. 4. ed. Porto Alegre: Artes Médicas, 1998.

PESAVENTO, Sandra Jatahy. A aventura da modernidade: os contraditórios caminhos do progresso. In: _____. *Exposições universais*: espetáculos da modernidade do século XIX. São Paulo: Hucitec, 1997.

_____. *História & história cultural*. Belo Horizonte: Autêntica, 2003.

PIRES, Giovani; NEVES, Annabel. O trato com o conhecimento esporte na formação em educação física: possibilidades para sua transformação didático-metodológica. In: KUNZ, Elenor (Org.). *Didática da educação física 2*. Ijuí: Unijuí, 2001.

RAMOS, Graciliano. Traços a esmo. *Revista Pesquisa de Campo*, Rio de Janeiro, n. 5, 1997.

REIS, Fábio Wanderley. *Política e racionalidade*: problemas de teoria e método de uma sociologia crítica da política. Belo Horizonte: UFMG/Proed/RBEP, 1984.

REVEL, Jacques. Os usos de civilidade. In: ARIÉS, Philippe; DUBY, Georges (Orgs.). *História da vida privada*: São Paulo: Companhia das Letras, 1991. v. 3.

REVEL, Jacques (Org.). *Jogos de escalas*: a experiência da microanálise. Rio de Janeiro: Fundação Getúlio Vargas, 1998.

RIO, João do. A profissão de Jacques Pedreira. Rio de Janeiro: Instituto Moreira Salles; Fundação Casa de Rui Barbosa; Scipione, 1992. Disponível em: <www.biblio.com.br/conteudo/Paulo Barreto>.

RIO, João do. *A alma encantadora das ruas*. São Paulo: Companhia das Letras, 1997.

ROCHA, Heloísa Helena Pimenta. *Educação escolar e saúde no projeto do Instituto de Higiene de São Paulo (1918-1925)*. Campinas/São Paulo: Mercado das Letras/Fapesp, 2003.

ROCHA, Marlos Bessa. Ferdinando Labouriau. In: FÁVERO, Maria de Lurdes; BRITTO, Jader. *Dicionário de educadores no Brasil*: da colônia aos dias atuais. 2. ed. Rio de Janeiro: UFRJ, MEC, Inep, Comped, 2002, p. 339-342.

ROSA, João Guimarães. *Grande sertão*: veredas. Rio de Janeiro: Nova Fronteira, 1986.

SANT'ANNA, Denise Bernizzi. É possível realizar uma história do corpo? In: SOARES, Carmen Lúcia (Org.). *Corpo e história*. Campinas: Autores Associados, 2001.

SANTOS, Wanderley Guilherme dos. *As razões da desordem*. Rio de Janeiro: Rocco, 1993.

SCHNEIDER, Omar. *A Revista Educação Physica (1932-1945)*: estratégias editoriais e prescrições educacionais. 2003. Dissertação (Mestrado em Educação: História, Política e Sociedade) — Pontifícia Universidade Católica de São Paulo, São Paulo, 2003.

_____. Entre a ginástica e o esporte: tensões e resistências à esportivização da educação física: um estudo a partir da *Revista Educação Physica* (1932-1945). In: CONGRESSO BRASILEIRO DE HISTÓRIA DA EDUCAÇÃO, III. *Anais...*, CD-Rom. Curitiba: PUC, 2004.

SCHWARCZ, Lilia; GOMES, Nilma (Org.). *Antropologia e história*: debate em região de fronteira. Belo Horizonte: Autêntica, 2000.

SEITENFUS, Ricardo Antônio. O difícil aprendizado do nacionalismo: as relações brasileiras com a Itália e a Alemanha, 1930-1942. In: _____. *A revolução de 30*: seminário internacional. CPDOC/FGV. Brasília: Editora da UnB, 1983.

SEVCENKO, Nicolau. *Orfeu extático na metrópole*: São Paulo, sociedade e cultura nos frementes anos 20. São Paulo: Companhia das Letras, 1992.

_____. A metrópole irradiante: técnica, ritmos e ritos do Rio. In: _____. (Org.). *História da vida privada no Brasil*. São Paulo: Companhia das Letras, 1998. v. 3.

SILVA, Arlete Pinto de Oliveira (Org.). *Páginas da história*: notícias da II Conferência Nacional de Educação da ABE. Brasília: Inep, 2004.

SILVA, Maria Cecília de Paula. *Esporte na educação do Granbery*. Dissertação (Mestrado em Educação Física). Universidade Gama Filho, Rio de Janeiro, 1998.

SILVEIRA, Marília; LINHALES, Meily. Os divertimentos infantis no projeto educacional da ABE em 1927: moral, civismo e alegria sã. In: CONGRESSO LUSO-BRASILEIRO DE HISTÓRIA DA EDUCAÇÃO, VI. *Anais...*, Uberlândia: UFU, 2006.

SOARES, Carmen Lúcia (Org.). *Corpo e história*. Campinas: Autores Associados, 2001.

SOARES, Carmen Lúcia (Org.). Georges Hébert e o método natural: nova sensibilidade, nova educação do corpo. *Revista Brasileira de Ciências do Esporte*, Campinas, v. 25, n. 1, p. 21-39, set. 2003.

_____. Education physique scolaire: une brève histoire de la constitution d'une pédagogie de l'hygiène au Brésil. In: CONGRES DE LA SOCIETE INTERNATIONALE D'HISTOIRE DU SPORT ET DE L'ÉDUCATION PHYSIQUE. (Sport et Education dans l'histoire), VIII. *Proceedings...*, Urbino, Italy: Università degli Studi, p. 117-121, 2005.

_____. *Educação física, raízes europeias e Brasil*. Campinas: Autores Associados, 1994.

SOUSA, Eustáquia Salvadora. *Meninos, à marcha! Meninas, à sombra!* A história do ensino da Educação Física em Belo Horizonte (1897 — 1994). 1994. Tese (Doutorado em Educação) — Faculdade de Educação da Unicamp, Campinas, 1994.

TABORDA DE OLIVEIRA, Marcus Aurélio. Educação física escolar: formação ou pseudoformação? *Educar em Revista*, Curitiba, n. 16, 2000.

_____. *Educação física escolar e ditadura militar no Brasil (1968-1984)*: entre a adesão e a resistência. Bragança Paulista: Edusf, 2003a.

_____. A construção dos currículos escolares de educação física: relações entre o planejamento tecnocrático e a experiência dos professores. In: TABORDA DE OLIVEIRA, Marcus Aurélio; RANZI, Serlei Maria Ficher (Orgs.). *História das disciplinas escolares no Brasil*: contribuições para o debate. Bragança Paulista: Edusf, 2003b.

_____. Notas sobre distâncias e proximidades temporais da escolarização do corpo em um "projeto" de exegese moral: teoria crítica e história. *Perspectiva*, Florianópolis, v. 22, p. 225-245, jul./dez. 2004.

_____. Currículo e educação do corpo: história do currículo da instrução pública primária do Paraná (1882-1926). In: REUNIÃO ANUAL DA ANPED, 28. GT2. Caxambu. Disponível em: <www. anped. org. br/reunioes/28/inicio.htm>, 2005.

_____. *Educando pelo corpo*: saberes e práticas na instrução pública dos anos finais do século XIX. Curitiba: UFPR/CNPq, 2006a. No prelo.

_____. *Renovação historiográfica na educação física brasileira*. Curitiba: UFPR, 2006b. No prelo.

_____ (Org.). *A educação do corpo na escola brasileira*. Campinas: Autores Associados, 2006.

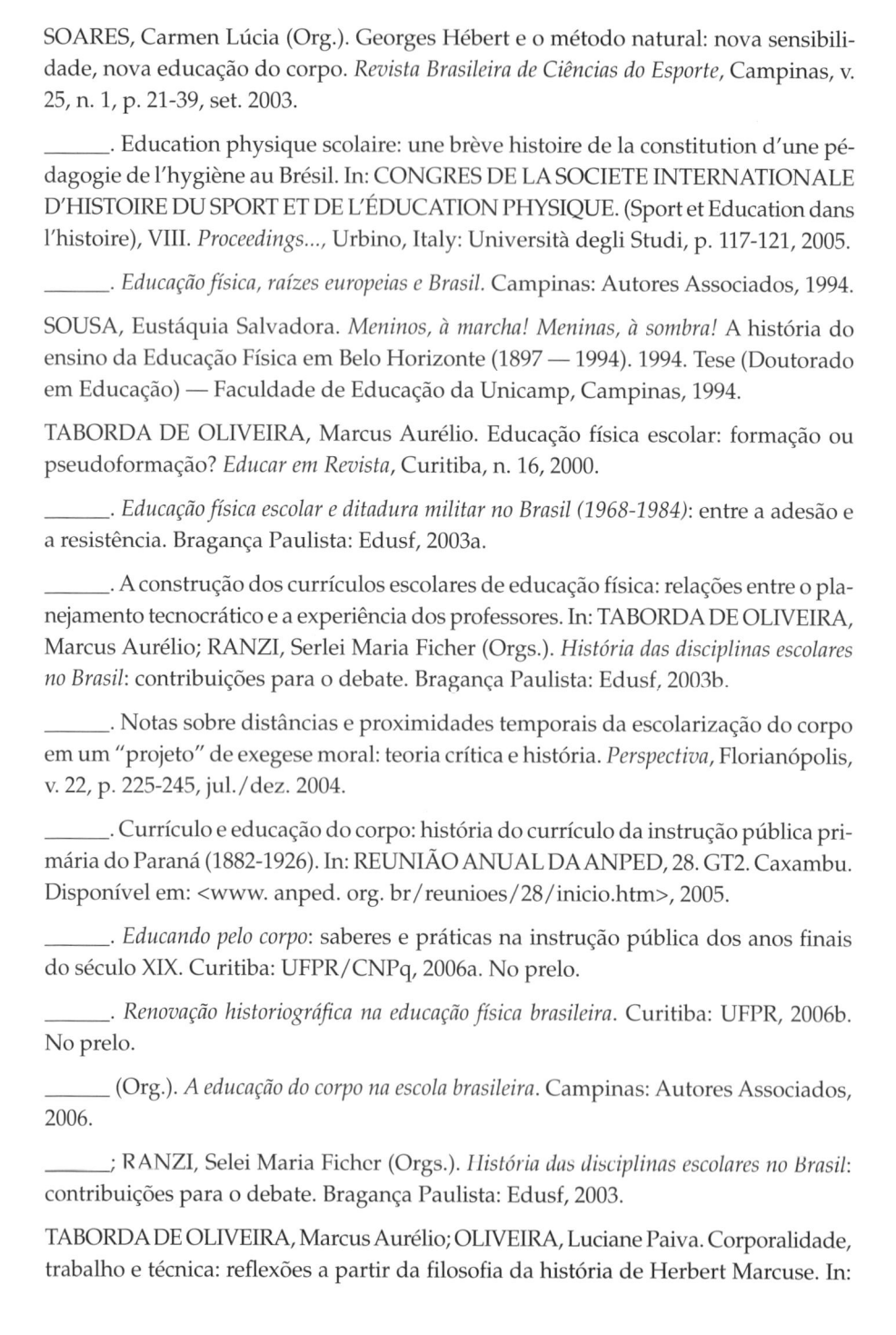

_____; RANZI, Selei Maria Ficher (Orgs.). *História das disciplinas escolares no Brasil*: contribuições para o debate. Bragança Paulista: Edusf, 2003.

TABORDA DE OLIVEIRA, Marcus Aurélio; OLIVEIRA, Luciane Paiva. Corporalidade, trabalho e técnica: reflexões a partir da filosofia da história de Herbert Marcuse. In:

CONGRESSO BRASILEIRO DE CIÊNCIAS DO ESPORTE, XIV. *Anais...,* Porto Alegre: ESEF/UFRGS — CBCE, 2005.

TEIXEIRA, Aleluia Heringer Lisboa. *A "gymnastica" no gymnasio mineiro — internato e externato* (1890-1916). Dissertação (Mestrado em Educação) — Faculdade de Educação da UFMG, Belo Horizonte, 2004.

THOMPSON, E. P. *A miséria da teoria ou um planetário de erros*: uma crítica ao pensamento de Althusser. Rio de Janeiro: Zahar, 1981.

_____. *Senhores e caçadores*: a origem da lei negra. Rio de Janeiro: Paz e Terra, 1987.

_____. *Costumes em comum.* São Paulo: Companhia das Letras, 1998.

_____. *Agenda para uma historia radical.* Barcelona: Critica, 2000.

_____. Educação e experiência. In: _____. *Os românticos.* Rio de Janeiro: Civilização Brasileira, 2002.

VAGO, Tarcísio Mauro. Educação Física na Revista do Ensino de Minas Gerais (1925-1935): organizar o ensino formar o professorado. *Revista Brasileira de História da Educação.* Campinas, n. 11, jan./jun. 2006.

_____. O "esporte na escola" e o "esporte da escola": da negação radical para uma relação de tensão permanente: um diálogo com Valter Bracht. *Movimento,* Porto Alegre, ano 3, n. 5, 1996.

_____. Início e fim do Século XX: maneira de fazer educação física. *Cadernos Cedes,* Campinas, ano XIX, n. 48, 1999.

_____. *Cultura escolar, cultivo dos corpos*: educação physica e gymnastica como práticas constitutivas dos corpos de crianças no ensino público primário de Belo Horizonte (1906-1920). Bragança Paulista: Edusf, 2002.

_____. A educação física na cultura escolar: discutindo caminhos para a intervenção e a pesquisa. In: BRACHT, Valter; CRISÓRIO, Ricardo (Coords.). *A educação física no Brasil e na Argentina*: identidade, desafios e perspectivas. Campinas/Rio de Janeiro: Autores Associados/Prosul, 2003.

_____. Educação Física na Revista do Ensino de Minas Gerais (1925-1930): escolarizando jogos para produzir eficiência dos corpos. In: CONGRESSO BRASILEIRO DE HISTÓRIA DA EDUCAÇÃO, III. CD-ROM. Curitiba: PUC, 2004.

VALDEMARIN, Vera Teresa; SOUZA, Rosa Fátima. Apresentação. *Cadernos Cedes* 52 — Cultura Escolar: história, práticas e representações. Campinas, 2000.

VAZ, Alexandre Fernandez. Treinar o corpo, dominar a natureza: notas para uma análise do esporte com base no treinamento corporal. *Cadernos Cedes*, Campinas, ano XIX, n. 48, 1999a.

_____. Do culto à performance: esporte, corpo e rendimento. Revista Brasileira de Ciências do Esporte. In: CONGRESSO BRASILEIRO DE CIÊNCIAS DO ESPORTE, XI. *Anais...* Caderno 2, v. 21, n. 1, p. 100-107, set. 1999b.

_____. Da modernidade em Walter Benjamin: crítica, esporte e escritura histórica das práticas corporais. *Educar em Revista*, Curitiba, n. 16, 2000.

_____. Memória e progresso: sobre a presença do corpo na arqueologia da modernidade em Walter Benjamin. In: SOARES, Carmen Lúcia (Org.). *Corpo e história*. Campinas: Autores Associados, 2001.

_____. Corpo, educação e indústria cultural na sociedade contemporânea: notas para reflexão. *Pro-Posições*, Campinas, v. 14, n. 2 (41), maio/ago. 2003.

VEIGA, Cyntia; FONSECA, Thais (Org.). *História e historiografia da educação no Brasil*. Belo Horizonte: Autêntica, 2003.

VEIGA, Cyntia Greive. Educação estética para o povo. In: LOPES, Eliane Marta; FARIA FILHO, Lucian; VEIGA, Cynthia (Orgs.). *500 anos de educação no Brasil*. Belo Horizonte: Autêntica, 2000.

VIDAL, Diana Gonçalves. Escola nova e processo educativo. In: LOPES, Eliane Marta; FARIA FILHO, Lucian; VEIGA, Cynthia (Orgs.). *500 anos de educação no Brasil*. Belo Horizonte: Autêntica, 2000.

_____. Edgar Süssekind de Mendonça. In: FÁVERO, Maria de Lurdes; BRITTO, Jader. *Dicionário de educadores no Brasil*: da colônia aos dias atuais. 2. ed. Rio de Janeiro: UFRJ; MEC; Inep; Comped, 2002, p. 285-290.

_____. Múltiplas estratégias de escolarização da infância. In: CONGRESSO BRASILEIRO DE HISTÓRIA DA EDUCAÇÃO, III. *Anais...* Curitiba: SBHE, 2004.

_____. *Culturas escolares*: estudos sobre práticas de leitura e escrita na escola pública primária (Brasil e França, final do século XIX). Campinas: Autores Associados, 2005.

VIEIRA, Carlos Eduardo. O discurso da modernidade na I Conferência Nacional de Educação (Curitiba — 1927). In: CONGRESSO BRASILEIRO DE HISTÓRIA DA EDUCAÇÃO, III. CD-ROM. Curitiba: PUC, 2004.

VINCENT, Guy (Dir.). *L'education prisonnère de la forme scolaire?* Scolarisation et socialisation dans les sociétés industrielles. Lyon: Presses Universitaires de Lyon, 1994.

VINCENT, Guy (Dir.); LAHIRE, Bernard; THIN, Daniel. Sobre a história e a teoria de forma escolar. *Educação em Revista*, Belo Horizonte, n. 33, 2001.

XAVIER, Libânia Nacif. *Para além do campo educacional*: um estudo sobre o manifesto dos pioneiros da educação nova (1932). Bragança Paulista: Edusf, 2002.

XAVIER, Maria do Carmo (Org.). *Manifesto dos pioneiros da educação*: um legado educacional em debate. Rio de Janeiro: Fundação Getúlio Vargas, 2004.

Fontes pesquisadas

1. Acervo da Associação Brasileira de Educação

1.1 Anais

I CONFERÊNCIA NACIONAL DE EDUCAÇÃO. Curitiba, 1927.

III CONFERÊNCIA NACIONAL DE EDUCAÇÃO. São Paulo, 1929.

VII CONGRESSO NACIONAL DE EDUCAÇÃO. Rio de Janeiro, 1935.

1.2 Revistas e boletins

BOLETIM DA ASSOCIAÇÃO BRASILEIRA DE EDUCAÇÃO. Departamento do Rio de Janeiro, 1925-1929.

SCHOLA: revista da Associação Brasileira de Educação, Departamento do Rio de Janeiro, 1930-1931.

1.3 Pastas

Arquivos referentes ao VII Congresso Nacional de Educação (1935).

Arquivos referentes às Semanas de Educação (1928-1930)

Correspondência enviada e recebida pela Seção de Educação Física e Higiene (1927-1936)

Projeto de Educação Física Nacional (1933-1934)

1.4 Coleção de recortes de jornais (1929)

O JORNAL.

JORNAL DO BRASIL.

JORNAL DO COMÉRCIO.

CORREIO DA MANHÃ.

A ORDEM.

A NOITE.

1.5 Livros da Atas

ATAS do Conselho Diretor da ABE — 1929/1935.

ATAS da Seção de Educação Física e Higiene da ABE — maio 1926/jun. 1937.

1.6 Cartas manuscritas

FRYER, Margarida. Bilhete enviado a Gustavo Lessa. Acervo da ABE. Rio de Janeiro, 9 mar. 1929.

LESSA, Gustavo. Carta enviada a Paulo Prado. Rio de Janeiro, 10 fev. 1929.

PRADO, Paulo. Bilhete enviado a Gustavo Lessa. Rio de Janeiro, 14 fev. 1929.

KELLY, Celso. Carta enviada a Renato Pacheco. Rio de Janeiro, 19 jun. 1934.

1.7 Fotografias

Álbum fotográfico da *I Conferência Nacional de Educação*, 1927.

Acervo de fotografias do *VII Congresso Nacional de Educação*, 1935.

2. Outros Acervos

2.1 Biblioteca Nacional. Rio de Janeiro

A BANDEIRA. Revista do Club dos Bandeirantes do Brasil. Rio de Janeiro, jul. 1927/jun. 1929.

JORNAL DO BRASIL. Rio de Janeiro, maio/jul. 1935.

2.2 Centro de Memória do Esporte (Ceme) da Escola de Educação Física da Universidade Federal do Rio Grande do Sul. Acervo Gaelzer

CORREIO DO POVO. Porto Alegre, 1925.

O JORNAL. Rio de Janeiro, 1925.

JORNAL DO BRASIL. Rio de Janeiro, 1931 e 1934.

ESTADO DE S. PAULO. São Paulo, 1925, 1934.

GAELZER. Relato de atividades que desenvolveu na Willian Ray Gr. School, sob supervisão da YMCA. 1920.

2.3 Memorial Lysímaco da Costa. Curitiba, Paraná

BOIGEY, Maurice. *Physiologie de la culture physique et des sport*. Paris, [s.d.].

HEBERT, George. *Guide pratique d'education physique*. Paris, 1922.

TORRES, Ambrósio. *Methodologia do ensino da educação physica*. Rio de Janeiro, 1928.

2.4 Biblioteca da Escola de Educação Física do Exército. Rio de Janeiro

REVISTA DE EDUCAÇÃO FÍSICA. Órgão da Escola de Educação Física do Exército. Do n. 1, de maio de 1932, ao n. 25, de agosto de 1935.

REVISTA EDUCAÇÃO PHYSICA. Revista Technica de Esportes e Athletismo. Rio de Janeiro, n. 1, 1º sem. 1932.

Anexo

Número de reuniões realizadas mensalmente pela Seção de Educação Física e Higiene da ABE, conforme estabelecido no caderno de registro de atas (maio/1926 a junho/1937).

Ano	Jan.	Fev.	Mar.	Abr.	Maio	Jun.	Jul.	Ago.	Set.	Out.	Nov.	Dez.	Total
1926					1	2	2	2	—	—	—	—	7
1927	—	—	—	—	—	—	2	—	—	—	—	—	2
1928	—	—	—	—	—	—	—	—	—	—	—	2	2
1929	2	2	2	2	4	3	1	—	1	2	3	—	22
1930	—	—	—	—	1	—	—	1	1	—	—	—	3
1931	—	—	—	—	—	—	—	—	—	—	—	—	—
1932	—	—	—	—	—	—	—	—	—	—	—	—	—
1933	—	—	—	—	—	3	2	4	—	—	1	—	10
1934	—	—	4	3	2	1	—	—	—	2	2	1	15
1935	1	2	1	—	—	—	—	1	—	—	—	—	5
1936	—	—	—	—	—	1	—	—	2	3	1	—	7
1937	—	—	—	1	1	1	—	—	—	—	—	—	3
Total													76